在診療室
遇見摩西

精神科醫師帶你探索
隱藏在聖經裡的心靈祕密

台大教授、精神科權威
林信男

—— 著 ——

Content

| 專文推薦 |

人的軟弱幽暗是
迎向上帝恩典的深深祝福

花亦芬

> 我往哪裡去才能躲開你呢？我到哪裡去才能逃避你呢？
> 我上了天，你一定在那裡；我潛伏陰間，你也在那裡。
> 我縱使飛往日出的東方，或住在西方的海極，
> 你一定在那裡帶領我；你會在那裡幫助我。
> 我可以要求黑暗遮蔽我，或要求周圍的亮光變成黑暗；
> 但對你來說，黑暗不算黑暗，
> 黑夜跟白晝一樣光亮。黑暗和光明都是一樣。
>
> ——詩篇 139:7-12

　　雖然這是一本重新修訂出版的書，但林信男教授透過深厚的精神醫學學養以及豐富臨床經驗所寫出的智慧之見，帶領讀者以新的眼光重新探討聖經人物崎嶇百轉的人生經歷，非常值得向大家真摯推薦！

　　林信男教授與他的夫人陳桂芳女士，是筆者非常敬重的長輩與信仰前輩。作為醫師，林信男教授長年以來在台灣精神醫學界深受大家景仰，在台大醫院與醫學院專任三十五年期間，擔任過台大醫院精神科主任與台灣精神醫學會理事長。退休後，仍繼續發揮醫師大愛，在台大醫院與馬偕醫院看診，照顧有需要關懷的病患。

在此同時，林教授也到神學院就讀。獲得「宗教文學」碩士學位後，他開始將精神醫學與神學結合起來，在神學院開設如何將靈性關懷運用到醫學的相關課程。《在診療室遇見摩西》可說是林教授在台大醫院專職退休後，將深厚的精神醫學與神學涵養交融盛開出的璨麗花朵。既是知識的饗宴，也是信仰靈性的導引。

《在診療室遇見摩西》這個書名從一開始就清楚點出，人的一生，誰能沒有心靈的暗谷陰影、軟弱怯懦呢？

即便是以「十誡」為以色列人奠定信仰與世俗生活法律典章制度的先知摩西，都難逃因一時衝動引發殺身之禍，而在日後漫長的人生歷程中飽受創傷後壓力症的困擾，不敢勇敢回應上帝呼召。而耶穌親自帶領教導的十二個使徒之首——彼得，在耶穌受難過程中軟弱地「三次不認主」，更成為彼得「與主相遇」過程中最著名的事蹟。

在本書中，林教授用他深厚的信仰體悟與醫學臨床經驗指出，上帝如何治療摩西的創傷後壓力症：「創傷後壓力症者靠他自己是無法面對那創傷場景的，但在強有力的外力支持陪同下，雖然仍會害怕，卻比較能撐得住……上帝答應會和摩西同行，又安排摩西的親哥哥亞倫陪同一起去見埃及王，這就是給摩西安排了最佳的行為治療。」

面對「彼得三次不認主」的背叛，林教授也指出，彼得對自己背叛老師而在內心產生的自責與羞愧情緒，耶穌醫治他的方式不是責備、但也不是視而不見。反之，耶穌藉由連問彼得三次「你愛我嗎？」來讓彼得清楚辨識出自己一再逃避、不想正視的心靈暗影；耶穌接著再以支持性的鼓勵「要彼得勇敢面對他三次否認耶穌的失敗行為。耶穌一方面讓彼得回憶創傷經驗，一方面

站在彼得身旁給予支持」。

　　醫者仁心與信仰虔敬的交織結合，讓《在診療室遇見摩西》處處散發出林教授在信仰靈性操練上令人景仰的慈愛悲憫、以及在精神醫學豐富臨床經驗上長年累積出的智慧洞見。

　　林教授的文筆有著科學家的清楚簡練，也處處洋溢著深厚的人性關懷與醫者卓見。這是一本值得細讀的好書。為所有關懷靈性健康與追尋心理健康之道的讀者而寫；也為關心他人心靈健康、探求更好療癒方向與陪伴方式的讀者而寫。

　　感謝上帝的恩典，讓這本好書有重新出版的機會，可以分享給更多讀者。願這本充滿愛心、仁心、與智慧的好書祝福林信男教授有旺盛的筆力，繼續為台灣寫下好書。也祝福每一位閱讀這本書的讀者，在林教授的字裡行間，看到光，看到愛，看到人的軟弱幽暗其實都默默含著迎向上帝恩典的深深祝福！

（本文作者為國立臺灣大學歷史系教授
國科會人文與社會科學研究中心副主任）

| 專文推薦 |

閱讀聖經人物的喜悅

陳永興

　　《在診療室遇見摩西》是林信男醫師（也是林信男長老）的跨領域傑作。書的內容主要是從精神科醫師的角度介紹聖經中許多傳奇的人物，例如較為人知的國王如大衛、所羅門，使徒約翰、彼得、保羅，先知以利亞、耶利米、約拿……等，但也有較少人提到的女性人物如美莉安、塔瑪、麗百加、底波拉、夏甲、莎拉、馬大、馬利亞……等，三十多位各具不同代表性且具有重大啟示作用的聖經人物。

　　這本書不僅適合已經信仰基督宗教的教友深入閱讀，也很適合尚未信仰基督教、卻對人生或生命課題有興趣的一般人來入門閱讀。因為作者本身不僅是台灣資深的精神科醫師，在精神醫學的專業領域有相當的訓練和經驗，在台大醫學院教導醫學生，也在台大醫院服務過很多病人；他更是虔誠的基督徒、在教會長期事奉的長老，甚至還從精神醫學跨領域到神學，在醫療經驗豐富之餘又進入神學院進修，取得宗教文學碩士，甚至在教會中熱心講道並開設課程傳播福音；所以對聖經的理解以及聖經人物的介紹，作者能從跨領域的角度提出相當值得探討的見解，這是本書最能引人入勝的得天獨厚基礎！

　　舉例來說，書中對聖經人物的人格分析、心理特質，甚至是否有出現精神症狀（如躁症或憂鬱或傷創後症候群……等等）有很精彩的描述，而最值得分享的是每一位聖經人物的介紹，不僅

把歷史上的時代背景及故事說得非常明白易懂，更提出對照現代社會值得參考反省的課題（例如兩性平權，爭取言論自由、民主、平等，以及獨立主權的尊嚴、夫妻相處之道、子女教育、外籍配偶、倫理法治、信心危機、族群衝突……等許多現代人面臨的挑戰）。

聖經可以說是影響全世界人類最重要的一本書，對於基督徒來說，讀聖經是必修的功課，但有多少基督徒能從頭到尾讀完、讀懂聖經，恐怕是很大的挑戰。尤其舊約許多涉及以色列民族古時候的歷史、地理、社會、文化、人民、地名非常錯綜複雜，但作者對聖經人物的介紹旁及當時的歷史背景，故事不僅生動有趣又很容易了解，真的是讓人忍不住想好好多讀聖經，讀幾遍也不厭倦！

對於非基督徒的一般人來說，本書更可以說是親近聖經的最佳輔助讀本，可以讓人更了解聖經的許多啟示，不只是對古時候的以色列人有重大意義，即使是對當代世界的現代人，聖經中也充滿智慧和足以參考的精采故事，這是作者的功力，也是跨領域專業背景寫作的重大貢獻！

我作為一個精神科後輩醫師，在台大醫院精神科受訓時，就得到林信男醫師的教導，在台灣社會參與許多服務時，也常常從他身上學習為人處事的風範！但我是六十歲才受洗成為基督徒，對聖經的理解絕對遠遠落後林長老很多，他在東門教會開設「聖經人物的心靈探索」課程時，就聽東門教會的會友說他的課很精采又受歡迎，可惜我當時沒機會去當學生聆聽受教。

這次他把這些上課的教材再加修訂更新要出版，竟要我這個晚輩為本書寫序！前輩的交代不敢拒絕，但對聖經的理解與聖經人物的熟悉，我絕無資格寫序，只好作為後知後覺的學生趕緊先

讀一遍，讀後深感喜悅和欽佩，能從書中對聖經有更深的理解，也對聖經人物有更多的親切感，這真是莫大的收穫。感恩感動之餘，很希望有更多人能閱讀本書，相信讀後必能蒙神之祝福，也能將聖經的福音更廣傳於人間！

2022 年 8 月於台北

（本文作者為前羅東聖母醫院院長、民報創辦人）

屬靈的見證：與聖經人物更深刻相遇

陳建仁

　　今年七月，承蒙林信男教授邀請，為這本書撰寫序文，我深感榮幸與惶恐。我在台大公共衛生研究所攻讀碩士班時，是由台大精神科徐澄清教授和公衛所林佳青教授共同指導，當時我就常聽說林教授是一位學有專精、視病猶親的名醫良醫。林教授是一位傑出的精神科醫師及教授，同時也是任教於神學院的宗教文學教師。以他在精神醫學與神學上的造詣，撰寫這本絕妙好書，讓讀者有引人入勝、獲益良多的深刻感受。

　　在這本書中，林教授挑選了三十六位重要的聖經人物，從他們的成長背景開始談起，說明當時社會文化與歷史事件可能對他們的影響，然後藉著詳述生命經歷描寫每個人物的人格特質，再從精神醫學的角度加以剖析，這些聖經人物面對生活中所遭遇的壓力事件，出現那些精神症狀或心靈變化，最後提出現代人可以得到什麼啟發，以及值得省思和革新的課題。

　　《聖經》是基督徒經常閱讀、與神交往的一本人生必讀的好書。很多人對於聖經裡的許多故事，也都耳熟能詳，像摩西（梅瑟）帶領猶太人越過紅海、大衛（達味）王以投石器擊殺巨人、所羅門（撒羅滿）王的明智斷案、馬利亞（瑪利亞）的信賴順服上主與謙卑協助耶穌等。然而，不是每位讀者都能夠理解、感受、或深究聖經人物的思言行為。舉個例子來說。當亞伯拉罕（亞巴郎）帶著兒子以撒（依撒格）到山上獻祭給上主時，亞

伯拉罕綑綁以撒當祭品時，為什麼以撒沒有反抗或逃走？這種默默接受的態度，一般信友還因此稱讚以撒的順服與信心。但是，真的是這樣嗎？

林教授在書中提出了不同的解讀：「身為精神科醫師，我個人比較傾向認為以撒因其依賴型人格特質而不敢對他父親說『不』。從〈創世記〉第22章所記載這對父子上山獻祭的對話過程及內容，很難嗅出以撒是自願被綑綁的。」這樣畫龍點睛的新視野，讓人對聖經人物有了不同以往的理解與想像。這本書啟示我們深入體會聖經人物的人格特質、精神狀態、生活經驗，如何影響他們對神對人的回應與信靠。

透過林教授的專業推理與抽絲剝繭，讓我們發現身處遙遠古代的聖經人物，他們所面臨的挑戰與困境，卻和現代人相差無幾：先知以利亞（厄里亞）因為工作操勞而陷入沮喪低潮；三次不認耶穌的彼得（伯多祿）必須面對自己的心理創傷；撒母耳（撒慕爾）為了公務而疏忽孩子的教養……等等。我們也從亞伯拉罕的兩個女人夏甲（哈加爾）與莎拉（撒辣）身上，學習夫妻相處之道，或是透過路得（盧德），瞭解外籍配偶融入新社會的困難。

聖經被譽為「書中之書」，是歷史上最重要的著作；聖經也是活在當下的指引，充滿與時俱進的生命力，無數智慧呼應著我們的現世人生、讓我們白白汲取。非常高興也十分佩服林教授，能夠以他的專業學養，深入淺出地引領讀者一覽聖經人物的心靈世界，讓我們更加體會天主疼惜祂所創造的每一個人，也鼓勵我們努力做一個「愛天主在萬有之上、愛人如己」的人，讓世界更和諧、更美好、更光明。

本書不只適合教會人士閱讀，對於任何一個想要理解人類行

為、認識生命意義、體驗生活價值的讀者，本書也是很好的指
引。

陳建仁

（本文作者為前副總統、中央研究院院士）

看到聖經人物的不同面相

陳昭華

　　聖經中對人物的記載，通常只是一五一十地敘述其事蹟，並沒有評論。這些人有些是得勝者，但也有許多是失敗者；有些充滿愛的事蹟，但也有許多悲慘的際遇；有些值得歌頌的事，但也有許多是骯髒汙穢的事。他們就像我們現處的世界中一樣——百樣人生。

　　對於這些聖經人物，每位讀者都會有各自的解讀與評價，但每個讀者的觀點也都有其有限性，如能藉著不同專業領域的專家由不同的觀點剖析聖經人物，可以讓我們看到不同的面相，對聖經人物定會有更深入的了解。其中由精神醫學的觀點來探究聖經人物的心靈秘境者更是罕見，林醫師由精神醫學觀點為大家開啟了一個新的視窗看聖經人物，他精闢地剖析每個聖經人物的人格特質及他們與上帝間的關係，不僅讓我們更清楚地認識這些人，也因此更認識上帝滿滿的愛與恩典。

　　甫接到林醫師的稿件時，一看書名《在診療室遇見摩西》，覺得好生動，比第一版的書名《聖經人物的心靈探索》更逼真，想像現在您就在診療室中聽醫生剖析每位聖經人物，也在診療室中檢驗、診斷自己，不知您會有甚麼樣的體悟？

　　對每位聖經人物，林醫師除了說明其事蹟、分析人格特質外，都有「對現代人的啟發」。我特別喜歡「對現代人的啟發」這單元，因為在此經常可以看到許多林醫師智慧的話語，可見其

在屬靈生命上之高深。幾乎每個聖經人物的「對現代人的啟發」都帶給我不同的感動與啟示。

令我比較印象深刻的，例如「西羅非哈的女兒們」。法律人經常看到不公義的事就理直氣壯、據理力爭，但西羅非哈的女兒們「先在信仰根基上站穩，然後溫和地循序前進，而不是自認站在正義的一方，大聲疾呼。『理』要直，但『氣』不一定要壯」。類似話語也出現在「施洗者約翰」的「給現代人的啟發」中：「理要直，但氣不一定要壯。理直時，氣容易壯，而氣壯時，容易嗨過頭，甚至失控、自以為義。」這道理帶給我好多的啟示，提醒自己不要嗨過頭，以免自以為義。

此外，林醫師對於聖經人物的剖析也常有特別的見地，例如讀聖經相關文獻時，鮮少有人提到夏甲的優點，也容易忽略塔瑪的勇敢，林醫師對於夏甲、塔瑪等的評價與詮釋也讓我耳目一新，受益良多。

這本書不僅為大家開啟了另外一個視窗，由精神醫學觀點觀看聖經人物，相信可幫助許多人更認識這些聖經人物，更可由聖經人物與上帝的關係，更清楚地認識上帝。同時由聖經人物的際遇也能協助我們看出真實的自己，了解自己的屬靈境界，走出更合乎上帝旨意的人生之路。

（本文作者為台北東門基督長老教會長老、東門學苑校長）

恭喜一本好書問世

賴其萬

　　七月中我們在美國探望因為疫情而有將近三年沒見到的兒孫，正沉浸於重聚天倫之樂，接到啟示出版周品淳編輯來信，邀我為林信男教授的新書作序。

　　坦白說，在8月11日交稿，正是我七月底回國接受3+4的隔離防疫之後，回到醫院上班正要全力趕工「補交作業」的時候，而且我又不是基督徒，恐怕無法勝任。當時第一個反應是想要婉轉回絕，想不到寫回信時，卻說：「我是林信男醫師的同學兼粉絲，我深感榮幸受邀寫序，請寄來word檔。」這種反應才使我了解信男兄在我心裡的「重量」。

　　信男兄與我是台大醫學院同班同學，我們都是1969年畢業，當兵一年後同時進入台大神經精神科當住院醫師。當時在台灣神經科與精神科還是合在一起，我們雖然都很清楚將來都要做精神科醫師，但我們一定要「雙主修」。不過說實話，我倆同學七年，在基礎醫學實驗或醫院臨床實習，從來沒有在同一組，性向興趣也非常不同，我是台北人也沒住宿舍，所以我們一直到當住院醫師才真正有機會共事。

　　想不到四年的住院醫師一起工作，我們竟成了莫逆之交。他與桂芳結婚時，我是他的伴郎，後來慢我們兩屆、也到同一科想學神經科的學妹成了我的終生伴侶之後，我們兩對夫婦更成了最要好的朋友。

記得到了第二年住院醫師快做完時，信男兄主動與我提到因為神經精神科一向都只有一位總住院醫師缺，所以他告訴我，我家庭經濟狀況比較好，台大醫院的低薪我沒有問題，就應該留在台大，但他需要養家，想要轉到馬偕醫院工作。當時我深受感動，他居然用這種理由自動退讓。想不到我後來興趣越來越轉向神經科，而剛好台大醫院也為了準備不久後神經、精神將分成兩個獨立的臨床科，所以我與信男成了台大神經精神科破天荒的首度兩個總住院醫師，而隔年也都升任主治醫師。

我與信男的共事是非常愉快的，他為人正直負責，在我需要幫忙時，總是竭誠以赴，我出國二十三年期間，信男定期造訪我父母，他們身體有恙，也都虧他幫忙在台大醫院找到好醫生。當我經歷1991年岳父在美國過世、1992年母親在台灣過世時，我心情跌落谷底，信男送了我一個小木塊，左邊寫的是四個大字「天長地久」，而右邊寫著兩行小字「不在乎天長地久，只在乎曾經擁有」，這「及時雨」有如獅子吼，使我從憂傷深谷中驚醒過來。

1998年我與內人決定回國，而後經過幾次搬家，這塊小木塊始終在我桌案上，每當我看到它，就會有一股暖流湧上心頭。我們幾年前開始為了改善台灣的醫病關係而成立「醫病平台」電子報，信男兄也為我們這園地貢獻了許多非常動人心弦的好文章。

信男兄這本新書《在診療室遇見摩西》，選了三十多位聖經人物，先引經據典地說出聖經所記載的有關這人的資料，分析他們的史實、行為與「人格特質」，而後由精神健康的角度分析，看出「人格障礙症」或其他精神疾病的診斷，最後他會由這些資料提出「對現代人的啟發或挑戰」。就這樣，他將聖經裡遙不可及的人物，傳神地「轉譯」變成像我們的鄰居一般，更容易了解。

信男兄這本書，居然使我這種對基督教的認識是屬於「弱

智」水準的人（過去嘗試過幾次要讀聖經、上教堂都「無疾而終」）在看完書稿以後，還告訴自己下列幾篇我要再回去細讀。這也才使我了解，信男兄為什麼在台大醫院退休之後，還上神學院做全職學生，完成他的神學學位，也因為這種火候，才能寫出這種深入淺出的好書。

始終對宗教保持「不可知論者」（agnostic）態度的我，信男兄的文筆觸動了我的興趣，我特別喜歡文中的這幾句話，謹抄錄於下：「有原則有操守的人，做任何職業都謹守天理，不被利益左右。Calling 這個字可以譯為『呼召』，也可譯為『職業』。對基督徒而言，不論做任何事，都要當成是接受上帝的呼召。任何人接受上帝的呼召，就要有心理準備將自己的主權交出。上帝成為陶匠，接受呼召者成為陶匠手中的泥土。上帝會按照祂的計畫，將受呼召的人重新塑造。就像耶利米受呼召後，成為一個新造的人—從一個懦弱的鄉下人，成為後世景仰懷念的先知。」

同時我也列出下列幾篇我會再回去細讀回味的好文章，也在此野人獻曝與各位分享：

FILE.1　　大衛：擁有不可告人過去的偉大國王

FILE.7　　使徒約翰：從暴躁漁夫到溫和有愛的門徒

FILE.9　　彼得：不牢靠的小石子變成教會的堅固磐石

FILE.10　所羅門：聰明反被聰明誤的代表人物

FILE.11　保羅：外表矮小平凡，作為卻大大不凡

FILE.12　施洗者約翰：特立獨行的苦修者

FILE.13　約伯：在上帝與撒但的賭約中堅持到底

FILE.16　約瑟：化苦難為祝福的解夢人

（本文作者為和信治癌中心醫院醫學教育講座教授）

這是一本大家都可好好細讀的書

盧俊義

看到林信男教授的這本書出版，心中真是非常喜悅。因為在台灣基督教界中能夠用精神醫學看聖經人物故事的書，這本《在診療室遇見摩西》可說是第一本。由林信男教授執筆撰寫，也是最適當不過的了。

原因是林教授非常特別，他是台大醫學院精神科教授，利用學假期間到神學院進修神學課程，然後又利用時間，繼續修完整個神學課程。換句話說，林教授不但有完整的醫學學術和臨床背景，更有足夠神學的底子。而更難得的，是當我從 1998 年 3 月開始在台北東門長老教會牧會開查經班時，他夫婦兩人從不缺席，是相當謙卑的學者和信仰典範者。

在這本書中，他共計介紹了三十六位聖經人物，而這些聖經人物只要是在教會長大的信徒，可說是一點也不陌生，聽了再聽，幾乎都可以輕易地唸出名字來，且說出他們的故事。但在林教授筆下，他都會將他專長精神醫學的觀點融入這些人物當中，這不但增加了我們對這些人物的認識，且會更清楚地知道他們會有這些舉動和思維之因。

這些從精神醫學觀點而來的解說，通常都不是聖經學者解釋經文時會寫到的，但林教授很清楚地將這些勾畫出來。例如：在解釋大衛和拔示芭偷情的事時，林教授從精神醫學有這樣的描述說：「大衛的色膽包天、情緒起伏、詩歌創作力等現象，也可以

從精神醫學的角度作探討。雙相情緒障礙症（躁鬱症）躁症發作時，常會性慾增強，性方面變得比較隨便。」

再者，他在解釋大衛與拔示芭偷情生下的第一個兒子生重病時，大衛所表現出來的樣式，和孩子去世時所反應出來的態度，幾乎完全不相同，林教授說這可以「用躁鬱症者快速從憂鬱期轉換成輕躁期來了解」。

再舉另一個例子，就是使徒保羅說他身上有根刺，一般有種說法是使徒保羅罹患「癲癇病」，這種解釋和他去大馬士革的途中跌落在地上有關。而另有一種看法認為使徒保羅是罹患眼疾，這點從他寫給加拉太教會的書信中可看出來。但林教授則是從使徒保羅在被大祭司審問時，用很不屑的語句罵大祭司，結果被大祭司吩咐僕人賞他一大巴掌的這點，提出了另一種看法，就是使徒保羅所罹患的可能是一種「語言障礙症」（speech disorder）。

林教授提到，對一個以傳講耶穌復活信息為生命最大任務的人來說，「這確實是很大的軟弱」，他說這也符合了使徒保羅自己所說的「為了使我不至於因得到許多奇特的啟示而趾高氣揚，有一種病痛像刺糾纏在我身上，如同撒但的使者刺痛我，使我不敢驕傲」。這確實是特別的看法。

上述只是舉出兩個例子來說明，其實在林教授的這本書中，這樣的有趣例子可說是比比皆是。每介紹一位人物時，他都會說到這些人物的「人格特質」，並用簡單易懂的方式說明。而且在介紹人物故事之後，他都會提出「對現代人的啟發」，或是提出「對當代基督徒的啟發」這樣的看法，這對讀者來說確實是很大的幫助。也從這裡可看出此書不僅適合基督徒閱讀，也可以被一般社會大眾所接受。

對今天的基督教會，特別是對傳道者和幹部來說，這樣一本

讓聖經人物故事與精神醫學對照來看的書，是非常好的一本書，也是值得大家廣傳閱讀的好書。

（本文作者為台灣基督長老教會牧師）

作者序

探索聖經人物的心靈世界

　　2012年我在台北東門教會所辦的東門學苑開設「聖經人物的心靈探索」課程，嘗試從精神科醫師的觀點看聖經人物。2018年6月，我將講授該課程時發給學員的講義文稿做了整理，以「聖經人物的心靈探索」為書名，將此內容集結成書出版。

　　書中大部分人物選自舊約聖經，新約聖經人物則不到四分之一。這些聖經人物的主要基本資料是根據聖經公會出版的《現代中文譯本1995修訂版聖經》。另外，有些舊約聖經人物也參考了猶太教經典如《米大示》（*Midrash*）的資料，例如討論西羅非哈（責羅斐哈得）*的女兒們向摩西（梅瑟）陳情抗議的案件，就有參考《米大示》。

　　依照當時摩西所訂的法律，她們的父親沒有兒子，父親死

* 書中的宗教名詞（包括聖經章名、人名、地名等）在每章內文首次出現時，皆以基督新教、天主教通用譯名對照的方式呈現，以便雙方讀者閱讀。

了，女兒也不得繼承家中產業。依照〈民數記〉（戶籍紀）第27章的記載，似乎是西羅非哈的女兒們一申訴，摩西就不可思議地一反常規及社會氛圍，很快就向上帝稟明此案件。但依《米大示》的說法，其實是經過一番爭取折衝後，摩西才向上帝陳明此案件的。

2021年底，盧俊義牧師向啟示出版推薦，促成此書的修訂版問世。書中所談的聖經人物，除了新增一篇舊約人物以撒，以及將美莉安（米黎盎）與摩西這對姊弟拆開、獨立成兩篇外，其餘都維持原有的人物架構。此修訂版不但保留了第一版的主要內容，多位聖經人物也都增加了篇幅，從精神健康的角度探討他們的生命，並論述其對現代人的啟發。

例如，從約伯的故事，討論到台灣及猶太的宗教及文化傳統都有的「善有善報，惡有惡報」觀念。此種宗教信仰在鼓勵一般人行善遠惡上雖然有其作用，卻無法說服無辜受苦的人。約伯針對傳統對苦難所提供的解釋提出反駁，認為應該有更佳的理由說明無辜者為何受苦。

在以撒（依撒格）的故事裡，我們可學習到以撒雖然是最沒聲音的以色列男性族長，但傻人有傻福，也就是台灣俗語所說的「天公疼憨人」。相較於他的父親亞伯拉罕（亞巴郎）和他的兒子雅各（雅各伯），以撒在世人眼中是一個很不起眼的人物，可是以撒卻是他們三人中，一生日子過得最平穩的人。上帝給每一個人不同的恩賜、不同的個性，每個人只要按個人的天分盡心盡力去做，在上帝眼中都會獲得一樣的嘉許。

「江山易改，本性難移」可說是對人性觀察所獲致的至理名言，可是當腦生病時，就會導致個性改變。精神科醫師就常常以病患個性開始改變的時間，來推測其精神疾病發病的開始。其實

還有一個很重要、不容忽略的事實，那就是信仰的力量可撼動山河，改變人的個性。使徒約翰（若望）的故事就顛覆了這句名言，他接觸耶穌之後，從性爆如雷的小夥子變成溫文體貼、能夠照顧別人的人。

新約聖經〈哥林多後書〉（格林多後書）5章17節說：「若有人在基督裡，他就是新造的人，舊事已過，都變成新的了。」從醫學的觀點，所謂新造的人，就是藉由信仰改變大腦迴路而呈現個性的正面改變。美國賓州大學的安德魯・紐柏格（Andrew Newberg）教授在其著作《改變大腦的靈性力量》（*How God Changes Your Brain*）中對此觀念有詳細的討論。

身為精神科醫師，對聖經人物的心靈探索免不了會加入精神醫學的觀點。例如探討使徒彼得（伯多祿）於耶穌受難前一夜，耶穌預言彼得會在雞叫前連續三次不認耶穌，根據〈路加福音〉的記載，當彼得第三次說不認識耶穌時，他的話還沒說完，雞就叫了，彼得就出去痛哭起來。從精神醫學來看，這件事對彼得絕對是重大的急性壓力事件，若沒有適當的處理，日後很可能會發展出創傷後壓力症。另外，在探討大衛（達味）色膽包天、為了獲得部屬的妻子拔示芭（巴特舍巴）而甘願違背多條十誡的行為，以及大衛跟拔示芭所生孩子重病死亡過程中，大衛的種種激烈行徑，我以「雙相情緒障礙症」（躁鬱症）來理解，為甚麼那麼受人愛戴又有信仰的大衛王會出現此種行為。

本書人物編排，是以聖經公會《現代中文譯本1995修訂版聖經》之人名筆劃排序。衷心感謝盧俊義牧師對此書出版的關心，啟示出版編輯提供增修建議及協助宗教名詞譯名對照，在此一併致謝。

2022年6月16日於台北

FILE.1

—•—

大衛

擁有不可告人過去的偉大國王

　　大衛（達味）王是以色列人最尊崇的歷史偉人。他是以色列聯合王國的第二任國王，他統治的時間大約在公元前 1010 ～ 970 年的四十年。大衛的曾祖母路得（盧德）是以色列人瞧不起的摩押人（摩阿布人），印證聖經所說上帝要將微小的高升。

　　以色列在亡國超過二千五百年後，重新建國為目前的以色列國，其國旗最顯著的標記就是「大衛之星」。而亡國期間，就如舊約聖經常常提到的，以色列人一直盼望會有一位拯救者（彌賽亞／默西亞）出現，來恢復以色列國的光榮國度。這位救世主必定是大衛的後裔，即所謂從大衛的根發出的新枝（參以賽亞書／依撒意亞 11:1、耶利米書／耶肋米亞 23:5）。

▶ 大衛的身世背景

　　大衛是伯利恆（白冷）城人，他的曾祖父波阿斯（波哈次）

是當地有錢的地主。他的父親耶西（葉瑟）有八個兒子，大衛是老么。從舊約聖經〈撒母耳記〉（撒慕爾紀）的記載來看，耶西可能不是那麼看重這個最小的兒子。大衛的其他七個哥哥被留在父親身邊，卻把最小的大衛派到外面去放羊。

大衛替他父親在野地放羊的生活經驗，對培養他成為多才多藝的人可能有相當大的關係。與大自然接觸、觀察自然界花草鳥獸與四季的變化，使他認識造物主的偉大與奧秘，對他日後的信仰與寫詩的靈感必定很有幫助。長時間生活在野地，對他的健康也很有益處。而單獨一個人放羊，又必須面對野獸的侵擾，練就了大衛的機智、勇氣與體力，就如大衛向掃羅（撒烏耳）王所說：「陛下，我是為父親放羊的。有時候獅子或熊來了，抓去小羊，我就追趕牠，擊打牠，救回小羊。如果獅子或熊襲擊我，我就抓住牠的鬚，把牠打死。」（撒母耳記上17:34-35）

或許大衛一個人放羊時，會彈琴自唱，因而培養了他的音樂素養。後來，他的這些經歷可能逐漸傳開，所以當掃羅王受邪靈折磨而精神出狀況時，他聽部屬建議，下令找一個善彈琴的人來，有一個侍從說：「伯利恆城的耶西有一個兒子；他是彈琴的能手。他英勇善戰，豐姿英俊，又有口才；上主與他同在。」（撒母耳記上16:18）

總而言之，大衛年少時被他父親派去外面放羊，從人的角度看，似乎是被放在不起眼的地方；但從信仰來看，可視為上主為磨練他所安排的「包裝的祝福」。

▶ 藝術家天分

大衛具有上帝所賜的藝術家天分，加上早年放羊時，在大自

然中與日月星辰接觸的後天因素，使大衛從年輕時就展現音樂才華。大衛的音樂不但能使他自己的心靈提升淨化，還能安慰別人，具有心靈上的止痛療傷果效。大衛可說是有歷史可考的最早的音樂治療師之一，每當掃羅王精神不穩定時，只要一聽大衛彈豎琴，精神就暢快舒服（參撒母耳記上16:14-23）。

大衛是個了不起的詩人。他寫詩讚美上帝，把他對上帝的感恩、認罪、悔改，都用詩來表達。這些詩當然可用音樂吟唱，就像聖經〈詩篇〉（聖詠）常常會標示用甚麼調吟唱。此外，大衛也寫詩抒發心中的哀痛，例如為掃羅王和他的兒子約拿單（約納堂）寫輓歌。

他曾寫下一首流傳萬古的詩，就是〈詩篇〉第23篇：「上主是我的牧者；我一無缺乏。他讓我躺臥在青草地上，領我到安靜的溪水邊。他使我心靈復甦。他照著應許導我走正路。縱使我走過陰森山谷，我也不怕災害；因為你與我同在──你用杖領我，用棍護我。在敵人面前，你為我擺設盛筵，待我如上賓，斟滿我的杯。你的恩典慈愛終生不離我；我要永遠住在你殿宇中。」

〈詩篇〉第23篇被認為是詩中之詩。在整本聖經中，除了〈主禱文〉（天主經）外，〈詩篇〉第23篇是基督徒最熟悉、許多人都會背頌的經文。它也被認為是大衛王遇到押沙龍（阿貝沙龍）的叛亂，匆忙逃離耶路撒冷，在猶太的曠野流浪逃亡時所做的詩。押沙龍是大衛親生的兒子，也是大衛最疼愛的兒子，然而，這個兒子居然為了篡位做王而叛亂。

做國王的被部屬背叛、做父親的被兒子叛逆，在公職生活及家庭私生活中兩件最大的不幸同時打擊下，我們很難想像大衛還能寫出這首詩。這首詩不只醫治了他自己憂傷的心，也醫治了許

許多多閱讀這首詩的讀者。

▶ 軍事長才

　　大衛從他在野外放羊、保護羊群免受野獸侵害的經驗中，培養了敏銳的觀察力與應變機智。但是，他能在危急時刻臨危不亂、保持鎮定，最大因素仍要歸功於他對上帝的信心，這點從巨人歌利亞（哥肋雅）調侃他時，他回應的話裡就可看出：「你來打我，是用刀、矛、標槍，但我打你是奉上主——萬軍統帥的名；他就是你所藐視的以色列軍隊的上帝。」（撒母耳記上17:45）此外，聖經也記載大衛每次出征前，都會求問上帝是否應該出征。

▶ 大衛的寬容心

　　因為大衛的戰績彪炳，受到全國人民的讚賞，掃羅王開始忌妒大衛。雖然大衛一再澄清，他的好朋友（掃羅自己的兒子約拿單）也向掃羅保證大衛的忠誠，掃羅還是想除掉這位「功高震主」的部屬。

　　大衛只好躲避掃羅的追殺，聖經對此事的經過這樣記載：「有一天，從上主那裡來的邪靈支配著掃羅。掃羅手裡拿著矛，坐在屋裡；大衛也在那裡，正彈著豎琴。掃羅想用他的矛把大衛釘在牆上，但大衛躲開了，矛扎在牆上。大衛逃跑，離開那裡。」（撒母耳記上19:9-10）

　　掃羅王苦苦追殺大衛的過程中，大衛有過幾次可以輕易殺死掃羅的機會，大衛不但沒有下手，還阻止部屬，叫他們不得傷害

掃羅。

➡️ 重視親情與友情

　　長久以來，大衛與掃羅王的兒子約拿單之間的深厚情誼，一直是被討論的話題。大概沒有人敢說男人之間不可能建立此種深厚友誼，但聖經兩處有關大衛與約拿單之間親密之情的經文，容易讓人感受到同性戀色彩：「掃羅告訴他的兒子約拿單和所有的臣僕，他要設法除掉大衛。約拿單很愛大衛，就去告訴他：『我父親想要殺你。明天清晨，你要藏在一個祕密的地方，留在那裡。我會到你藏匿的地方，在我父親身旁跟他談你的事。我有甚麼發現，一定告訴你。』」（撒母耳記上19:1-3）以及「約拿單再次要大衛發誓愛他，因為他非常愛大衛，就像愛自己一樣。」（撒母耳記上20:17）

　　所以，這兩段經文常被同性戀者視為他們表達情誼的典範。但從大衛愛戀拔示芭（巴特舍巴）的行為來看，我個人認為至少大衛不是同性戀者，而是與約拿單有著男人之間的真誠深厚友誼。當大衛得知約拿單戰死沙場時，他撕裂衣服，寫了輓歌，其中有一段這樣說：「我兄約拿單哪，我為你哀哭；你對我親愛異常！你的深情何其美好，遠勝過婦女的愛情。」（撒母耳記下1:26）

　　大衛很重視自己父母的安危。當大衛開始躲避掃羅王的追殺時，他擔心父母受連累，先將父母帶到他曾祖母的娘家故鄉摩押，把父母寄託在摩押王那裡。大衛也很顧念父子之情。他的不肖兒子暗嫩（阿默農）姦污了同父異母的妹妹塔瑪（塔瑪爾），引來塔瑪胞兄押沙龍的憤怒。押沙龍將暗嫩殺死，然後逃亡。聖

經描述大衛對這事件的情緒反應如下：「大衛為他兒子暗嫩哀傷很久；但他悲哀過了，就很想念押沙龍。」（撒母耳記下13:38-39）

經過一段時間，有人設法疏通，他就原諒了押沙龍。可是不久之後，押沙龍就叛變，給大衛很大的羞辱，還差一點讓大衛走投無路。可是後來一聽到押沙龍死亡，大衛仍是非常悲傷，聖經說：「王一聽，悲從中來，就上城樓的房間去哀哭。他一面走一面哭著說：『噢，我兒！我兒！押沙龍我兒！恨不得我替你死。我兒押沙龍啊，我兒！』」撒母耳記下18:33）大衛真的是性情中人！

▶虛心受教

大衛統一全以色列，被膏立為猶大與以色列的王。他把首都遷到耶路撒冷，並蓋了王宮，享受太平。然後他想到自己住香柏木建造的宮殿，上帝的約櫃卻在帳棚裡，心裡過意不去，乃向先知拿單（納堂）表示想蓋聖殿。

大衛的出發點和構想應該說是好的，可是上帝透過拿單傳話表示不同意。大衛沒有因好意卻碰一鼻子灰而生氣，他虛心地接受上帝的指示，並進入聖幕獻上感恩的禱告（參撒母耳記下7:18-29）。

▶最大的失敗：拔示芭事件

大衛一生的最大失敗，是因為迷戀部下烏利亞（烏黎雅）的妻子拔示芭而犯下嚴重罪行。此事件的經過是這樣：「有一天，

近黃昏的時候，大衛小睡起來，到皇宮的平頂上散步，他看見一個女人在洗澡；那女人十分艷麗。大衛派人查詢她是誰，知道她叫拔示芭，是以蓮的女兒，赫人烏利亞的妻子。大衛派使者去召她；他們把拔示芭接來，大衛就跟她同房。

「事後，拔示芭回家去。過了不久，拔示芭發覺自己有了身孕，就送信給大衛，告訴她自己已經懷孕。於是大衛派人告訴約押說：『你打發赫人烏利亞到我這裡來。』……烏利亞到了，大衛問他約押和部隊可好，前線情況如何？然後對烏利亞說：『你回家休息一下吧！』烏利亞走後，大衛派人送禮物到他家。但烏利亞並沒有回家；他跟王的守衛睡在宮殿門口。

「大衛聽說烏利亞沒有回家，就問他：『你出門那麼久，現在回來，為甚麼不回家呢？』烏利亞回答：『以色列和猶大的戰士都在戰場上，約櫃也在那裡，約押元帥和他的部屬都在野外紮營，我怎麼能回家吃喝，跟妻子同床呢？我指著你的生命發誓，我絕對不能做這樣的事！』

「第二天早上，大衛寫了一封信給約押，吩咐烏利亞帶去。信上說：『把烏利亞調到戰事最猛烈的前線，然後你們撤退，讓他戰死。』因此，當約押攻城的時候，他派烏利亞到敵軍防禦最強的地方去。敵軍從城裡出來，突擊約押的部隊。大衛的軍官有些戰死，烏利亞也陣亡了。」（撒母耳記下11:2-17）

這整個過程，大衛犯下十誡中的第七誡「不可姦淫」、第八誡「不可偷竊」及第十誡「不可貪戀別人的妻子」。拔示芭並非大衛的妻子，所以大衛和她同房，當然是犯了第七誡。拔示芭是別人的妻子，大衛強行奪取，就是偷竊別人的妻子，犯了第八及第十誡。其實烏利亞在前線戰死是大衛故意設的陷阱，所以嚴格來說，大衛也犯了第六誡「不可殺人」。

　　依照〈利未記〉（肋未紀）20章10節及〈申命記〉22章22
節兩處的經文記載，以色列人與別人的妻子通姦，男女兩人都要
處死刑。若依法執行，大衛只有死路一條。大衛是敬畏上帝的
人，也是上帝所喜愛的人，我們也相信大衛對十誡一定很熟悉，
可惜他卻在慾望的挾制下，色迷心竅，犯下滔天大罪。

　　大衛犯下如此大的罪行，卻要等到先知拿單來譴責才醒過
來。他所犯的唯一死刑，只有經由特赦才能免除。〈撒母耳記
下〉12章13節這樣記載：「於是大衛對拿單說：『我得罪上主
了。』拿單回答：『上主饒恕你；你不至於死。』」大衛獲得特
赦並不是因為他具有國王的特殊身分，而是他聽了先知拿單的信
息，驚醒過來，並立刻認罪悔改。他的認罪是出自內心，而不是
別有用意的。

　　〈詩篇〉第51篇的希伯來原文標題是「先知拿單指責大衛跟
拔示芭通姦以後，大衛作這首詩」，因此一般認為〈詩篇〉第51
篇是大衛向上帝認罪痛悔的禱告詩。在該詩第4節說：「我作了
你認為邪惡的事。因此你審判我是理所當然；你責罰我是我所
應得。」可見大衛是真誠地向上帝認罪，沒有找藉口掩飾自己的
過失，也沒有企圖免除審判。

　　從人的立場，大衛身為國王，有權有勢，不必害怕被人定罪
受罰，連位高權重的元帥約押都得聽命配合他，做明明違反軍
事常理的事。但大衛很清楚他要面對的是上帝，而不是人。好
在大衛心中還有上帝，才能在先知指責他時，謙卑認錯，免於
繼續墮落下去。反觀另一位國王掃羅，他所犯的罪雖然沒有大
衛的嚴重，但是他心中沒有上帝，濫用國王的權勢，不但聽不
進祭司亞希米勒的忠告，還要趕盡殺絕所有的祭司。因此掃羅
一路沉淪，走向滅亡。

從失敗中學習信仰真諦

大衛從這一次嚴重的過犯中深刻反省，並以〈詩篇〉第51篇作信仰告白。首先，他認清人的軟弱。大衛過去雖然被認為是信賴上帝、是上帝所喜愛的人，但一不小心就讓撒但有機可乘，犯下滔天大罪。因此他在〈詩篇〉51篇5節告白說：「我一出母胎便是邪惡；出生之日就充滿了罪。」

其次，大衛從失敗中深刻體會到上帝是愛。他在〈詩篇〉51篇1節說：「你有永恆的愛。」在第8節說：「你雖然粉碎了我，我會再次歡樂。」在第12節說：「讓我重新體會你救恩的喜樂。」然後他清楚領悟，敬拜上帝是要用「真誠的心」（第6節）、「一顆純潔的心」（第10節）、「憂傷痛悔的心」（第17節）。

大衛清楚認知到，上帝要人用心敬拜，不是用外在的獻祭。因此它在〈詩篇〉51篇16節說：「你不喜歡牲祭，不然我就供獻。」新約聖經〈約翰福音〉（若望福音）4章23節提到，耶穌與撒馬利亞（撒瑪黎雅）婦人談信仰時，耶穌特別強調說：「那真正敬拜天父的要用心靈和真誠敬拜。這樣的敬拜就是天父所要的。」

從精神醫學看大衛的情緒起伏

大衛的色膽包天、情緒起伏、詩歌創作力等現象，也可以從精神醫學的角度作探討。雙相情緒障礙症（躁鬱症）躁症發作時，常會性慾增強，性方面變得比較隨便。以大衛這麼有信仰的人，為了佔有烏利亞的妻子拔示芭，竟然會不顧一切，一再犯下十誡中可被判死刑的姦淫、侵佔人妻及殺人罪，實在令人匪夷所

思，但若以躁症者會性慾高漲而出現色迷心竅的行為來看，就比較容易了解。

　　大衛曾出現情緒大幅波動的情況，他與拔示芭偷情所生的頭胎孩子生病及死亡過程中他的精神與行為，就是一個典型的例子。聖經這樣記載這件事：「上主使大衛跟拔示芭所生的孩子害重病。大衛祈求上帝讓孩子康復。他禁食，每天晚上進自己房間，整夜躺在地上。他內院的老侍從勸他起來，他不肯，也不跟他們一起吃飯。

　　「過了一個禮拜，孩子死了。大衛的臣僕不敢把這消息告訴他；他們說：『孩子還活著的時候，我們跟他說話他都不肯回答，我們怎麼敢告訴他孩子死了的消息呢？他可能做出傷害自己的事啊！』大衛覺察左右在交頭接耳，曉得孩子已經死了，就問他們：『孩子死了嗎？』他們回答：『是的，孩子死了。』大衛就從地上起來，洗澡，梳頭，換衣服，然後到上主的殿宇敬拜。

　　「他回到宮裡時，吩咐預備食物；飯菜一擺上，他就吃了。他的臣僕問他：『我們真不明白：孩子活的時候，你為他禁食哀哭；孩子一死，你倒起來吃喝！』大衛說：『是的，孩子活著的時候，我禁食哀哭；因為我想上主可能憐憫我，不讓孩子死。現在孩子死了，我為甚麼還要禁食呢？我能使孩子活過來嗎？有一天我要到他那裡去，可是他永遠不能回到我這裡來！』」（撒母耳記下12:15-23）

　　大衛面對這件事所呈現的情緒與行為，固然可以用他是一個非常有信心的人來解釋，但也可以用躁鬱症者快速從憂鬱期「轉換」（switch over）成輕躁期來了解。前面曾以大衛在野外牧羊、深入接觸大自然的生活經歷以及個人天分，試圖說明其豐富的文

學詩歌及音樂創作能力，但如果大衛是有躁鬱症又具有上述生活閱歷的人，就更容易說明他的創作爆發力從何而來了。

▶ 雙向情緒障礙症與創作

長久以來，不少人將創造力與精神疾病聯繫起來，他們稱那些創造力豐富、卻在精神方面不同尋常的人為「瘋狂的天才」。從亞里斯多德到莎士比亞，古代偉大的思想家們都談到，天才與瘋子在思想和情感上都有著不受束縛的特點。那麼，精神疾病與創造力之間究竟有著怎樣的相關性呢？

梵谷是具有高超色彩表現力和創造力的傳奇畫家，他曾在精神狀態不穩定時割掉自己的一隻耳朵。梵谷此種偏離常軌的自殘行為，常讓人將高創造力與精神病作聯想，即一般人所謂的天才與瘋狂只有一線之隔。不少著名的藝術家、文學家都曾患過雙相情緒障礙症，包括歌德、莫札特、韓德爾、海明威、吳爾芙、安徒生、愛倫坡等等。

無論雙相情緒障礙症的基因是否有利於創造力，一項很清楚的事實指出，那些具創造天才的雙相情緒障礙症患者，他們的驚人創作力是在輕躁期產生，一旦進入躁症期，其創作的量與質都會崩盤。

在有效的治療方法出現前，那些具天分的雙相情緒障礙症者能否有成就，確實是有點靠運氣。自從有效的治療方法出現後，藉由現代精神醫學的治療（尤其是藥物治療），躁症的發作很顯著獲得降低。但要如何恰到好處治療雙相情緒障礙症，仍有許多值得探討的地方。

▶ 對當代基督徒的啟發

　　大衛的故事清楚描繪我們信仰的內涵，包括人的軟弱及罪性、認罪悔改、慈愛的天父及祂的拯救，以及用心靈與真誠敬拜。這個故事告訴我們，人不可自誇，特別是當一個人為主的名所作事工蒙主祝福、成效卓著時，更要小心避免自誇。因為當人開始自誇時，撒但就有機可乘，使人的軟弱及罪性顯露出來，自以為有能力，忘了成就事情的是上帝。大衛的故事也告訴我們，失敗時，不可灰心、自暴自棄，正如王爾德說的：「每個聖人都有不可告人的過去；每個罪人都有美好的展望。」

　　認罪悔改需要有相當的勇氣，有時甚至比受苦還要難。但對那些用心靈和真誠敬拜天父的人來說，其信仰必定能提供認罪悔改的勇氣。教會史上早期著名教父奧古斯丁的《懺悔錄》、德蕾莎修女的信仰告白書信（後來集結為《來作我的光》一書）就是很好的例子。有病的人才需要醫生，有罪的人才需要耶穌。用心靈和真誠敬拜天父的人，不會認為自己是無罪的。不敢認罪悔改的人，其信仰仍有待操練提升。

　　或許有人會說我們不會犯像大衛那麼大的過錯，但若真誠反省，我們在日常生活中仍然常有抵觸十誡的時候。金錢、權力、名聲與性已經被這個社會當作神明在崇拜。在許多人心目中，它們儼然成為神及偶像。不少基督徒也逃不過其誘惑：為了學業、事業，不少基督徒無暇守安息日；為了金錢、權力、名聲與性，人可以把孝敬父母的事擺在一邊；為了追求金錢、權力、名聲與性，殺人、姦淫、偷竊、作假見證、貪心的事件也層出不窮。而我們就是生活在此種社會中，能不警惕嗎？

　　雖然有這許多陷阱，使我們有時免不了跌倒，但如果能保有

認罪悔改的勇氣，保有用心靈和真誠敬拜天父的心，我們仍能像大衛那樣，經過試煉而更堅固信心，使絆腳石成為踏腳石，提昇信仰層次，使心靈更成熟。

FILE.2

—— • ——

以利亞

在意氣風發與沮喪求死之間擺盪

　　舊約聖經提到許多先知，在其中，以利亞（厄里亞）被以色列人視為最重要的先知。新約聖經提到「摩西（梅瑟）與先知」時，常是指摩西與以利亞。耶穌帶著彼得（伯多祿）、雅各（雅各伯）與約翰（若望）三個門徒上「變貌山」時，三個門徒看到摩西與以利亞出現來與耶穌對話。

　　研究舊約聖經的學者，會將先知書分為大先知書與小先知書。這是以書卷內容字數的大小而分的，無關先知的偉大與否。舊約聖經中雖然沒有一卷書是用以利亞的名字來命名，以利亞卻是以色列歷史中不能缺少的偉大先知。

　　一直到現在，以色列人當中仍流傳一種說法，他們根據舊約聖經〈瑪拉基書〉（馬拉基亞）4章5節的經文「可是，在上主大而可畏的日子來到以前，我要差派先知以利亞到你們那裡」，認為末日來臨那一刻，以利亞會作前導，從橄欖山的上面出現。因此他們喜歡在橄欖山坡選他們的墓地，而且埋葬時要順著山

坡，腳在上、頭在下。他們認為這個姿勢可使他們復活時，一張開眼睛就看到以利亞，若頭在上方，張開眼睛時就無法立刻看到以利亞。2010年筆者到以色列旅遊時，導遊在橄欖山指著相傳可看到以利亞從山頂出現的一片墓園說，那是當地最搶手的墓地。

▶ 以利亞的成長背景

聖經中有關以利亞的記載，最主要是在舊約〈列王紀上〉17章1節至〈列王紀下〉2章15節，新約聖經則有八段經文簡短提到他。以利亞成長在約旦河東邊的基列（基肋阿得）山丘地區，一個名叫提斯比（提市貝）的小村落。

〈列王紀下〉1章8節描述他穿著獸皮外袍、束著皮帶，那似乎是他的註冊商標，當時只要一提到這樣穿著的人，就會讓人聯想到以利亞。以利亞應該是一個粗獷、動力十足的人，聖經沒有提到他的家世背景，但他可能在山區當過牧羊人。聖經第一次提到他，就說他是先知。

除了以利亞之外，在新約聖經中也有一個穿著獸皮外袍、束著皮帶、相當粗獷的有名人物，叫施洗者約翰（洗者若翰）。基督宗教認定，施洗者約翰是二千多年前為耶穌在以色列傳福音開路的先鋒，而以利亞則被以色列人認為是末日上帝要來審判世人的前導者。

▶ 被國王恨之入骨的先知

靠烏鴉送食物：以利亞第一次與亞哈王（阿哈布）見面時，他警告國王將會有嚴重的旱災。他說除非他向上帝祈求，否則天

就不下雨，也不降露。可能是亞哈王對此警告沒有適當的回應，甚至可能有不友善的舉動，以利亞就消失躲起來了。

聖經記載說：「上主對以利亞說：『你離開這裡，往東走，到約旦河東邊的基立溪附近藏起來。你可以喝溪裡的水；我已經命令烏鴉送食物到那裡給你吃。』以利亞聽從上主的命令去住在基立溪旁。他喝溪裡的水；烏鴉每天早晨和傍晚都送餅和肉來給他。過了一些時候，因為天不下雨，溪裡的水都乾了。」（列王紀上17:2-7）

在撒勒法（匝爾法特）的寡婦家：接著，上帝命令以利亞遷住到西頓（漆冬）附近的撒勒法。之前上帝藉烏鴉送食物給他，這次卻要他依靠一個窮寡婦來供養。這位窮寡婦家中只剩下最後一把麵粉及一點橄欖油，她準備吃完這些就和兒子一起等著餓死。可是她信任以利亞的話，相信只要她願意分享，她家罐裡的麵粉就用不完，瓶裡的油也會用不盡。事情果然如以利亞所說的發生了。

後來，寡婦的兒子生病死了，寡婦怪罪是以利亞到她家，使上帝記起她的罪，以兒子的死來懲罰她。以利亞默默承受並懇切求上帝救孩子，聖經記載說：「他從寡婦懷裡把孩子抱過來，帶到樓上他住的房間，放在床上。然後以利亞大聲禱告：『上主—我的上帝啊，你為甚麼降災禍給這寡婦呢？我借宿在她家裡，你卻叫她的兒子死！』

「以利亞三次伏在孩子身上，祈求說：『上主—我的上帝啊，求你使這孩子還魂吧！』上主垂聽了以利亞的禱告，使孩子還魂，活了過來。以利亞把孩子抱回樓下，交給他母親，對她說：『看哪，你的孩子活了！』寡婦說：『現在我確實知道你是神的人；上主藉著你說的話都是真實的！』」（列王紀上

17:19-24）

　　對抗巴力（巴耳）的眾先知：旱災的第三年，上帝吩咐以利亞去告訴亞哈王，上帝就要降雨了。以利亞立刻動身，在路上，他遇到亞哈王的王宮事務主管俄巴底（敖巴狄雅）正奉王的命令四處探查水源。俄巴底曾在王后耶洗碧（依則貝耳）屠殺上帝先知時，救過一百個先知。以利亞請他轉告要和亞哈王見面，見面後就彼此約定在迦密山（加爾默耳山）上，以獻祭方式來決定誰拜的神是真神。

　　巴力的四百五十個先知大聲禱告，依他們的儀式砍傷自己，並狂呼亂叫。他們從早上求到下午，可是他們的巴力神明都沒有降火將祭品燒掉。於是以利亞吩咐人民，前後三次各挑四桶水澆在祭物和柴上面。下午獻晚祭的時候，以利亞禱告，上帝就降火燒掉祭物，於是人民信服以利亞敬拜的是真神。

　　接著以利亞下令，民眾將巴力的先知全數抓起來，帶到基順溪（克雄河）旁邊，在那裡把他們殺了。不久就降下大雨解除旱災，聖經如此記載：「不一會兒，天空果然滿了烏雲，風也吹了起來，大雨傾盆而下。亞哈上了馬車，回耶斯列去。上主的能力臨到以利亞，他就束緊衣服，趕在亞哈前頭，一直跑到耶斯列。」（列王紀上18:45-46）

　　躲避王后耶洗碧的追殺：信奉巴力神的王后耶洗碧聽到事情的經過，下令捕殺以利亞。以利亞一聽，就恐慌害怕，帶著他的僕人逃命到別是巴（貝爾舍巴）。接著單獨一人繼續走了一天，來到曠野。聖經如此描述他的狼狽情況：「他坐在一棵杜松樹的蔭下求死；他禱告說：『上主啊，我受不了啦，把我的性命取去吧，我還是死掉好！』他躺在樹下，睡著了。

　　「忽然，有一個天使來拍他，對他說：『醒醒吧，吃點東

西！』他睜開眼四周一看，看見在頭邊有一塊用炭火烤好的餅和一瓶水。他吃了，喝了，又躺下去。上主的天使第二次回來，拍他，說：『起來，吃點東西！不然，路途那麼遠，你會支持不了。』以利亞起來，吃了，喝了。食物給他足夠的力量，他走了四十晝夜，到了何烈聖山。他在那裡的一個山洞過夜。」（列王紀上19:4-9）

　　以利亞從戰勝巴力眾先知時非常高亢的情緒，快速掉到極度沮喪。就在他處於情緒谷底時，以利亞戲劇性地與上帝相遇，使他脫離沮喪的黑洞。聖經說：「忽然，上主對他說話：『以利亞，你在這裡做甚麼？』以利亞回答：『上主－萬軍的統帥上帝啊，我一直專心愛你。但是以色列人民背棄了你與他們立的約，拆毀了你的祭壇，又殺了你所有的先知。現在只剩下我一人，他們還要殺我！』

　　「上主對他說：『出去，站在山頂上，站在我面前。』於是，上主經過，招來烈風使山崩石裂，但上主不在風中。風停了，接著有地震，但上主也不在地震中。地震後有火，但上主也不在火中。火以後，以利亞聽到了輕柔的聲音。以利亞聽見了，就用外衣蒙住臉，出去站在洞口。有一個聲音對他說：『以利亞，你在這裡做甚麼？』

　　「他回答：『上主—萬軍的統帥上帝啊，我一直專心愛你。但是以色列人民背棄了你與他們立的約，拆毀了你的祭壇，又殺了你所有的先知。現在只剩下我一人，他們還要殺我！』上主說：『你從原路回到大馬士革附近的曠野去，然後進城去膏立哈薛作敘利亞王，膏立寧示的兒子耶戶作以色列王，又膏立亞伯‧米何拉人沙法的兒子以利沙接替你作先知。』」（列王紀上19:9-16）

　　以利亞的情緒轉折，與生活壓力事件、人格特質或疾病的關係，將在另一段討論。

　　拿伯（納波特）的葡萄園：後來，以利亞再次槓上亞哈王，是為了指責國王縱容王后耶洗碧偽造文書，害死拿伯並強佔他的葡萄園。這件事讓亞哈王與王后耶洗碧對以利亞的仇恨更甚。

▶ 以利亞被接上天

　　以利亞招收以利沙（厄里叟）這個門徒，訓練他成為成熟的先知。以利亞在世上的任務完成後，上帝便用旋風接他升天。

　　下面是以利亞升天的經過：「他們一面走一面談。忽然，一輛火馬拉著的火焰車來到他們中間，以利亞在一陣旋風中被接到天上去了。以利沙看見就呼喊：『我父啊，我父啊！以色列堅強的保護者啊！』以利沙從此不再看見以利亞。」（列王紀下2:11-12）舊約聖經提到，以諾（哈諾客）和以利亞是唯二沒死而直接被接升天的人。

▶ 以利亞的人格特質

　　外向好動：以利亞體力充沛又外向。他喜歡動個不停，所以上帝要他從一個地方遷移到另一個地方，他不會覺得累。甚至，他從迦密山跑馬拉松到耶斯列（依次勒耳），還比亞哈王坐馬車先到達目的地（參列王紀上18:45-46）。他能一直走四十晝夜，從迦南地到何烈山（西奈山）。

　　以利亞的外向好動個性，使他比較喜歡熱鬧、轟轟烈烈的場面，而不習慣安靜、默想的靈修生活。因此，上帝要他在基立溪

邊獨居，對以利亞來說，是讓他學習安靜靈修的訓練功課。在何烈山面對雷電交加、強風與火，緊接著聽到輕柔的聲音，也是同樣的操練功課。當以利亞只注意烈風、地震、火時，雖然上帝仍然在他面前，他卻找不到上帝。那輕柔的聲音是要安靜用心去聽才能聽到，安靜用心時，以利亞發現上帝就在他面前。

這段經文啟發我們，在人生發生重大苦難或大有成就時，人往往只專注在那事件上，因此會埋怨或自以為了不起，而此情緒會淹沒人的靈性視線，使人找不到上帝。不論成功或失敗、順境或逆境，其實上帝都在我們身邊，我們靜下心來靈修時，就會聽到上帝輕柔的聲音。這輕柔的聲音就像春天的微風使身體舒暢一樣，能撫慰人的心靈。

信心與勇氣：面對那麼有權勢又不友善的亞哈王及王后耶洗碧，以及王后耶洗碧所供養的四百五十個巴力先知和四百個亞舍拉（阿舍辣）女神的先知，以利亞毫不畏懼地應戰。這也讓人想起馬丁路德單槍匹馬面對當時羅馬教廷龐大勢力的場面。若沒有極大的信心和勇氣，絕對是無法辦到的。

順服：要以利亞這種外向好動個性的人，隱居在荒郊的基立溪邊，沒有人可以對話、互動，只有烏鴉送食物又飛走，其他時間就是他一個人，這實在是不適合他這種人的生活方式與環境。上帝也沒有說明為甚麼要他藏在那裡，但以利亞沒有質疑就去住在那裡，直到溪水乾了。

接著，上帝的指示是要以利亞移居到很遠的北方，地中海邊靠近西頓的一個小鎮撒勒法。這次也一樣沒有說明去做甚麼，而且是要去投靠一位三餐不繼、只剩最後一餐食物的窮寡婦和她的兒子。以利亞必須主動開口去向這位窮寡婦討食物，這是讓人非常難以啟齒的一件事，但他仍然不發怨言，順服上帝的指示去做

了。後來發生的事情，顯示這是很有意義的一趟旅行。透過以利亞，這對母子的身心都獲得極大的幫助，即使中間發生了寡婦冤枉以利亞的插曲，以利亞仍然沒有和上帝計較，也沒有對寡婦生氣。

這事件之後，上帝給以利亞的命令就加倍困難了。亞哈王將以色列的旱災歸罪於以利亞，認為是以利亞害全國沒有雨水，所以下令要搜捕以利亞。上帝叫以利亞去見亞哈王，那是要他自投羅網，然而，這樣不利於他、會危及他生命的任務，他還是順服而立刻動身去見亞哈王。此外，在以利亞還能工作時，上帝就叫他去找以利沙來接替他的先知職務，他沒有抗議，也沒有質疑，就照著吩咐去找到以利沙，準備將他的先知職分移交給以利沙。

情緒起伏：前面我們曾誇獎以利亞的信心與勇氣。他去見亞哈王時心裡應該清楚，他所做的事情會惹來殺身之禍，但他卻那麼有信心，一夫當關，前往赴約。他戰勝巴力的先知時，情緒是那麼高亢，為何一聽到王后耶洗碧要抓他，就立刻信心盡失，害怕到帶著僕人立刻逃命？不僅如此，他還坐在樹蔭下向上帝禱告求死，到底是甚麼原因使以利亞的心情出現這麼大的起伏呢？下面試著從現代精神醫學的角度來看以利亞的情緒變動。

▶ 從精神醫學看以利亞的情緒起伏

以利亞的情緒起伏變化，從現代精神醫學的觀點，也可以有多種考量，包括下列情況：

雙相情緒障礙症（bipolar disorder）：醫學上雙相情緒障礙症是指情緒高亢的躁狀態（manic phase）、情緒低潮（depressive phase）、情緒平穩正常等狀況交替出現者。雙相情緒障礙症就是

以前所謂的躁鬱症。以利亞的情緒起伏也有點像躁鬱症的變化：例如從意氣風發、雖千萬人吾往矣的情緒，轉成恐懼害怕、信心盡失；從沮喪求死，很快又變成精力充沛，連趕四十晝夜的路，跑馬拉松的速度比亞哈王坐馬車還快等。

　　雙相情緒障礙症者在情緒平穩或輕躁期，多數會很有活力，精力充沛，不輕易受挫，充分發揮其潛能，成為有成就的人。歷史上有不少偉人或名人有此種疾病，包括聖女貞德、現代護理之母南丁格爾、大文豪歌德、畫家梵谷、大政治家邱吉爾等。他們雖然患此病症，但他們的個人成就或對社會的貢獻是有目共睹的。

　　環境、體力透支的憂鬱症：在以利亞下令處死所有巴力神的先知後，王后耶洗碧曾發誓：「明天這時候，如果我不照你對付我的那些先知的辦法對付你，願神明擊殺我！」（列王紀上19：2）這個重大生活事件，加上逃亡時沒有足夠睡眠及食物造成的體力透支，引起以利亞一時的憂鬱；但經過好好睡一覺、補充了食物營養之後，以利亞的精神立刻恢復。此種憂鬱症可能在遭遇後天重大生活事件或營養不良的人身上發生，只要改善環境及營養，就能很快脫離憂鬱狀態，恢復正常。

▶ 對現代人的啟發

　　從世人的眼光來看，以利亞的人生高峰是在他與王后耶洗碧的四百五十位巴力神的先知鬥法，看誰的神能成功地降火燒掉獻祭的祭牲，而獲得完全勝利的那一刻。在四周圍觀的以色列群眾情緒沸騰，聖經記載說：「於是，上主降火，燒了祭牲、柴，並燒焦了石頭和地面，燒乾了溝裡的水。民眾看見了都俯伏地

上，大聲呼喊：『上主是上帝；惟有上主是上帝！』」（列王紀上 18:38-39）

以利亞也在情緒高亢下，下令群眾將四百五十位巴力神的先知處死。群眾的掌聲使以利亞更高亢，他從獻祭的迦密山快跑了將近三十公里的路程到達耶斯列，竟然還能比乘坐馬車的亞哈王先到達。

一個人處在成功的高峰時，容易得意忘形、自我膨脹，甚至有信仰的基督徒也可能覺得是自己努力的結果，忘了以謙卑的心感謝上帝的恩賜。以利亞雖然是很有信心的先知，但在群眾熱烈掌聲的氛圍下，難免也會自我膨脹。若以利亞有躁症，那更容易自抬身價，忘了自己是誰。但高潮過後，則往往會為之前的行徑感到不安，甚至羞愧。若此時又加上有外在的壓力事件，更可能會陷入憂鬱症的黑洞深淵而無法自拔。

人不可能一直維持在高峰狀態，過度追求成就者，往往為了維持高峰狀態而身心俱疲，出現「過勞症候群」（burn-out syndrome），甚至過勞死。本文前面提到以利亞的外向好動個性，使他比較喜歡熱鬧、轟轟烈烈的場面，此種個性導致他容易身心俱疲，出現過勞症候群，最後發展成憂鬱症。要改變此缺失，就需要操練安靜、獨處的靈修生活。

耶穌基督二千多年前在世上的生活方式，就是操練此種靈修生活的典範。耶穌一直維持努力傳福音、關心周遭人疾苦的生活方式，甚至做到廢寢忘食，但耶穌也從不間斷獨處的靈修生活。以五餅二魚的事件為例，〈馬太福音書〉（瑪竇福音）第14章記載，耶穌獨自到偏僻的地方靈修，群眾知道了，從各地蜂擁而至，聽耶穌講道、治病。到傍晚群眾仍不散，耶穌用五餅二魚使五千人（不計婦女和孩子）吃飽還有餘。

　　相信此重大神蹟一定使群眾和門徒情緒沸騰，也使耶穌的名聲攀上高峰。這時，耶穌的做法不是加入眾人的高漲氛圍，而是讓群眾和門徒冷靜收心。聖經記載說：「事後，耶穌立刻催門徒上船，先渡過對岸，等他遣散群眾。群眾散了以後，他獨自上山禱告；到晚上還留在那裡。」（馬太福音14:22-23）

　　避開人群、安靜獨處、默想與禱告，即所謂靈修或避靜。靈修能沉澱人心，使人重新得力。兼顧工作與靈修，使人能持續穩固地正向發展，進入人群卻不自嗨，也可避免迷失方向，導致身心俱疲。二千年前耶穌的生活方式，正是活在二十一世紀煩雜社會的大眾所需要學習的舒壓方法。

FILE.3

—•—

以斯帖

是救人的王后，還是專橫的女暴君？

整本聖經中，只有兩卷是以女性的名字為書名，分別是〈路得記〉（盧德傳）及〈以斯帖記〉（艾斯德爾傳）。〈路得記〉是記載一位非猶太女子路得，離開她自己的國家摩押（摩阿布），跟著她的婆婆拿娥美（納敖米）一起遷移到猶太地的伯利恆（白冷）居住。這兩位守寡的婆媳成功地定居下來，路得則再婚、找到好的歸宿，成為大衛王的曾祖母。

〈以斯帖記〉是有關一位猶太孤兒以斯帖（艾斯德爾），她和一群猶太人成為巴比倫王的俘虜，流亡在書珊（穌撒）。後來以斯帖被選為巴比倫王的王后，並藉此身分拯救猶太人免於遭受種族屠殺。

▶ 以斯帖的身世

有關以斯帖的身世資料，舊約聖經〈以斯帖記〉這樣記載：

「在書珊,有一個猶太人叫末底改。他屬於便雅憫支族,是基士和示每的後代,睚珥的兒子。當巴比倫王尼布甲尼撒從耶路撒冷擄走猶大王耶哥尼雅的時候,也擄去一群人,末底改也在其內。末底改有一個堂妹叫以斯帖,希伯來名叫哈大沙;她是個美麗的少女,有很好的身材。她父母死後,末底改收養她作自己的女兒,把她帶大。」(以斯帖記2:5-7)

哈大沙(哈達撒)是一種樹的名字,它的樹葉經過搓揉後,會散發出香甜的味道。以斯帖的意思有兩個,一個是「晨星」(morning star),另一個是「隱藏」(hidden)。哈大沙這個名字可象徵經歷許多壓力(搓揉)後,仍然能散發馨香之氣。至於以斯帖的名字,一方面象徵她曾多年隱藏她的猶太人身分,另一方面也象徵她的外貌及行為有如晨星一樣漂亮。

〈以斯帖記〉2章7節說「收養她作自己的女兒」這句話,有些猶太教的拉比(rabbi,猶太人的宗教老師)對原文的解讀則是「收為妻子」。拉比此種說法有其短處,因若按照此解釋,那以斯帖被選為王后就犯了十誡的姦淫罪了。

➡ 以斯帖當上王后

〈以斯帖記〉說,波斯國王亞哈隨魯(薛西斯)在位第三年,為炫耀國力而大宴賓客。國王在喝酒後,為炫耀王后華實蒂(瓦市提)的美貌,叫王后出來亮相,卻被拒絕,國王惱羞成怒,把王后廢了。等他酒醒,怒氣消了,就很懊悔。

於是有人建議徵選全國美女進後宮,辦一次選美,找出一位國王最喜歡的,立為王后來替代華實蒂。聖經記載說:「當王的新命令下來,許多漂亮的女孩子被帶到書珊,以斯帖也被帶進

王宮，交給管宮院的太監希該。希該很喜歡她，待她特別好，立刻供給她化粧用品和特殊的食物，又從宮裡選出七個宮女來侍候她，並且給她後宮裡最好的房間。以斯帖聽從末底改的忠告，沒有把自己的種族和親屬關係告訴人。」（以斯帖記2:8-10）

　　從這段經文，我們無法知道以斯帖是自願應徵或被迫進入王宮。而根據猶太教典籍《米大示》的說法，以斯帖曾躲了四年，最後還是被送進王宮，《米大示》還說以斯帖拒絕太監提供的化妝品及特殊食物。眾女經過一年的調養後，由太監安排進王宮與國王同房一夜，之後就被送回後宮。除非國王特別喜歡，否則就沒機會再回到國王那裡。

　　根據《米大示》說法，國王在他房間裡放一幅華實蒂的像，用來比較送進來的女子是否比得上華實蒂。在以斯帖進去之前，華實蒂的像一直穩穩掛在房間裡，但當國王一看到以斯帖，驚為天人，馬上就將華實蒂的像移走。接著就封立以斯帖為王后，並舉行盛大宴會慶祝。

▶ 拯救以色列民族

　　哈曼圖謀滅絕猶太人：以斯帖成為王后後，末底改（摩爾德開）也在朝廷得到一份官職，他曾發現有兩個太監密謀刺殺國王，乃透過以斯帖告知國王而救了亞哈隨魯王的命。過了一些日子，哈曼成為宰相，國王非常寵信哈曼，還下令朝廷的侍衛見到哈曼時要跪拜以示尊敬，唯獨末底改因其信仰不肯跪拜。

　　哈曼知道末底改是因猶太人的信仰而拒絕跪拜，就定了計劃要殺末底改及全國的猶太人。他向亞哈隨魯王說猶太人的此種行

為可能會引發人民不守法律，如果除滅境內所有的猶太人，不但可保國家安全，還可沒收他們的財產，增加國庫一大筆收入。

　　國王聽信哈曼的讒言，將王的印章戒指交給哈曼，讓他有權去殘害猶太人。聖經記載哈曼發出的通告內容說：「送信的人把通告發送到王國的各省去，指令要在亞達月十三日這一天把所有的猶太人，不管男女老幼，都殺光滅盡，決不留情，並且要沒收他們的財物。」（以斯帖記3:13）

　　這通告一發出，立刻引發各地猶太人的恐慌，聖經記載：「末底改知道了這一切事，非常悲痛，撕裂衣服，披上麻衣，把灰撒在頭上，大聲痛哭哀號，走遍書珊城，來到王宮的門口，沒有進去，因為照規定穿麻衣的人不准進王宮。王的通告無論傳到哪一省，那裡的猶太人就悲痛哀傷。他們禁食、哭泣、哀號；大多數的人披上麻衣，躺在灰裡。

　　「服事以斯帖的宮女和太監把末底改做的事告訴她的時候，她非常難過，就給末底改送一些衣服去，希望他脫下麻衣，可是末底改不肯接受。於是，以斯帖把王指派來服侍她的一個太監哈他革召來，要他到末底改那裡查一查到底發生了甚麼事，是怎樣發生的。」（以斯帖記4:1-5）

　　這樣看來，以斯貼生活在王宮裡，一點也不知道猶太人已瀕臨滅種危險。末底改請太監轉達消息，要以斯帖立刻見王求情，但當時王已一個月沒召見以斯帖，依法律，沒有王的召喚而自行闖入者，除非王伸出金杖，否則就得處死。就在以斯帖為此猶疑時，末底改傳給以斯帖的信息裡有一句名言說：「誰知道，也許你被安排作王后正是為了這時刻！」（以斯帖記4:14）

　　以斯帖的救援行動：以斯帖認清局勢後，立刻採取有計畫的行動。聖經這樣描述說：「以斯帖託人轉告末底改：『你去

召集書珊城所有的猶太人，叫他們為我禁食禱告，三天三夜不吃不喝；我和我的宮女也要照樣做。然後，我就去見王；雖然這是違法的，我還是要去。要是我這樣做不免一死，我也情願。』」（以斯帖記4:15-16）

禁食的第三天，她穿上禮服去見王，並蒙王接見。後來以斯帖安排筵席請王及哈曼一起出席，她為王辦了連續兩晚的筵席，並在第二晚揭穿哈曼的陰謀。後來，哈曼被吊死在他策畫吊死末底改的絞刑架上。猶太人躲過被殺的悲劇，卻從被害者變成加害者，聖經記載全國有七萬五千人被猶太人視為仇敵而被殺。

普珥節的緣起：為慶祝脫離危險、消滅敵人，猶太人將次日，也就是亞達月十四日（約在公元歷的二月底三月初）定為歡宴的假日，互相送禮物。普珥節（Purim，或譯作普林節）到現在仍然是猶太人最重要的歡慶節日。在此節日，傳統上會誦讀〈以斯帖記〉經文，回憶普珥節的由來，吃稱為「哈曼的帽子」的三角形小糕餅（象徵對哈曼的報復）。除了歡慶宴樂、彼此送禮外，也會準備禮物送給貧困的人。兒童會打扮成當年與以斯帖有關連的人物。

隨著時代的變遷，商業色彩逐漸取代宗教氣氛，普珥節已成為現代以色列的狂歡節。對現代以色列兒童而言，普珥節的打扮已變成類似美國萬聖節的打扮而少了宗教氣息。

▶ 以斯帖的人格特質

順服：以斯帖成為王后前，對末底改的建議很尊崇。成為王后之後，她也沒有自大、自以為是，仍然願意聽末底改的意見，向他請益。可見她是具謙卑、順服個性的女性。

忠心信靠上帝：面臨宰相哈曼的重大威脅時，她以禱告及禁食開始她的對抗計畫。她清楚唯有倚靠上帝來的力量，才能打勝這一場困難的爭戰。

積極主動、身體力行：她不是只會發號施令，她自己及她身邊的貼身宮女也都加入禁食禱告行列。

注重團隊力量：以斯帖要求末底改說：「你去召集書珊城所有的猶太人，叫他們為我禁食禱告，三天三夜不吃不喝；我和我的宮女也要照樣做。」此舉動一方面表示她對上帝的信心，另一方面也展示她注重團隊合作，而不只求個人表現。

極大勇氣：我們可以合理推論，亞哈隨魯王召見她，主要都是為了性需要。當末底改要以斯帖去見王時，亞哈隨魯王已一個月沒召見她。王當時似乎對以斯帖沒有那麼強的性慾，而且以斯帖已禁食三天，外表必定不是那麼光鮮亮麗，要引起王的性趣，實在不是時機。因此，她是冒著生命危險去見亞哈隨魯王的。如果王沒有伸出他的金杖，以斯帖就會被處死。

為別人著想、不推卸責任：以斯帖本可以好好過她的王宮生活，但她沒有只想到自己，她確實關心她的同胞的安危。在那個緊要的關鍵時刻，也只有以斯帖一個人有機會見亞哈隨魯王。她扛起責任，不逃避。

▶ 從精神健康角度看以斯帖

摩西（梅瑟）和以斯帖有許多共同點。他們都生活在異國他鄉，也都曾隱藏他們的猶太人身分以躲避國王消滅猶太人的詔令。摩西一出生就面臨埃及王下令屠殺猶太人男嬰的厄運，以斯帖則面臨哈曼圖謀滅絕猶太人的危機。

他們兩人都曾住在王宮、過著富裕舒適的生活，但在關鍵時刻，他們都暴露了自己的猶太人身分。當摩西看到其猶太人同胞受埃及人欺壓殺害，就憤而打死那埃及人。此舉使他暴露猶太人身分，並付出重大代價。他不但失去住在埃及王宮的舒適生活和王子地位，還要越過西乃半島逃亡到遠方的米甸（米德楊）四十年之久。而以斯帖暴露其猶太人身分的舉動，也是以自己的生命作賭注。

從表面上來看，摩西貴為埃及王子，只要他不介入埃及人欺壓猶太人的事件，他不但可在埃及王宮繼續過他的好日子，還很可能在埃及有很好的前途。同樣地，以斯帖貴為國王寵愛的王后，大可不出面介入反抗哈曼圖謀滅絕猶太人的陰謀，繼續在波斯王宮過她的安樂太平日子。亞哈隨魯王是一位傲慢自大的人，任何未經其許可而擅自進去見他的人，一定會被處死。這也是以斯帖猶疑是否要去見王為自己同胞請命的原因。

當以斯帖還在進退兩難、猶疑不決時，她的養父末底改就託人警告她說：「你不要幻想，以為你在王宮裡就會比其他的猶太人安全。你在這樣的時候不說話，猶太人自會從別處得救援，而你和你的家族必將滅亡。誰知道，也許你被安排作王后正是為了這時刻！」（以斯帖記4:13-14）

最後，以斯帖冒死晉見國王，暴露了她的猶太人身分，為自己的同胞和她自己保住了生命。亞哈隨魯王是一位隨時會翻臉的人，只要他不高興，任何人都可能隨時被他處死。所以，若是以斯帖沒有主動說出自己是猶太人，說不定亞哈隨魯王後來知情後，會不高興，以欺君罪將她處死。這正是所謂置之死地而後生的道理。

以斯帖的所作所為，獲得全體猶太人的讚賞。難怪到今天，

以斯帖在猶太人心目中一直享有很高的地位，普珥節也一直是猶太人最受歡迎的宗教節日。另外，也有人將以斯帖稱為「新摩西」（new Moses）。

▶ 對現代人的啟發

以色列人慶幸脫離大災難後，卻開始報復行為。以斯帖沒有制止猶太人大舉屠殺所謂的仇敵達七萬五千人。她從一位尊貴有自信的王后，降格成專橫的女暴君。

根據舊約聖經〈利未記〉（肋未紀）所記載的摩西法律：「人若傷害了別人，要照他怎樣待別人來對待他：以骨還骨；以眼還眼；以牙還牙。他怎樣傷害別人，要照樣被傷害。殺了別人牲畜的必須賠償；但是殺人的必須處死。」（利未記24:19-21）猶太人似乎找到他們反擊、除滅仇敵的法律依據。然而，仔細推敲摩西這條法律，以斯帖和她的猶太同胞還是做得過頭了。哈曼確實有滅絕猶太人的密謀，但還沒付諸實行，就被以斯帖反擊成功了。從這個觀點來看，權力與報復心態似乎使以斯帖失去理性，使她留下被人指責的汙點，是比較令人惋惜的的地方。

二次世界大戰結束後，猶太人開始很有系統地在世界各地追究、緝捕過去屠殺猶太人的元兇。雖然有人不以為然，但根據猶太人遵從的摩西法律，其追殺屠殺猶太人元兇的行為是有所本的。可是現今許多的以阿衝突事件，仍然使人感受到以色列的舉動是有「受害者變加害者」的味道。以阿衝突的一再發生，乃是一種冤冤相報何時了的不幸事件。

其實，世上沒有不能原諒的事，只是當事人不肯放過自己。耶穌被釘十字架時，留給世人消除冤冤相報的最佳典範。當耶穌

還掛在十字架上時，就說出「父親哪，赦免他們，因為他們不曉得自己在做甚麼」（路加福音23:34）的名言。

舊約聖經說：「天下萬事都有定期，都有上帝特定的時間。」（傳道書／訓道篇3:1）每個人的身分地位，不論貧賤富貴，都有上帝美好的安排。不要自鳴得意，也不要妄自菲薄。每個人珍惜其所有的，不只是為個人，更是要為別人著想。

不要小看一個小小的舉動，其蝴蝶效應能造福萬民，也可能禍害無窮。抱持敬天愛人的心，人人都能為別人做出一些貢獻。就像已故作家陳柔縉所說；「時代不專屬於誰，人人身上都是一個時代。記憶不能只靠幾座古蹟和英雄書上的幾個人，故事不計大小，都值得流傳。誰又能預料哪個故事會在哪個心靈發光與發熱呢？」

FILE.4

———　●　———

以撒

最沒聲音的「媽寶」族長

　　聖經學者將以色列民族歷史從亞伯拉罕（亞巴郎）到約瑟（若瑟）任埃及宰相的幾百年期間稱為「族長時期」（patriarchal age），亞伯拉罕、以撒（依撒格）、雅各（雅各伯）是經常被一起提到的三位族長。

　　〈出埃及記〉（出谷紀）第3章和第4章記載，上帝要摩西（梅瑟）領導以色列人出埃及的過程中，曾四次對摩西說祂是以色列人祖宗的上帝，是亞伯拉罕、以撒、雅各的上帝。先知以利亞（厄里亞）對抗巴力（巴耳）先知時的禱告也用「亞伯拉罕、以撒、雅各的上帝」來稱呼上帝（參列王紀上18:36）。

　　新約聖經中耶穌也用「亞伯拉罕、以撒、雅各的上帝」來稱呼上帝（參馬太／瑪竇福音22:32、馬可／馬爾谷福音12:26、路加福音20:37）。另外，使徒彼得（伯多祿）和司提反（斯德望）證道時也一樣用「亞伯拉罕、以撒、雅各的上帝」稱呼上帝（參使徒行傳／宗徒大事錄3:13, 7:32）。

這三位族長中，亞伯拉罕和雅各的一生可說過得轟轟烈烈、有聲有色，唯獨以撒卻是默默過一生。

▶ 以撒的出生

以撒出生那一年，他的父親亞伯拉罕一百歲，他的母親莎拉（撒辣，上帝替她改名前叫莎萊〔撒辣依〕）也已經九十歲。以撒出生前一年，上帝兩次向亞伯拉罕顯現，預告第二年莎拉會生一個兒子。當時這對老夫妻聽了都竊笑，認為怎麼可能有這種事情（參創世記第17、18章）。第二年，莎拉果然順利懷孕生下一個男嬰，取名以撒。莎拉高興地笑了，聽到這消息的人也一起歡笑。以撒這個名字的希伯來文意思就是「笑」。以撒這個名字究竟是竊笑或歡笑，也許劇中人和後世的讀者也難說清楚吧。

▶ 以撒的家庭背景

以撒出生在富有的家庭。他的父親亞伯拉罕是一位非常能幹、充滿活力、事業有成的以色列族長。以今天的用語來形容，以撒是含金湯匙出生的富二代。可是在以撒的成長過程，在那看似光鮮亮麗的外表背後，卻藏著一些危機事件，影響以撒後來的人格發展。

▶ 以實瑪利被逐事件

以撒的出生，的確給亞伯拉罕和莎拉帶來極大的安慰與歡樂。聖經記載說：「孩子漸漸長大，在他斷奶的那一天，亞伯

拉罕大擺筵席宴客。」（創世記21:8）可是在歡樂氣氛的背後，有一齣悲劇卻正在逐漸醞釀發展。

　　有一天，莎拉看到以實瑪利（依市瑪耳）和以撒這對相差十四歲的同父異母兄弟在一起玩。這本是一幕稀鬆平常的家庭生活場景，卻引發莎拉極大的不安和焦慮。莎拉擔心以實瑪利會和她的親生兒子以撒爭奪亞伯拉罕的產業繼承權，這種不安全感強烈到她要求立刻將以實瑪利和他的母親夏甲（哈加爾）趕出家門。聖經記載說：「這件事使亞伯拉罕非常苦惱，因為以實瑪利也是他的兒子。」（創世記21:11）

　　亞伯拉罕最後還是照著莎拉的要求做了。以實瑪利是因莎拉不能生育，便要求亞伯拉罕以她的女奴夏甲為代理孕母所生，聖經記載說：「莎萊對亞伯蘭說：『上主使我不能生育。請你跟我的女奴同房吧！也許她能替我生一個兒子。』亞伯蘭同意莎拉的話。」（創世記16:2）因此以實瑪利雖然是夏甲的親生兒子，但也應算是莎拉的兒子。然而此刻，莎拉為自己親生兒子以撒的利益著想，一腳踢掉名分上當她兒子有二十年左右的以實瑪利，將他逐出家門，也硬生生拆散了以實瑪利和以撒這對多年的童年玩伴。

▶ 綑綁以撒（Akeda）獻祭事件

　　〈創世記〉第22章用差不多一整章的篇幅，詳述上帝命令亞伯拉罕獻以撒的故事。聖經記載說：「過了些時候，上帝考驗亞伯拉罕。上帝呼喚他：『亞伯拉罕！』他回答：『我在這裡！』上帝說：『要帶你的兒子，就是你所疼愛的獨子以撒，到摩利亞去，在我將指示你的一座山上，把他當作燒化祭獻給我。』

「第二天一早，亞伯拉罕劈好獻祭用的木柴，放在驢背上，帶着以撒和兩個僕人，一起往上主指示他的地方去。第三天，亞伯拉罕遠遠地看見那地方。於是他對僕人說：『你們跟驢留在這裡；我帶孩子到那邊敬拜，然後再回到這裡來。』亞伯拉罕叫以撒背上獻祭用的木柴，自己手裡拿着刀和火種。

「父子兩人走着，以撒叫聲：『爸爸！』亞伯拉罕回答：『我兒，甚麼事？』以撒問：『火種和木柴都有了，獻祭的羔羊在哪裡呢？』亞伯拉罕回答：『我兒，獻祭的小羊上帝會親自預備！』兩人又繼續往前走。他們來到上帝指示亞伯拉罕的地方，亞伯拉罕開始建造祭壇，把木柴堆在上面，把自己的兒子綁起來，放在堆着木柴的祭壇上面，然後舉刀要殺兒子。」（創世記22:1-10）

故事的後續發展，是在那緊要關頭，上帝派天使要亞伯拉罕住手，並以一隻公羊替代以撒作燒化祭，結束這一齣信心與順服的考驗劇。這個故事對今天的讀者也許不會引起太大的震撼，但對身歷其境的劇中人當場的情緒感受及事件的後續影響，卻是非同小可、終生無法泯滅的重大事件。

▶ 莎拉之死

緊接在亞伯拉罕綑綁以撒獻祭事件之後，〈創世記〉第23章用一整章來記載莎拉的死，以及亞伯拉罕向赫人（赫特人）買了被稱為麥比拉洞（瑪革培拉）的那塊地來埋葬莎拉。接著在第24章記載以撒娶妻的過程。

〈創世記〉第23章沒有一個字提到以撒，所以讀者無法知道以撒對母親莎拉的死有甚麼情緒反應，倒是在第24章描述以撒

娶妻的經過中，間接告訴讀者莎拉的死對以撒產生極大的打擊，聖經記載說：「以撒就帶麗百加進他母親莎拉住過的帳棚，跟她成婚。以撒很愛麗百加，自從他母親死後，這時候才得到安慰。」（創世記24:67）

莎拉九十歲生以撒，她在世享壽一百二十七歲，所以莎拉死時，以撒是三十七歲。以撒四十歲的時候跟麗百加（黎貝加）結婚（參創世記25:20），再參照前述經文說以撒自從她母親死後，一直到他和麗百加成婚的時候才得到安慰，似乎可以說以撒在他母親死後的三年期間，除了哀傷外，心裡也是非常寂寞孤單的。

綑綁以撒獻祭事件結束時，聖經描述亞伯拉罕離開獻祭的摩利亞山（摩黎雅山）的經過說：「亞伯拉罕回到他僕人那裡，他們就一起回到別是巴，就是亞伯拉罕居住的地方。」（創世記22:19）可是〈創世記〉第23章記載莎拉是死在希伯崙（赫貝龍）而不是亞伯拉罕居住的別示巴（貝爾舍巴），莎拉為甚麼死在希伯崙就引起不少討論。

有些猶太教拉比認為，亞伯拉罕和莎拉之間的婚姻早在以實瑪利事件時已出現裂痕，而綑綁以撒獻祭事件使莎拉再也無法忍受，乃與亞伯拉罕分居而住在希伯崙。此事件後，以撒究竟是住那裡呢？有拉比認為事件後一段時日，以撒不再和亞伯拉罕住，而莎拉死後，他就獨自住在庇耳‧拉海‧萊（拉海洛依），這是根據「這時，以撒已經遷移到庇耳‧拉海‧萊的曠野，住在迦南南部」（創世記24:62）這段經文所做的推測。

庇耳‧拉海‧萊是以撒和麗百加成婚時居住的地方，距離亞伯拉罕居住的別示巴約一百多公里，距離希伯崙更超過一百七十公里。但也有人認為，綑綁以撒獻祭事件前莎拉已經與亞伯拉罕分居，若是如此，那以撒是與莎拉住在希伯崙，或是與亞伯拉

罕住在別示巴呢？從「第二天一早，亞伯拉罕劈好獻祭用的木柴，放在驢背上，帶着以撒和兩個僕人，一起往上主指示他的地方去」（創世記22:3）這段經文來看，以撒比較可能是和亞伯拉罕住在別示巴，因為別示巴是在希伯崙南邊六十多公里的地方，光走路就要十五小時以上，亞伯拉罕不可能一早起來，又要劈獻祭用的木柴，又趕到希伯崙去接以撒。

〈創世記〉將莎拉之死緊接在綑綁以撒獻祭事件之後，這兩件事是否有關連呢？多數猶太拉比認為有關連。有的拉比解釋說，以撒從摩利亞山回家後，將事件的經過告訴莎拉，導致莎拉難過死亡。至於是當場氣死或經過多年後憂恨而死，則有不同說法。另有一種解釋是說，當天使制止亞伯拉罕下手殺以撒的那一刻，撒但立即偽裝成以撒來到莎拉身邊，將事情經過告訴她，使她當場驚叫猝死。持這種解釋的人常會連帶說明，亞伯拉罕是直接從獻祭的摩利亞山去希伯崙，為莎拉之死哀慟號哭。

不論莎拉之死是否直接導因於綑綁以撒獻祭事件，可以確定的是，她是孤獨抑鬱而終。

以撒娶妻

以撒的婚姻是由他父親亞伯拉罕一手安排的。〈創世記〉第24章總共有六十七節，是很長的一章。前面六十一節記載亞伯拉罕要他年紀最大的僕人回到他的故鄉哈蘭替他兒子找媳婦，以及如何選上麗百加的詳細過程；後面六節則記載以撒和麗百加見面完婚的經過，其中最值得注意的是最後一節：「以撒就帶麗百加進他母親莎拉住過的帳棚，跟她成婚。」似乎以撒平常就是住在這個莎拉住過的帳棚，而不是看到新娘麗百加來才將帳篷搭

起來。

　　莎拉九十歲才神奇地懷了頭胎，生下唯一的兒子以撒，她當然無微不至照顧以撒，用盡全力維護以撒在亞伯拉罕家的權益。加上亞伯拉罕是精力充沛、閒不下來到處跑的人，因此以撒可能從小成長的過程就只能黏在母親身邊。有些拉比甚至認為綑綁以撒獻祭事件後，這對母子更加形影不離，相依為命到共生（symbiosis）的程度。以現代用語來形容，以撒可以說是一個媽寶，所以莎拉一死，以撒頓失倚靠，直到三年後他帶麗百加進入他母親住過的帳篷成婚，才得到安慰。

　　從精神科醫師的觀點，我認為麗百加很可能象徵性地成為莎拉的替身回到以撒身邊，才能戲劇性地立時改變以撒歷經三年的孤單憂傷。

▶ 從精神醫學看以撒

依賴型人格

　　以撒一生的許多重要生活記事都是由別人安排的。前面提到以撒娶妻，以及更早的被綑綁獻祭事件，都是由他父親亞伯拉罕主導的。而他年幼時與同父異母、大他十四歲的玩伴以實瑪利的分離，則是他母親莎拉強行拆散的。

　　根據〈創世記〉的記載，以撒主動出招的第一件重要事情，是替他不能懷孕的妻子麗百加向上帝祈求，聖經記載說：「因為麗百加不孕，以撒替妻子向上主祈求；上主答應他的祈求，麗百加就懷了孕。」（創世記25:21）第二件事情是他因飢荒到基拉耳（革辣爾）投靠非利士王亞比米勒（阿彼默肋客）時，他欺騙當地人說麗百加是他妹妹，聖經這樣說：「於是，以撒居留

在基拉耳。當地的人問起他的妻子，他就說麗百加是自己的妹妹；因為麗百加非常美麗，他怕當地的人殺害他，把麗百加搶走。」（創世記26:6-7）

以撒的謊言後來被亞比米勒王識破，聖經記載說：「以撒在那地方住了一段時間。有一次，非利士王亞比米勒從他的窗戶往外看，看見以撒和麗百加正在親熱。亞比米勒召以撒來，問他：『原來她是你的妻子，你怎麼說是你的妹妹呢？』他回答：『我若承認她是我的妻子，我怕會因她的緣故被殺害。』」（創世記26:8-9）

其實亞比米勒王非常善待以撒一家人。國王知道真相後，還下令人民不得干擾以撒這一家人，讓以撒在該地發展成非常富有的人。所以這件事，以撒是以小人之心度君子之腹。

以撒主動出招的第三件重要事情，是在他年老力衰時，叫長子以掃（厄撒烏）過來，準備要按族人的傳統給長子祝福。聖經記載說：「現在以撒已經老了，眼睛也瞎了。他召長子以掃來，對他說：『我兒啊！』以掃回答：『我在這裡！』以撒說：『你看，我已經老邁，離死不遠了。你帶弓箭到野外打獵，照我喜愛的口味燒好，拿來給我吃，好讓我在死以前祝福你。』」（創世記27:1-4）麗百加獲悉此事後，立刻叫來小兒子雅各，母子聯手設計騙以撒，使以撒把雅各誤認為以掃，給他長子的祝福。以撒被自己的妻子和兒子這樣愚弄，卻也只是逆來順受，沒有發出怨言。

從表面來看，以撒給人的印象是一生溫和、不與人爭，但其背後隱藏的是他懦弱退縮的個性。綜觀以撒的一生，他是一個內向、懦弱、依賴、無主見的人。以現代精神醫學的觀點，以撒可歸類為「依賴型人格」（dependent personality）。此種個性的形

塑，除了以撒個人先天的氣質外，應該與他成長的生活經歷有關。

以撒從童年就目睹自己的母親莎拉與以實瑪利的母親夏甲之間的明爭暗鬥。此種童年經驗對個性積極進取的人來說，可能會激發其更強烈爭取自身權益的作風；可是對以撒這種依賴型個性的人，只會促使他更加退縮。遇到爭執時，寧可忍讓，息事寧人，不與人爭。以撒此種個性的典型表現，就是當他寄居在非利士人地區時，當地人一再將他的水井用土填掉、斷其水源，以撒卻沒有為自己據理力爭或提出抗議，而只是一再另挖新井，尋找水源（參創世記26:12-22）。

等到以撒年紀再增長，跟隨他那強勢作風的父親亞伯拉罕上山獻祭，當亞伯拉罕將他綑綁當祭品時，以撒竟然沒有表達不同意。雖然有不少畫家在繪製此故事時，將以撒畫成孩童模樣，但多數猶太拉比認為當時以撒已經是三十歲前後的青年。根據聖經記載，當時亞伯拉罕在自己家裡劈好獻祭時要燒的木材，然後帶著以撒從家裡走三天的路程到獻祭地點摩利亞山上。獻祭燃燒需要相當大量的木材，而且從亞伯拉罕居住的別示巴到摩利亞山（聖經學者認為可能是在耶路撒冷山丘）約有八十公里，一個孩童很難走這麼長的路，何況最後還要背沉重的一大綑木材爬上摩利亞山。

若當時以撒已經是一個青年，而亞伯拉罕已經是一百三十歲左右的老人，以撒若要反抗，亞伯拉罕是無法綑綁他的。有聖經學者解釋以撒之所以沒有反抗，是因為以撒本人同意被綑綁當祭品，並據此稱讚以撒的順服與信心。另一種解釋則認為以撒不敢反抗，默默承受父親亞伯拉罕的安排。

身為精神科醫師，我個人比較傾向認為以撒因其依賴型人格

特質而不敢對他父親說「不」。從〈創世記〉第22章記載他們上
山獻祭的對話過程及內容，很難嗅出以撒是自願被綑綁的。

　　以撒在母親莎拉死後，沒有跟父親亞伯拉罕住在別示巴，而
是移居到庇耳·拉海·萊，並在那裡與麗百加成婚。有猶太拉比
解釋，以撒住到位於別示巴西南邊一百多公里的偏遠地方，是為
了接近以實瑪利，向這位同父異母的大哥哥取暖。母親死後，以
撒頓失依賴，而父親亞伯拉罕這種活力充沛、到處趴趴走的人，
以撒當然無法依賴他。也許向以實瑪利取暖，會比依賴亞伯拉罕
更實際，而當麗百加出現在以撒面前，他終於又能回復到像依賴
莎拉那樣的情境，獲得安全與安慰。

以撒有失智症嗎？

　　本文在前面提到，以撒被妻子麗百加和兒子雅各聯手欺騙耍
弄的事件。從精神科醫師的觀點，如果單純只有眼睛瞎了，而沒
有頭腦方面的問題，雅各偽裝成哥哥以掃蒙騙過關的機率不高。
以現代腦科學的知識來看，一個人眼睛瞎了，其他的感官功能會
更敏銳。以撒很喜愛大兒子以掃，所以他對以掃的各種特質會很
清楚，應不至於只是因為雅各穿以掃的衣服、用山羊毛裹住雙手
和脖子光滑的地方，就詐騙成功。

　　從精神醫學的立場來看，以撒在這件如此重要的大事上受蒙
騙，需考慮當時他已經開始有輕微的失智症。若以撒有失智症，
應該不是我們現代醫學上常見的阿茲海默型失智症、魯易體失智
症等類型的失智症。因為以撒在受騙事件後，又活了好幾十年，
到一百八十歲高齡才過世（參創世記35:28-29），而上述的常見
失智症發病後不可能活那麼久。

▶對現代人的啟發

　　相較於以撒的父親亞伯拉罕和他的兒子雅各，以撒在世人眼中是一個很不起眼的人物。論才華和精明能幹，以撒在三人中敬陪末座，可是以撒卻是他們三人中，一生日子過得最平穩的人。論在世上活的歲數，以撒也是三人中最長壽的。亞伯拉罕活到一百七十五歲，雅各活到一百四十七歲，以撒則活到一百八十歲。

　　亞伯拉罕一生曾數度長途跋涉到國外，而雅各為求生存，也曾兩度遷徙他國，唯獨以撒一生都不用離開迦南地（客納罕）。也許對現代人而言，到異國他鄉生活算不了甚麼，但對以撒那個時代的人來說，這可是大事情。

　　此外，亞伯拉罕和雅各都是多妻，家裡好幾個女主人，人多嘴雜，各房之間明爭暗鬥，不得安寧。反觀以撒，終生只娶麗百加一個，而且從麗百加能那麼強勢主導家庭事務來推測，以撒可能是怕太太的人。「驚某大丈夫，打某豬狗牛」及「聽某嘴，大富貴」等台語俗諺，引用在以撒與麗百加這對夫妻的婚姻生活上，似乎也很合適。

　　從以撒寄居在非利士人地區時，當地人一再將他的水井用土填掉，以撒卻沒有提出抗議，只是一再另挖新井這件事情來看，可看出以撒逆來順受的個性，使他一生「人善被人欺」。但以撒沒有因為一再吃虧、被欺負而自暴自棄，他的反應是「一再重新另挖新井，尋找水源」。這是以撒的生存之道。

　　有一句話說「人善人欺天不欺，人惡人怕天不怕」，每個人可按其個性求生存之道，只要不違背天理，上天有好生之德，會給人留一條生路。若以撒不接受自己的個性，強求自己要像他父親亞伯拉罕那樣闖蕩天下，可以想像其結局必然是灰頭土臉。

　　從以撒的人生，我們可學習到傻人有傻福，也就是台灣俗語所說的「天公疼憨人」。上帝給每一個人不同的恩賜、不同的個性，每個人只要按個人的天分盡心盡力去做，在上帝眼中都會獲得一樣的嘉許。

FILE.5

——•——

西羅非哈的女兒們

在猶太男性中心社會爭取平權的先驅

　　以色列的社會、文化是相當以男性為中心的，因此計算人口或人數時，常常把女人和小孩排除不算。例如舊約聖經談到摩西（梅瑟）帶領以色列人出埃及時，其人數為「不計算婦女和兒童，光是男丁，就有六十萬人」（出埃及記／出谷紀12:37）。做人口調查時，也只登錄男性人數。新約聖經裡耶穌使五千人吃飽的故事裡也說「吃飽的人數，男人就有五千」，女性及小孩都沒計數。以前猶太拉比在禱告時，甚至為「好在不是身為女性」而感謝。

　　由此可見，在以色列歷史上，女性的社會地位甚低，也因此孕育出這樣的法律與習俗：父親死後，若他沒有兒子，他的女兒及妻子都不能繼承財產（土地），更悲慘的是這個家族的名字會從以色列民族中消失（參民數記／戶籍紀27:2-4）。

　　西羅非哈（責羅斐哈得）是跟隨摩西出埃及的以色列人，他是約瑟（若瑟）的後代。西羅非哈死時，留下五個女兒，卻沒有

兒子。他的五個女兒面對當時認為理所當然的「女兒不得繼承財產」法律，勇敢地站出來反抗此種不公義。最後，上帝聽到她們的聲音，改變了不合理的制度。

▶ 充滿智慧的申訴

雖然聖經中有關西羅非哈女兒的記事，只出現在〈民數記〉第27章和第36章裡的一小段，但這事件卻有非常重要的意義，值得我們認識及學習。

摩西和跟隨他的隊伍在曠野待了四十年，在這期間，每當他們在一個地方紮營停留，摩西就會在被稱為「聖幕」的帳篷裡處裡公務，審理人民的申訴案件。

下面是聖經有關西羅非哈的女兒申訴案件的記載：「西羅非哈的女兒們有瑪拉、挪阿、曷拉、密迦、得撒……西羅非哈的五個女兒到上主的聖幕門口，站在摩西和祭司以利亞撒，以及各領袖和全體會眾面前，對他們說：『我們的父親死在曠野，沒有兒子。他沒有跟背叛上主的可拉一夥。他死，是因為自己的罪。難道因為我們父親沒有兒子，就從以色列中把他的名字除掉嗎？請讓我們在父親的親屬中分得一份產業。』

「於是摩西向上主陳明她們的案件。上主對他說：『西羅非哈的女兒們所要求的是對的。你要從她們父親的親屬中把產業分給她們，讓她們繼承父親的產業。』」（民數記27:1-7）

顯然，最初摩西聽到此申訴時，他可能依循傳統思維，傾向不接納此要求。可是摩西也無法反駁她們的觀點，於是他只好請上帝自己出面處理。舊約聖經並沒有記載當時西羅非哈的女兒與摩西之間的對話，但猶太教經典中的次經《米大示》則有此資

料。根據《米大示》的說法，這五個女孩子聰明又有知識，她們認為上帝是仁慈、看顧孤兒寡婦的神，訂定那種讓她們不能繼承遺產的法律，並不符合上帝的仁慈本性。因此，她們就勇敢地為自己、也為同胞中與她們有同樣處境的人爭取合理的權益。

　　根據《米大示》的說法，西羅非哈的五個女兒向摩西說：「請讓我們在父親的親屬中分得一份產業。」摩西立刻回說：「你們是不可能繼承的。」當她們請教為甚麼不行時，摩西說：「因為你們是女性，依法不能繼承。」這五個女孩子就說：「既然如此，那就讓我們的母親依據利未婚姻法條（levirate marriage）去與我們父親的兄弟結婚，以得到子祠（seed），好繼承財產。」

　　可是摩西卻說：「不行，已經有孩子的人，就不能引用此法條。」於是女孩子們對摩西說：「你的話自相矛盾。若我們不算子祠，我們的母親就能引用利未婚姻法條；若我們算是子祠，我們有權要求繼承財產。」摩西聽完她們的申訴，覺得很有道理，就立刻「向上主陳明她們的案件」。

▶突破困境的成功典範

　　西羅非哈的女兒之所以能成功突破困境，有以下幾方面值得我們學習：

　　同心分工合作：五個姊妹可能各有不同個性及各自的理念，但在提出此重大議題、向摩西申訴時，她們分別就自己的專長提出意見，經過一番討論後，就以一致的態度來到摩西面前。擱置個人的利害得失，同心合作去爭取，這是成功的第一步。

　　找出信仰根據並堅持不放：這件事涉及信仰層面，尤其是面對摩西這位大先知，若沒有強而有力的信仰根據，是無法說服

摩西的。她們確信上帝是慈悲憐憫、以愛對待人類的神。她們確信她們提出的要求是合乎信仰、有益於社會的。因此，雖然摩西連續三次說「不」，她們仍然不氣餒。

抓準時機、找對方向：這五位女孩很清楚，若不趁大家正在關心要如何分配土地的這個時機提出此訴求，等土地已經分配了，她們的議題就很難引起注意及關心。她們必定早已注意到此不合理的制度，但是她們也知道只有在恰當的時間點提出，才能奏效。

她們也很清楚，光只是強調此制度不符合正義，無法得到長期習慣於男性中心社會的認同與支持。所以她們沒有高喊「公平正義」的口號，她們的訴求是不要讓她們父親家族的名字從以色列人中消失。這訴求沒有與男性中心的既得利益者正面衝突，還能打動那些只生了女兒的男人的心。她們不爭取名位，只求能讓她們溫飽。這種軟性訴求既能博得同情，也能減少樹立敵人。西羅非哈的女兒真是有智慧的賢慧女性。

▶ 對現代人的啟發

女性主義運動：聖經記載：「上帝照自己的形像創造了人。他造了他們，有男，有女。」（創世記 1:27）我認為這是兩性平權的聖經基礎。歷史上確實一再有人引經據典，貶抑女性的地位與權益，所以才需要女性主義運動的興起。但在此運動過程中，我們也看到有人因過度強調，導致鐘擺擺盪到另一個極端，結果反而造成兩性的對立與緊張。

西羅非哈的女兒給我們的榜樣是，先在信仰根基上站穩，然後溫和地循序前進，而不是自認站在正義的一方，大聲疾呼。我

們總是習慣要「理直氣壯」，所以自認站在正義的一方時，不知不覺就越講越大聲，於是情緒就跟著上來，而理智會被情緒所掩蓋。其後果很可能是贏了面子，卻對達成目標帶來阻力。西羅非哈的女兒給我們很好的示範：「理」要直，但「氣」不一定要壯。若非如此，她們很難說服摩西和以色列的長老接受她們的案子，並呈到上帝面前。

人人都是上帝所看重的：在當時以色列人的眼裡，相較於大先知摩西，西羅非哈的女兒的身分、地位可說是微不足道。但她們並不妄自菲薄，她們指出摩西和長老們所定法律的缺失。她們熟悉「上帝是愛」的屬靈教導，並選對時間，靈巧地解說如何將上帝的愛落實於生活中。

這件事讓我們看到，上帝所造的每一個人，都有每一個人的特殊恩賜。另外，這事件也教導我們，特別是擔任要職的領導人，無論多有地位、成就，也都有盲點，所以要時時警惕自己，以謙卑的態度聆聽別人的意見。像摩西那麼受上帝和眾人推崇的人，也是經西羅非哈的女兒一再申訴，才發現他執行了那麼久的法令是不合上帝心意的。摩西雖然是屬神的人，但仍有人的盲點。因此在信仰團體裡，要小心防範將人偶像化、神格化。

FILE.6

———•———

亞伯拉罕

信心之父是經歷心靈起落而成長的

　　亞伯拉罕（亞巴郎）是以色列歷史上第一個、也是最有名的男性族長（patriarch）。他大約是在距今四千年前（即公元前1900年）離開他的故鄉美索不達米亞，來到他後來一生主要活動的地方迦南（今天的巴勒斯坦）。根據聖經馬太（瑪竇）及路加兩本福音書的記載，他是耶穌基督的祖先。

　　亞伯拉罕死後，埋葬在耶路撒冷西南方約三十公里的希伯崙（赫貝龍）的麥比拉洞（瑪革培拉）。他是基督宗教、猶太教及伊斯蘭教共同尊崇的信仰偉人。目前在希伯崙的亞伯拉罕紀念堂，就是蓋在麥比拉洞上，是現今三個宗教共同和平使用的宗教聖地。根據〈創世記〉的記載，他的原名叫亞伯蘭（意為一國之父），上帝要他改名亞伯拉罕，其意思是「多國之父」（參創世記17:5）。

亞伯拉罕的遷徙

尋找地理上的迦南地

　　以現代科技來看，遷徙搬家並不是甚麼困難的事，你可以自己打包或吩咐搬家公司的人如何打包，然後搬家公司就會按照吩咐，將東西送到目的地。即使如此，在我們精神科專業所使用的「生活事件壓力評估量表」中，仍然將遷徙搬家列為有壓力的生活事件。

　　我們再回頭來看看亞伯蘭當年的遷徙搬家，他是要從哈蘭遷徙到迦南（客納罕）。哈蘭是位在目前土耳其南邊靠近敘利亞邊界的地方，從那裡到迦南差不多有八、九百公里的路程。亞伯蘭是距今約四千年前的人，當時遷徙只能靠走路或騎駱駝，所以長途遷徙是一件非常艱辛的事。

　　其實亞伯蘭一生有過多次的長途遷徙。〈創世記〉第11章的最後一段，記載亞伯蘭的父親他拉（特辣黑）帶領家族從美索不達米亞的吾珥（烏爾）要往迦南，他們沿著幼發拉底河往西北方向走，不知道是甚麼原因，卻是落腳在離吾爾約一千六百公里的哈蘭定居下來。

　　根據聖經考古學的資料，在亞伯蘭的時代，吾珥是幼發拉底河注入波斯灣的海港大城市，也是兩河流域沖積平原的富庶城市。〈創世記〉第11章的最後一段並未交代為甚麼他們要從那麼好居住的吾珥往迦南遷徙，也不知道為甚麼沒有到達迦南，卻在哈蘭定居下來。但如果根據〈使徒行傳〉（宗徒大事錄）第7章司提反（斯德望）被捕後在大祭司面前的講道內容，他們離開吾珥以及離開哈蘭都是同一個理由，因為上主對亞伯蘭說：「你要離開你的故鄉和親族，到我所要指示你去的地方。」（使

徒行傳 7:3）

　　從我們後世的人來看，哈蘭這個地方雖比不上吾珥，但仍然是有河流經過的農耕地，還是比迦南丘陵地適合居住，所以只有頭殼壞了的人才會從吾珥遷徙到哈蘭，再從哈蘭遷往迦南。

　　雖然聖經曾提到迦南是「流奶與蜜的肥沃土地」（參民數記／戶籍紀 13:27）」，但對亞伯蘭而言，當時他可能根本不知道迦南到底在甚麼地方、長甚麼樣子，他得到的訊息只有「到我所要指示你去的地方」。就這樣，亞伯蘭啟程出發，邁向一個不確定的目的地，就如〈希伯來書〉11 章 8 節所說：「他離開本國的時候，並不知道要到哪裡去。」他只能邊走邊思考上帝指示他去的地方。

　　這是亞伯拉罕的第二次遷移，是從北邊的哈蘭南下到迦南。不論是吾珥或哈蘭都比迦南富庶、適合居住，但是亞伯拉罕卻照著上帝的吩咐往南走向迦南。後來迦南鬧飢荒，他又往南進入埃及，但很快又回到他一生主要活動的地方——迦南。

　　亞伯蘭前後花了不知多少年，一路上長途跋涉幾千公里路，不知經歷多少困難與危險，才到達迦南地。因為要「離開故鄉、親族，和你父親的家」（創世記 12:1），他就失去親人家族的支持，萬一出了差錯，也沒有人可依靠，連當個啃爸族的機會也沒有。那支持亞伯蘭繼續走下去的動力究竟是甚麼？是信心與順服？還是如成功神學所主張的「我要使你多子多孫；他們要形成大國。我要賜福給你，使你大有名望」（創世記 12:2）？

　　在亞伯蘭抵達迦南地之前，這兩方面的理由似乎都說得通，但從〈創世記〉所記載亞伯蘭抵達迦南以後的事蹟來看，我們可以肯定，亞伯蘭後來一生奮鬥的動力，是來自於信心與順服。

尋找心靈上的迦南地

我們讀亞伯蘭一生的遷徙故事，除了思考他的長途跋涉、辛苦尋找地理上的迦南地外，從心靈成長的角度來看，也可將亞伯蘭一生的經歷比擬為另一種長途跋涉，是一步一步追求心靈提昇、邁向成熟的「尋找心靈上的迦南地」之旅。

尋找心靈的迦南地之旅，可能要比尋找地理上的迦南地之旅更漫長艱辛。首先要「離開故鄉、親族，和你父親的家」，也就是要離開其舊習性。要放棄長期熟悉的行事為人方式並不容易，更難的是要成為新造的人。這是拆除重建的大工程，靠自己很難做到，必須通過對上帝的信靠順服才有辦法做到。一旦全心信靠順服，就有機會達到心靈上的「多子多孫；形成大國；大有名望」──指的是因為有上帝的同在，認識了真理而使生命變得自由自在、精彩豐盛，更重要的是能使別人蒙福。

這樣看來，尋找心靈的迦南地之旅似乎還蠻有吸引力的，但它也是一條艱辛不好走的路。從心靈成長的角度來看，一次又一次的遷移，可比擬為放棄舊人、脫離幼稚心性、一步一步往上提昇、邁向成熟的過程。心靈的成長是一條朝聖之路，也是追求回到上帝形像的「天路歷程」。

▶ 心靈成熟的發展歷程

人性的發展可大約分為四個階段

第一階段──只要我喜歡階段：從出生到三歲的階段，唯一遵循的就是自己的慾望與意志。想要甚麼，就立刻要獲得滿足、解決，無法等待。有些人雖已成年，心智卻停留在此階段（例如反社會人格障礙症）。

第二階段——**循規蹈矩階段**：從三歲到青少年階段，學習各種規矩，一切照父母、老師的吩咐與教導，缺乏彈性。

第三階段——**懷疑探索階段**：青少年開始有較自主的想法，會懷疑之前的教導、典章、制度的權威性。嘗試探索，違反規定，被稱為叛逆期。但從正面、積極的角度來看，卻可視為追求真理之成長期。

第四階段——**成熟階段**：如果從第三階段往上提升，就能進入重視人類共同體，與神、人、其他生物、大自然有和諧關係的階段。

比擬人性發展之靈性成長四階段

第一階段——**目中無上帝**：只顧自己，只要我喜歡就好（雅各〔雅各伯〕未被上帝改變前的原本狀況）。

第二階段——**照文字、法規全盤接受**：貌似虔誠，卻有成為法利賽人、基本教義派的危險。

第三階段——**出現懷疑**：科學至上，但持有追求真理的心。

第四階段——**信仰成熟期**：與神、人、其他生物、大自然有和諧關係。

心靈成熟的形象

歷史上只有一個完全的人——耶穌。我們人類只要願意，上帝會幫助我們邁向那個目標。「上帝照自己的形象創造了人，有男，有女。」（創世記1:27）心靈成熟的人，兼具男女兩性特質。

在希臘神話中，傳說古代人兼具男女兩性，能力幾近於神。眾神擔心人會威脅到他們，因此將人劈成兩半，分別成為不完

整的男人與女人。美國神話學大師坎伯在《英雄的追尋》(*The Quest of the Hero*)一書中，將全世界皆有的重要神話——英雄的誕生——做了很好的說明，大意是說，太陽神（男性）與月亮神（女性）交媾生下的小孩，經磨練而成為能解決別人無法解決的問題的人——英雄。

在英雄誕生的神話中，太陽神代表男性、光明、理性、有條理的科學知識，也就是著重分析的左腦思考模式；月亮神代表女性、黑暗、情感、直覺，亦即右腦的思考模式。不論身為男性或女性，我們只有整合陰陽，同時發揮自身的男性及女性特質，也就是左右腦平衡並用時，才能成為英雄。

▶亞伯拉罕的心靈成長之路

首先讓我們回顧相關聖經經文。在〈創世記〉第12章，我們看到亞伯蘭非常不一樣的兩個面貌：1-9節記載他遵照上帝指示離開故鄉、親族和父親的家，展現出信心和順服；但緊接著10-20節就記載他為自己的利益而要妻子說謊、利用「漂亮妹妹」得到財富、使埃及王和王室的人患上可怕疾病的醜陋人性面。

接下來在〈創世記〉第13、14章中，他又提升為讓姪子羅得（羅特）先挑選牧養牛羊地盤、大方慷慨的好長輩，以及羅得被擄時奮不顧身去搶救姪子的熱血英雄。但到了第15章，先後記載兩筆他對上帝應許的懷疑，第16章則記載他處理莎拉（撒辣）與夏甲（哈加爾）之間緊張關係的敗筆，第17章記載他俯伏在地，竊笑上帝說要讓他那九十歲的妻子莎拉生一個兒子。

在這一連串的失敗之後，第18章記載亞伯蘭非常值得稱讚的光明面：他為了救所多瑪城的人，一再勇敢地向上帝討價還

價。接下來在20章15-22節，他與亞比米勒（阿彼默肋客）的互動中，又再度墮落到為一己之私，要「漂亮妹妹」說謊，使亞比米勒的后妃不能生育。21章9-21節更是記載他為了袒護莎拉，殘忍又不負責任地將夏甲和以實瑪利（依市瑪耳）趕出家門。

亞伯拉罕遵照上帝的指示，離開故鄉、親族和父親的家，往迦南地遷移。哈蘭是比迦南富庶、適合居住的地方，但是亞伯拉罕沒有質疑就照著上帝的吩咐往南走向迦南，這表示他是一個順服、很有信心的人。但他獻祭以撒（依撒格）的行為，雖然顯示他很有信心，卻比較像是靈性成長的第二階段「循規蹈矩階段」，只是很單純地照單全收，接受上帝的命令去做。

從亞伯拉罕的家走到摩利亞山獻祭的地方，需要走三天的路程。這三天的路程中，亞伯拉罕都沒有質疑上帝既然應許兒子以撒給他，為何又要他將以撒燒化祭獻。相較於之前上帝告訴亞伯拉罕要毀滅所多瑪城時，亞伯拉罕努力與上帝爭論、請求不要輕易毀滅所多瑪城的行為，不禁讓人感慨，為何為別人著想時，他能那麼積極熱心投入，但在面對自己的妻兒莎拉、以撒時，他卻沒有為他們向上帝爭辯。

亞伯蘭為自己的利益而要妻子說謊、與亞比米勒互動時再度為一己之私而行事，這些只顧自己利益的行為，乃第一階段「只要我喜歡階段」的表現。而亞伯蘭讓姪子先挑選牧養牛羊地盤、搶救姪子的行為，可視為追求真理的靈性成長期，以及提升到重視人類共同體，與神、人、其他生物、大自然有和諧關係的更高層次階段。

從亞伯拉罕的一生，我們可看到這位被基督宗教、猶太教、伊斯蘭教共同尊崇為信心之父的偉人，他的「天路歷程」是起起落落的，而非一路順暢地進入成熟。王爾德說：「每個聖人都有

不可告人的過去；每個罪人也都有美好的展望。」人不可因成功而自滿，也不必因一時的失敗而灰心喪志。心靈成熟的人，其舊人並非消失了，只是被關入地牢，看守的力量變弱時，舊人隨時可能再跑出來。

▶ 亞伯拉罕的性格探討

外向、積極、主動的人：他具有好奇、冒險的精神。為了成長、走上自我追尋之路，他毫不猶疑地離開美索不達米亞的故鄉哈蘭，放棄熟悉的環境與能提供社會支持的親族、父親的家，前往陌生的迦南。然後在迦南發生飢荒時，再度從迦南遷徙到埃及。

急公好義、有愛心、好客的人：他照顧他死去弟弟哈蘭的兒子羅得，把羅得當自己兒子看待。他慷慨禮讓姪子羅得先挑選牧養牛羊的地盤，一聽到姪子羅得被擄，立刻帶領三百多位精壯兵丁去把羅得搶救回來。他在剛接受割禮沒幾天，身體還沒復原時，便不顧自己的痛苦，盛情款待三位天使化身的陌生人，並為了住在所多瑪的人向上帝求情。

有信心、首先認識獨一真神的人：在迦南的多神信仰社會裡，他首先認識獨一真神。亞伯蘭因信上主，「上主就認他為義人」。他沒有懷疑上主吩咐他離開故鄉的命令，遵照上主吩咐，為以色列人建立割禮作為立約記號。

做事有計畫、愛故鄉的人：向赫人（赫特人）買地作為家族墓園，吩咐忠實的老僕人為兒子以撒回故鄉找媳婦。

有許多軟弱的人：在壓力下，他失去耐心與信心而遷徙到埃及；他怕死、說謊，圖謀自己的利益而傷害別人；他對上主應

許他多子多孫的立約失去耐心與信心，接受夏甲成為莎拉的代理孕母，並竊笑上主所說莎拉會生子的應許；他沒有擔當，任由莎拉擺佈來處理夏甲、以實瑪利的問題。

亞伯拉罕的急公好義、有愛心、好客等優點，卻也成為許多偉人常見的忽略身邊最親近之人的缺點。

對現代人的啟發

亞伯拉罕的一生多采多姿，活出淋漓盡致的人生。無論是順境或逆境，以及悲歡離合，他都能坦然無懼地面對。他勇於任事，面對各種壓力他都能放手一搏，卻能在必要時選擇放下。

亞伯拉罕為了照顧他死去弟弟的兒子羅得，一直把羅得帶在身邊。他不只使自己的畜牧財產增加而成為富翁，也幫助羅得成為富翁。當兩家的牛羊太多，兩家的牧人為爭地盤而吵起來時，面對此糾紛，亞伯拉罕選擇放下，慷慨禮讓姪子羅得先挑選牧養牛羊的地盤。

對此，聖經這樣記載：「亞伯蘭是富翁，擁有許多牲畜和金銀……跟亞伯蘭同行的羅得也擁有牛群、羊群，以及自己的家眷和奴隸。他們兩家的牛群羊群太多，沒有夠大的地可以容納得下，因此亞伯蘭的牧人跟羅得的牧人常常爭吵。於是，亞伯蘭對羅得說：『我們是至親，不可爭吵；你的牧人跟我的牧人也不可爭吵。我們分手吧！這一大片土地在你眼前，你選右邊，我就選左邊；你選左邊，我就選右邊。』」（創世記13:2-9）

當亞伯拉罕夫婦都已年老，沒有兒子可繼承其龐大財產時，亞伯拉罕打算讓一個在他家出生的奴隸以利以謝（厄里厄則爾）繼承他的產業。這也是一種選擇放下的行為。當上帝要亞伯拉罕

獻他一百歲才獲得的兒子以撒時，他面臨一生最大的抉擇困境，最後他還是選擇放下。亞伯拉罕選擇放下，得到上帝大大的祝福，使他的人生更精彩，靈命更豐盛。

在職場有一句話說「上台靠機會，下台靠智慧」，同樣我們也可以說「擁有靠機會，放下靠智慧」。汲汲執著於獲得、擁有，就會患得患失，給自己帶來沉重的壓力。有智慧地選擇放下，反而能海闊天空。基督宗教最偉大的宣教師使徒保羅（保祿）說：「貧窮，卻使許多人富足；好像一無所有，卻樣樣都有。」（哥林多／格林多後書6:10）保羅為了上帝國，放下世上一切的地位與財富去傳福音，使許許多多的人心靈富足。

法國最受敬重的以馬內利修女，出生於優渥的家庭，卻花了一生的時間服務世界各地的窮人與貧民窟的兒童。她對不公義的世界絕不妥協，並與之奮戰到底。2002年她的著作《貧窮的富裕》出版（原文為法文，中譯本於2003年出版）。她在2008年再差一個月就滿一百歲時，於睡夢中過世，她的口述歷史《我100歲，我有7萬個小孩》於2008年出版（中譯本於2009年出版）。以馬內利修女也是選擇放下自己、卻贏得世界的典範。

FILE.7

——•——

使徒約翰

從暴躁漁夫到溫和有愛的門徒

約翰（若望）是新約聖經裡很常出現的人名。新約聖經中有兩位名字叫約翰的重要人物，第一位是施洗者約翰（洗者若翰），根據〈路加福音〉的記載，他與耶穌可能是表兄弟的關係，比耶穌早半年出生。聖經說他是耶穌基督的開路先鋒，主要是在約但河邊的曠野地區傳悔改的信息，有許多人接受他的洗禮。後來，他因為責備希律王（黑落德王）而遭斬首。

第二位則是使徒約翰，是耶穌基督的門徒，乃本文所要探討的人物。

▶ 使徒約翰的家世

新約聖經只有簡短幾句話提到使徒約翰的家世說：「再走不遠，耶穌看見西庇太的兒子雅各和他的弟弟約翰；他們在船上整理魚網。耶穌一呼召他們，他們就把父親和雇工留在船上，

跟從了耶穌。」（馬可／瑪竇福音1:19-20）使徒約翰和他的哥哥雅各（雅各伯）成長在加利利（加里肋亞）湖邊。他們兄弟與彼得（伯多祿）和安得烈（安德肋）這對兄弟，都是在加利利湖從事捕魚工作。彼得和安得烈可能是受僱於人當漁夫，而雅各和約翰的父親擁有自己的漁船，也有僱工，所以約翰是為自家的漁船工作。

　　約翰的父親西庇太（載伯德）可能是交遊廣闊的富有之人。當耶穌被捕、送到大祭司家受審時，根據〈約翰福音〉（若望福音）的記載：「西門‧彼得和另一個門徒跟著耶穌；那門徒是大祭司所熟悉的，所以跟著耶穌進了大祭司的院子。彼得留在門外。那個跟大祭司相識的門徒再出來，對看門的女孩子說了一聲，然後帶彼得進去。」（約翰福音18:15-16）從這段經文可看出，約翰跟大祭司家關係不錯，才能自由進出大祭司家，還能打通關係，讓彼得也能進去。

　　另一段經文記載說：「站在耶穌的十字架旁邊的，有耶穌的母親、他的姨母、革羅罷的妻子馬利亞，和抹大拉的馬利亞。耶穌看見他的母親和他所鍾愛的門徒站在旁邊，就對他母親說：『母親，瞧，你的兒子！』接著，他又對那個門徒說：『瞧，你的母親！』從那時起，那門徒接耶穌的母親到自己的家裡住。」（約翰福音19:25-27）有人推論約翰的父親在耶路撒冷也有房子，約翰才有辦法接耶穌的母親馬利亞到自己家裡住。套用現代名詞，約翰的家庭是政商關係良好的大戶人家。

　　耶穌被釘在十架上時，有一些婦女從遠處觀看。我們來看記載此事的兩處經文：「其中有抹大拉的馬利亞、雅各和約瑟的母親馬利亞，和西庇太兩個兒子的母親。」（馬太／瑪竇福音27:56）和「還有些婦女從遠處觀看；其中有抹大拉的馬利亞，

又有小雅各和約瑟的母親馬利亞，以及撒羅米。」（馬可／馬爾谷福音15:40）有人將這兩段經文比對，認為撒羅米（撒羅默）就是約翰和雅各的母親。

再看前面提過的一段經文：「站在耶穌的十字架旁邊的，有耶穌的母親、他的姨母、革羅罷的妻子馬利亞，和抹大拉的馬利亞。」（約翰福音19:25）將這段經文與前述〈馬太福音〉的那段經文比對，有人據此推測「他的姨母」就是撒羅米。如果這個推論成立，那使徒約翰和主耶穌就是表兄弟了。

▶ 耶穌第一批收的門徒

約翰在遇見耶穌之前，可能曾經是施洗約翰的門徒。根據〈約翰福音〉的記載，有一天，當耶穌走近約翰施洗的地方，約翰一看到，就對群眾說：「看哪，上帝的羔羊，除掉世人的罪的！」第二天，當施洗者約翰看見耶穌經過時，特地再一次向他身旁的兩個學生說：「看哪，上帝的羔羊！」那兩個學生去跟隨耶穌，其中一位是彼得的弟弟安得烈，另一位沒提名字的可能就是使徒約翰（參約翰福音1:29-40），可見使徒約翰是耶穌最早呼召的門徒之一。

聖經如此記載其經過：「耶穌沿加利利湖邊走著，看見兩個打魚的兄弟，西門（別號彼得）和他的弟弟安得烈，正在湖裡撒網打魚。耶穌對他們說：『來跟從我！我要使你們成為得人的漁夫。』他們立刻丟下了魚網，跟從耶穌。耶穌再往前走，看見另外兩個兄弟——西庇太的兒子雅各和約翰；他們跟父親一起在船上整理魚網。耶穌呼召他們，他們立刻捨了船，辭別父親，跟從耶穌。」（馬太福音4:18-22）

▶ 耶穌最核心的三個門徒之一

　　福音書多次提到在特別的場合，耶穌特地帶著彼得、雅各、約翰三個人一道去，讓他們跟在身邊，可能是為了讓他們有更多的學習機會吧。〈路加福音〉提到耶穌叫會堂主管葉魯的女兒從死裡復活的過程時，是這樣說的：「耶穌到了葉魯家裡的時候，除了彼得、約翰、雅各，和女孩子的父母，不許別人跟他一起進去。」（路加福音8:51）

　　另一次，耶穌上了高山容貌改變的事件過程是：「六天後，耶穌帶著彼得以及雅各和約翰兩兄弟悄悄地上了一座高山。在他們面前，耶穌的形像變了：他的面貌像太陽一樣明亮，衣服也像光一樣潔白。」（馬太福音17:1-2）耶穌和門徒吃了最後的晚餐後，退到一個地方禱告，聖經記載說：「於是他帶著彼得、雅各、約翰一起去。他開始悲痛難過」（馬可福音14:33）由此可見，約翰是耶穌最常帶在身邊的三個門徒之一。

▶ 耶穌最喜愛的門徒

　　〈約翰福音〉多處提到「他所鍾愛的門徒」（約翰福音13:23、19:26、20:2、21:7、21:20）。多數聖經學者認為約翰福音書的作者是使徒約翰，而「他所鍾愛的門徒」是指作者本人。當門徒互相猜想是誰要出賣耶穌時，聖經記載說：「門徒面面相覷，不曉得他是指著誰說的。門徒中有耶穌所鍾愛的一個人，他坐在耶穌身邊。西門・彼得向他示意，說：『問問他指的是誰。』於是那門徒挨近耶穌，問他：『主啊，是誰？』」（約翰福音13:22-25）

耶穌被釘十字架時，將自己的母親馬利亞托給他所鍾愛的門徒：「耶穌看見他的母親和他所鍾愛的門徒站在旁邊，就對他母親說：『母親，瞧，你的兒子！』接著，他又對那個門徒說：『瞧，你的母親！』從那時起，那門徒接耶穌的母親到自己的家裡住。」（約翰福音19:25-27）

▶ 使徒約翰的人格特質

被耶穌改變前

個性暴躁：使徒約翰被稱為「雷的兒子」，乃是指他的個性而言。聖經有這樣的記載：「耶穌所揀選的十二個人是：西門（耶穌又給他取名彼得），西庇太的兒子雅各和雅各的弟弟約翰（耶穌又給他們取名半尼其，意思是「性如暴雷的人」），安得烈，腓力，巴多羅買，馬太，多馬，亞勒腓的兒子雅各，達太，激進黨的西門，和後來出賣耶穌的加略人猶大。」（馬可福音3:16-19）

約翰曾因為某鄉村不接待耶穌就大發脾氣：「耶穌被接升天的日子快到了，他決心朝耶路撒冷去，於是派人先走。他們來到撒馬利亞的一個村莊，要替耶穌準備一切。可是那地方的人不歡迎他，因為他顯然是朝著耶路撒冷去的。他的門徒雅各和約翰看見這情形，就說：『主啊，你要我們呼喚天上的火來燒滅他們嗎？』耶穌轉過身來，責備他們。他們就到別的村莊去。」（路加福音9:51-55）

自我中心：約翰曾要求耶穌掌權時，讓他和他的哥哥雅各坐在耶穌的左右邊。〈馬可福音〉記載事件的經過說：「西庇太的兒子雅各和約翰來見耶穌，說：『老師，我們有一個請求，希

望你能答應。』耶穌問：『要我為你們做甚麼？』他們回答：
『當你坐在榮耀的寶座上時，請讓我們跟你坐在一起，一個在
你右邊，一個在你左邊。』……其他十個門徒聽見這事，對雅
各和約翰很不滿。」（馬可福音10:35-41）

　　也許約翰和雅各這對兄弟過慣了有錢人家的生活，習慣於靠
著富爸爸予取予求，才會以為耶穌當王時，他們兩兄弟理所當然
要坐在耶穌的左右兩旁。

　　過度保護老師：他是很愛耶穌，但保護過頭了。例如他
禁止別人用耶穌的名趕鬼：「約翰對耶穌說：『老師，我們看
見有人藉著你的名趕鬼，我們就禁止他，因為他不跟我們同
夥。』耶穌說：『不要禁止他；因為沒有人會藉著我的名行神
蹟，又馬上轉過來說壞話攻擊我。因為不反對我們就是贊同我
們。』」（馬可福音9:38-40）約翰自認為耶穌是專屬他們的。表
面看是愛護老師，其實是反映他的霸道與自大，不懂得謙卑。

被耶穌改變後

　　心思細膩：耶穌復活後，在加利利湖顯現在捕魚的門徒面
前時，是約翰第一個察覺出那個人就是耶穌，並私下提醒彼得那
人「是主」。耶穌為訓練彼得將來擔負重任，又了解彼得的衝動
個性，因此安排心思細膩的約翰和彼得一起做事，成為一對好搭
檔，一方面可以補彼得的缺點，也同時讓彼得能學習成長。聖經
中有不少類似的記載，例如兩人一起準備最後的晚餐；兩人一起
跑去看耶穌復活後的空墓；〈使徒行傳〉（宗徒大事祿）記載兩
人常一起上聖殿等。

　　愛的使徒：除了上面提過的接耶穌的母親回家照顧外，約翰
福音書及約翰一至三書等他的寫作裡，一再提醒上帝就是愛，跟

從耶穌的人就應該實踐耶穌的愛。經文這樣記載：

· 我給你們一條新命令：要彼此相愛。我怎樣愛你們，你
們也要怎樣彼此相愛。如果你們彼此相愛，世人就知道
你們是我的門徒。（約翰福音 13:34-35）

· 孩子們，我們的愛不應該只是口頭上的愛，必須是真實
的愛，用行為證明出來！（約翰一書 3:18）

· 親愛的朋友們，我們要彼此相愛，因為愛是從上帝來
的。那有愛的，是上帝的兒女，也認識上帝。那沒有愛
的，不認識上帝，因為上帝是愛。（約翰一書 4:7-8）

· 沒有人看見過上帝，但我們若彼此相愛，上帝就在我們
的生命裡，而他的愛藉著我們完全實現了。（約翰一書
4:12）

謙讓：約翰經過耶穌的教導，從原本自我中心改變成謙讓
的人。他處處尊讓彼得，使彼得能如耶穌的安排成為初代教會的
領導者。前面提到約翰與彼得兩個人一起跑去看耶穌復活後的
空墓，經文記載說：「彼得和那個門徒就往墓地去。兩個人一
起跑，但那門徒比彼得跑得快，首先到達墓穴。他俯身往裡面
看，看見麻紗還在那裡，但是他沒有進去。西門·彼得跟著也
趕到；他一直走進墓穴……首先到達的那個門徒也跟著走進墓
穴；他一看見就信了。」（約翰福音 20:3-8）

約翰先到達並探頭看了空墓穴，卻等彼得到達後，才跟在
彼得後頭進入墓穴。〈使徒行傳〉記載彼得與約翰搭檔的許多場
合，約翰都只站在一旁，讓彼得出面發言。在寫約翰福音書時，
也不用自己的名字，而以「耶穌所鍾愛的」代替作者名字。

使徒約翰雖然是耶穌最信賴的門徒，但他一直保持幕後協助
者的角色。初代教會初期，耶路撒冷教會由彼得領導，中期以

後，彼得和其他同工開始常到外地傳福音，耶穌的弟弟雅各成為耶路撒冷教會領導者，但使徒約翰一直留守耶路撒冷教會。

以弗所（厄弗所）教會是使徒保羅建立的，後來保羅和彼得相繼殉道之後，傳說使徒約翰才離開耶路撒冷來到以弗所，成為小亞細亞七個教會的監督。據說使徒約翰也把耶穌的母親馬利亞接到以弗所奉養，因此現在以弗所設有紀念馬利亞故居的地方，成為旅遊景點。

靈性與著作：在新約聖經中，〈約翰福音〉、〈約翰一書〉、〈約翰二書〉及〈約翰三書〉可能都是使徒約翰在以弗所寫的，而〈啟示錄〉（默示錄）可能是他被囚禁在拔摩（帕特摩）島上時，獲得啟示而寫下來的：「本書是記載耶穌基督的啟示。上帝給他這啟示，要他把短期內必定發生的事指示給上帝的僕人們。基督差遣天使向他的僕人約翰顯示這些事，約翰就把所看見的告訴大家，為上帝的信息和耶穌基督所啟示的真理作見證。讀這本書的人多麼有福啊！聽見這預言並遵守書中所記載的人多麼有福啊！因為這一切事實現的日子快要到了。」（啟示錄1:1-3）

▶ 對現代人的啟發

使徒約翰原本是一個暴躁、自我中心的漁夫，經過耶穌基督的薰陶，他成為一個新造的人，真的如聖經所講「舊事已過，一切都變成新的了」。後世的基督徒所認識的使徒約翰，乃是溫文儒雅、充滿愛的香氣的人。其實任何人只要願意接受耶穌基督為主，都一樣能成為新造的人。

「江山易改，本性難移」這句成語常被引用在比較負面、批

判的場合，其實這是我們祖先長期觀察所得到的智慧之言。「本性難移」這句話所說的「本性」，乃是指性格或個性。每一個人都有其獨特的性格，就連同卵雙胞胎也會有個性上的差異。一般來說，到青春期十二歲左右，一個人的性格就大致有一個型，而呈現其行事為人的特質。到了成年，每一個人會呈現出相對穩定的行事風格，即所謂的性格或個性。

雖然人不會一輩子就此定型，但要改變個性，並不是那麼容易。可是當一個人的腦受到巨大衝擊時，就會發生個性的改變。此處所說的衝擊包括物理和心靈的衝擊。物理的衝擊指的是諸如頭部外傷、腦部感染、中風、精神疾病、失智症等。此種衝擊會引發大腦皮質的萎縮，導致人格退化崩解。

心靈的衝擊最主要的是信仰的力量，包括宗教信仰和奉行某種哲學思想，尤以宗教信仰改變人心的力量最為顯著。心靈的衝擊多數使人更成熟，但如果奉行的是邪惡的信仰，反而會給個人和社會帶來災難。以戒毒為例來說明，我們都知道一旦染上藥癮，就很難脫身。不少人搞到傾家蕩產、失去一切親情，仍然無法擺脫毒與賭的挾制。

現代進步的醫療科技確實能做到短暫立即斷癮的效果，但若只靠醫藥科技，其長期持續維持戒癮的效果很不理想。到目前為止，長期追蹤的資料顯示，宗教信仰戒毒的成效最佳。台灣基督教晨曦會的戒毒村、泰國佛教寺廟的戒治海洛英，拯救了許多一再戒治失敗、走投無路的藥癮者成功戒癮。當信仰使其成為新造的人時，才有足夠的力量長期對抗藥癮的心魔。

戒賭的情況也與戒毒類似。在賭癮圈裡流傳的一則諷刺故事說，有人砍下手指頭發重誓絕不再賭，可是後來還是繼續賭，最後手指頭都砍光了。會這麼難以改變，是因為他的心仍然是那個

舊人，無法脫離賭癮的挾制。

　　使徒約翰因著耶穌基督的引導，從性烈如雷的漁夫，脫胎換骨成為溫文儒雅、造福眾人的傳道人。二千多年來，許許多多的人見證此信仰力量使他們脫胎換骨。〈奇異恩典〉（Amazing grace）這首舉世聞名的基督教詩歌，其作詞者約翰‧牛頓（John Newton）曾是一位放浪形骸、把非洲人賣去當奴隸的水手。在一次海難中，他被耶穌基督摸著，從此改變他的人生。他努力上進，成為牧師，並與英國議員威廉‧韋伯福士（William Wilberforce）聯手反對買賣黑奴。歷經二十多年的奮鬥，在1807年，禁止買賣黑奴的法案終於在英國國會獲得通過。

　　無論是使徒約翰還是約翰‧牛頓，這些真實故事都是信仰改變人心、扭轉人生的最佳案例，也值得我們再三咀嚼，並從中獲得心靈的支持與生命前進的力量。

FILE.8

——•——

底波拉

奶媽與女將軍的兩種母愛

底波拉（德潑辣）這個名字的意思是「蜜蜂」。取這個名字可能有兩種意義，一方面是指像蜜蜂一樣，努力工作不懈；另一方面是指會像蜜蜂一樣刺痛人。

舊約聖經中有兩位女性名叫底波拉。第一位是麗百加（黎貝加）的奶媽，第二位是〈士師記〉（民長紀）中的女士師底波拉。這兩位底波拉都非常努力工作，她們的一生真的符合她們的名字。

從經文的資料來看，第一位底波拉似乎沒有甚麼事蹟讓我們想到她會像蜜蜂一樣，於必要時去刺痛人。相對地，第二位底波拉身為士師，無論是為以色列百姓辦案，或率領以色列人對抗敵人，勢必會刺痛不少人，她的名字便符合「蜜蜂」的雙重意義。

奶媽底波拉

身世背景

　　第一位底波拉是麗百加的奶媽，從麗百加小時候就開始照顧她。麗百加離開故鄉哈蘭，到八、九百公里遠的迦南地去與以撒（依撒格）結婚，底波拉一路相隨。〈創世記〉24章59節只簡短提了一句「麗百加和她的奶媽跟亞伯拉罕的僕人和同來的人一起動身」，並沒有提到她的名字。

　　後來，麗百加的兒子雅各（雅各伯）為逃避他哥哥的怒氣，逃亡到麗百加的娘家哈蘭地方，去投靠他的舅舅拉班。他在那裡住了整整二十年，並成家立業，娶了拉班的兩個女兒為妻。再後來，他因為和舅舅及表兄弟處得不愉快，就不告而別，往回迦南地的方向走。

　　在雅各回到迦南的伯特利（貝特耳）時，聖經突然插入一小段底波拉的死訊說：「麗百加的奶媽底波拉死了，葬在伯特利南部的橡樹下，因此那棵樹叫做『哭泣的橡樹』。」（創世記35:8）這是麗百加的奶媽底波拉的名字，首次也是唯一的一次出現在聖經中。

麗百加與雅各的奶媽

　　聖經〈創世記〉沒有提到底波拉為甚麼會出現在雅各回迦南地的隊伍中，猶太經典《米大示》則有一些說明。《米大示》提到底波拉是麗百加最信賴的人，是這個家庭不可或缺的一員，並相當受到全家的尊敬。她不只要照顧麗百加，還要安排麗百加的雙胞胎兒子及丈夫以撒的日常生活。當麗百加叫雅各到她娘家避風頭時，曾吩咐兒子說：「等你哥哥以掃的氣消了，忘記你對

他所做的事，我就派人接你回來。」(創世記27:44-45)後來麗百加派底波拉去哈蘭接雅各，所以底波拉才會出現在雅各回家鄉的隊伍中。

雅各和她母親麗百加一樣，都很信賴、敬愛底波拉。猶太拉比認為，雅各其實是從小由底波拉一手帶大的，雅各對底波拉的感情可能比對麗百加的還要深。所以當底波拉過世時，雅各很傷心，在她墓前哭泣，旁邊的那棵樹也因此才叫「哭泣的橡樹」。

奶媽底波拉的人格特質

忠心的人：聖經沒有記載以色列最強勢女性族長麗百加的死，卻以很特別的方式敘述麗百加的奶媽底波拉的死。雖然只用簡短幾句話敘述，卻暗示她在以色列人心目中是受到尊敬與重視的。她不只對上帝忠心，也對麗百加的父親及麗百加本人忠心耿耿。她的忠心還延續到對雅各的照顧。底波拉對她主人一家三代提供不變質的服務，實屬難能可貴。

謙卑的人：其次，底波拉是一位謙卑的人，才能夠無怨無悔，一直沒有聲音，一輩子默默擔任奶媽工作。另外，底波拉必定是非常有愛心與耐心的人，才能贏得一向只顧自己利益的雅各的尊敬。她死的時候，雅各才會那麼傷心在她墓前哭泣。

女士師底波拉

家世背景

另一位底波拉，是〈士師記〉中唯一的女士師。她的事蹟記載在〈士師記〉第4、5章，第4章以散文型式記載，第5章

以詩歌型式呈現，主要內容頗為類似。第5章被稱為「底波拉之歌」，可與〈出埃及記〉（出谷紀）第15章的「摩西（梅瑟）之歌」及「美莉安（米黎盎）之歌」相媲美，這三首詩歌被認為是舊約聖經中最古老的詩歌。

〈士師記〉4章4-5節說：「有一位女先知叫底波拉；她是拉比多的妻子，當時作以色列的士師。在以法蓮山區拉瑪和伯特利之間有一棵棕樹，她常坐在那棕樹下；以色列人民都到那裡請她主持公道。」摩西的姊姊美莉安（參出埃及記15:20）、底波拉、戶勒大（胡耳達，參列王紀下22:14）並稱為舊約聖經中的三女先知＊，由此可見士師底波拉的地位。

〈士師記〉沒有提到底波拉的家庭背景，她和她的丈夫很可能都屬以色列的以法蓮（厄弗辣因）支族，《米大示》則說她和她的丈夫是製蠟燭的人家。底波拉在製造供應聖幕（Tabernacle）使用的蠟燭時，會特別選用比較粗大的燈芯，讓它點燃時顯得更亮。上帝賞識底波拉的虔誠與用心，於是選召她來拯救以色列人脫離迦南王的壓迫，也同時糾正以色列人信仰上的偏失。

女法官及軍事領袖

底波拉不只是〈士師記〉中唯一的女士師，也是除了執行軍事任務外，唯一真正執行法官（Judge）審判工作的人。底波拉和撒母耳（撒慕爾）一樣，都是住在拉馬（辣瑪）的士師。撒母耳每年還另外巡迴到伯特利（貝特耳）、吉甲（基耳加耳）、米斯巴（米茲帕）處裡案件，底波拉則只在拉馬開庭。另外，底波

＊ 有猶太拉比另外加上亞伯拉罕的妻子莎萊（撒辣）、撒母耳（撒慕爾）的母親哈娜（亞納）、拿霸（納巴耳）的妻子愛比該（阿彼蓋耳）及王后以斯帖（艾斯德爾），稱為七女先知。

拉是在屋外一棵棕樹下的開放空間審理案件，撒母耳應該是在屋內開庭。多數學者認為，她選擇在樹下的開放空間審理案件，乃是風俗上要避免與男性單獨留在屋裡。

在底波拉的時代，以色列人進入迦南地時，那些比較適合耕種的平原地（例如耶斯列平原）早已有迦南當地的人居住，因此以色列人只能住在比較乾旱的山區。他們在此種貧瘠之地生活，卻仍要受迦南人的壓迫。於是底波拉吩咐以色列軍事將領巴拉（巴阿拉）去召集一萬以色列人，準備跟迦南軍隊作戰。

當時的實況是迦南王的部隊裝備精良，由西西拉（息色辣）將軍帶領擁有九百輛鐵戰車的大批部隊進入基順河（克雄河）邊備戰。反觀以色列這邊，是兵器粗糙、臨時組成的部隊，難怪以色列的將軍巴拉會害怕地說，除非底波拉和他一起出征，不然他就不去打仗。

戰爭一開始，天空下起傾盆大雨，基順河滾滾大水淹沒西西拉的鐵戰車，使他的部隊潰不成軍，連西西拉自己也棄車逃命。這一戰，不但解除迦南王二十年來對以色列人的欺壓，也使以色列人獲得肥沃的耶斯列平原。這事件的經過，使人不禁聯想早年摩西率領以色列人出埃及、渡紅海時，埃及法老王的精銳部隊毀於紅海的的故事。所以，也有人稱底波拉是「新摩西」（new Moses）或「新美莉安」。

在士師的時代，以色列人一再背叛上帝，也一再受迦南人及非利士人（培肋舍特人）的壓迫與凌辱。當以色列人受不了時，就會呼求上帝的幫助。當時，除了底波拉以外，上帝都是呼召男性出來擔任拯救以色列人的任務。在此男性中心的社會，一個女性要出來領導眾人，還要擔任軍事任務，這是非常例外、也非常困難的使命。底波拉卻能成功地完成上帝交付的使命，她必定有

一些人格特質是值得我們去學習的。

女士師底波拉的人格特質

有智慧的人：聖經說認識上帝是智慧的開端。在那情勢、局面都對以色列非常不利的情況下，底波拉仍確信上帝的話。底波拉是一位認識上帝，並確信在最困難的時刻，上帝會伸手幫助的人。所以說她是有智慧的人。她以從上帝來的智慧行公義，所以以色列人民都去請她主持公道。

善於鼓勵別人：底波拉也善於運用她的智慧鼓勵她身邊的人。當巴拉這位堂堂男子漢感到害怕、不敢去迎戰西西拉所率領的迦南部隊時，底波拉沒有恥笑他。底波拉了解巴拉的心情，她以鼓勵的態度讓巴拉的心情穩定下來。

有勇氣的人：底波拉也是一位有勇氣的人。面對那麼強大的敵人，連巴拉這位男性將領都害怕到不敢接受上帝的命令，底波拉是不可能不害怕的。然而，真正的勇氣正是雖然會害怕，卻敢於面對、不退縮。

謙卑不搶功的人：底波拉沒有搶功勞而將巴拉丟在一邊，而是兩個人合作去與西西拉打仗。底波拉不搶功勞的個性，也表現在西西拉逃命時，底波拉沒有直接追捕他，而是讓他去躲在希伯（厄貝爾）的妻子雅憶（雅厄耳）的帳篷，由雅憶去刺殺西西拉，將功勞歸給雅憶。其實當西西拉棄車逃亡時，底波拉要追殺他是輕而易舉的事，可是她不搶功的謙讓態度，反而使她更得人心、更受尊敬。

敢於挑戰傳統的人：最後，底波拉的人格特質表現在她敢於挑戰男性中心的傳統文化與信仰上。底波拉的作為，使〈士師

記〉中的其他所有男性士師相形見絀。底波拉的個人品格、公眾服務，都值得稱讚。她是名符其實的成功士師！

對現代人的啟發

雖然兩位底波拉在社會上的身分、地位、角色有很大差異，但她們在各自的崗位上都打了美好的仗。第一位底波拉從在麗百加的娘家哈蘭地方開始，一路跟著麗百加南下到迦南地，未曾疏忽主人託付給她的任務。她不但是麗百加小時候的奶媽，也是麗百加結婚生子、教養子女的輔佐者。她默默地配合主人做團隊服事。

第二位底波拉雖貴為士師（政治領袖）、祭司（宗教領袖）與先知，但她卻低調地與軍事將領巴拉及希伯的妻子雅億三人，以團隊服事的方式，打贏那場與迦南王的統帥西西拉對決的戰爭。其實那場戰爭底波拉自己一個人也能勝任，但她寧可將功勞與團隊成員分享，而不想一個人獨享。兩位底波拉此種以團隊服事取代個人強出頭的行事風格，值得代代傳揚。

奶媽底波拉雖然不是生養麗百加及雅各的母親，但其長期照顧、拉拔麗百加母子兩代的辛勞，稱她為麗百家母子「心靈的母親」絕不為過。也因為這樣，雅各聽到底波拉過世才會哭得那麼傷心。女士師底波拉拯救以色列脫離迦南王長達二十年的殘暴壓制，當時的以色列人民就像嗷嗷待哺的棄嬰，底波拉及時出現、承擔了母親的角色。難怪〈士師記〉會這樣記載說：「底波拉啊，以色列的城鎮被摒棄，空無一人，直到你來；你來作以色列的母親。」（士師記5:7）

兩位底波拉總是像母親一樣，適時照顧子女的需要。特別在

情況緊急時，像母雞把小雞聚集在翅膀下一樣。人人都需要這樣的母親，對基督徒而言，上帝是及時的幫助者與避難所，就是母親的角色。人人都應該學習像母親那樣付出，上帝就是母親角色的典範。

FILE.9

———·———

彼得

不牢靠的小石子變成教會的堅固磐石

　　彼得（伯多祿）一向被認為是耶穌十二個使徒的領袖。羅馬大公教會（天主教）將彼得列為他們教會的第一任教宗，推崇彼得在十二使徒中的特殊地位。彼得是經過許多磨練，才成熟蛻變為初代教會的中心人物。

　　羅馬大公教會的教堂建築或藝術繪畫裡，常可看到彼得手持鑰匙的畫面，這是根據聖經記載所做的延伸解釋：「耶穌問他們：『那麼，你們說我是誰？』西門彼得回答：『你是基督，是永生上帝的兒子。』耶穌說：『約翰的兒子西門（西門巴約拿），你真有福了；因為這真理不是人傳授給你的，而是我天上的父親向你啟示的。我告訴你，你是彼得，是磐石；在這磐石上，我要建立我的教會，甚至死亡的權勢也不能勝過它。我要給你天國的鑰匙。你在地上所禁止的，在天上也要禁止；你在地上所准許的，在天上也要准許。』」（馬太／瑪竇福音16:15-19）

　　他們認為耶穌將天國的鑰匙交給彼得，再由彼得傳給羅馬大公教會。彼得這個名字的希臘文「Petros」與亞蘭文「磯法」（Cephas）相同，意思是「石子」或「磐石碎片」。也可以說，彼得原本是一個衝動、不穩定的人，基督的教會無法建基在像「石子」或「磐石碎片」這樣的人身上，唯有經歷一連串事件，上帝幫助他成長，才能使他愈來愈能認識基督的真理。

　　上帝的教會是要建立在「認識基督的真理」的磐石「Petra」上。任何基督徒，只要他「認識基督的真理」，就會成為建立教會的磐石。在那個時刻，上帝就將天國的鑰匙給與那個人。每一個基督徒都同樣有此種應許，而不是只有彼得或某特定團體才享有此特權。

▶ 彼得的家庭背景與個性

　　從四本福音書所提供的資料，彼得的家鄉可能是在加利利湖北端的漁村迦百農（葛法翁）。他和他的弟弟安得烈（安德肋）都是漁夫，靠打魚維生。他們的朋友雅各（雅各伯）與約翰（若望）兩兄弟也是漁夫（參馬可／馬爾谷福音 1:16-20）這四個人可能從小就彼此認識，一起成為加利利湖的捕魚人。

　　彼得已婚，他的岳母和他們一起住在迦百農。彼得是一個性急、容易衝動的人，也是熱情、喜歡表現的人。但他又是膽小、怕死的人。他可能相當關心他所在的社會及其政治情勢，從他隨身帶刀的情況（參約翰福音 18:10-11）可推測出他可能是猶太愛國激進黨的成員。

　　這些激進黨的成員對羅馬統治者非常反感，心裡一直期待有機會報復，也期待一位有力人士能出來恢復大衛（達味）王國。

於是，當施洗者約翰（洗者若翰）出現在猶太曠野的消息傳開後，彼得和他的弟弟安得烈很自然地被施洗者約翰所吸引。

▶ 彼得與耶穌的初步接觸

根據〈約翰福音〉的記載，彼得與安得烈先是成為施洗者約翰的門徒。有一天，當耶穌走近約翰施洗的地方，約翰一看到，就對群眾說：「看哪，上帝的羔羊，除掉世人的罪的！」當時，彼得和安得烈可能也在場，也許這是彼得第一次近距離看到耶穌。但與施洗者約翰相對照，耶穌可能沒有給彼得留下甚麼深刻的印象。

第二天，當施洗者約翰看見耶穌經過時，特地再一次向他身旁的兩個學生說：「看哪，上帝的羔羊！」於是，那兩個學生去跟隨耶穌，其中一位是彼得的弟弟安得烈。安得烈回家後，特別向彼得說自己遇見基督，並帶彼得去見耶穌（參約翰福音1:35-42）。從此，這對兄弟就成為耶穌的門徒。但是他們可能是一邊跟著耶穌，一邊也還繼續找時間打魚，而不是全時間的傳道人。

▶ 彼得的心靈成長

彼得第一次跟著耶穌出門，可能是他成為耶穌門徒的第三天。那一天，耶穌帶著門徒到附近的村莊迦拿（加納）參加一個婚筵。彼得有機會學習耶穌如何融入當地人的生活、如何與他的母親應對，而他目睹耶穌將水變酒的神蹟，讓他更加確信耶穌是從上帝來的聖者。聖經記載：「這是耶穌所行的第一個神蹟，是在加利利的迦拿城行的。這事顯示了他的榮耀；他的門徒都

信了他。」（約翰福音2:11）

　　根據〈路加福音〉第5章的記載，彼得、安得烈及雅各、約翰這兩對兄弟，跟隨耶穌成為全職傳道人的經過是這樣的：「有一次，耶穌站在革尼撒勒湖邊，人群擁上來，要聽他宣講上帝的話。他看見兩條船停在湖邊，打魚的人離開船，正在岸上洗網。耶穌上了西門的那一條船，吩咐西門把船稍微划開。耶穌坐下來，從船上教導群眾。講完後，他對西門說：『把船划到水深的地方去，然後你跟你的夥伴撒網打魚。』西門說：『老師，我們整夜辛勞，甚麼都沒有打着；既然你這麼說，我就撒網吧！』

　　「於是他們撒網，捕到了一大群魚，魚網差一點破了。他們就打手勢，招呼另一條船的夥伴過來幫忙。他們來，把魚裝滿了兩條船，船幾乎沉下去。西門彼得看見這情形，就跪在耶穌面前，說：『主啊，請你離開我吧，我是個罪人！』他和其他夥伴對捕到了這一大網魚都很驚訝。他的夥伴西庇太的兒子雅各和約翰也一樣驚訝。耶穌對西門說：『不要怕，從今以後，你要得人了。』他們把船靠岸，就撇下所有的，跟從了耶穌。」（路加福音5:1-11）

　　彼得的個性雖然有不少缺點，可是當耶穌吩咐他怎樣撒網捕魚時，他沒有因為耶穌在捕魚方面是個外行人，就認為耶穌是「外行人教導內行人」，仍然順服地說：「老師，我們整夜辛勞，甚麼都沒有打着；既然你這麼說，我就撒網吧！」這一點，顯示彼得的信仰有很大的成長。對今日的基督徒而言，彼得留下一個典範：要做基督徒，就要有耶穌會要我們交出最高主權的心理準備。

　　隨著耶穌的福音隊行走各地，彼得見證了耶穌使五千人吃

飽、在水上行走、行各種神蹟。就在耶穌的名望達到高峰的時候，耶穌告訴群眾，他就是從天上所賜生命的食糧：「如果你們不吃人子的肉，喝他的血，你們就沒真生命。」（約翰福音6:53）聽到這話，大部分群眾離開，「耶穌就問他的十二使徒：『你們呢？你們也要退出嗎？』西門彼得回答：『主啊，你有賜永生的話語，我們還跟從誰呢？我們信，並且知道你是從上帝那裡來的聖者。』」（約翰福音6:67-69）從這件事可看出，彼得的信心與人格已更加成熟。

當這支福音隊到達該撒利亞腓立比（凱撒勒雅斐理伯），流傳著各種有關耶穌身分的揣測。於是，耶穌問他的門徒：「『一般人說我是誰？』他們回答：『有的說是施洗者約翰；有的說是以利亞；也有的說是先知中的一位。』耶穌又問他們：『你們呢？你們說我是誰？』彼得回答：『你是基督。』」（馬可福音8:27-29）這個認識是彼得心靈成長的一個高峰。

幾天後，耶穌帶着彼得、雅各和約翰兩兄弟悄悄地上了一座高山。在他們面前，耶穌的形像變了；他的面貌像太陽一樣明亮，衣服也像光一樣潔白。忽然，三個門徒看見摩西（梅瑟）和以利亞（厄里亞）在跟耶穌講話。彼得對耶穌說：「『主啊，我們在這裡真好！你若願意，我就在這裡搭三座帳棚，一座給你，一座給摩西，一座給以利亞。』彼得正說話的時候，一朵燦爛的雲彩籠罩了他們；有聲音從雲中出來，說：『這是我親愛的兒子，我喜愛他。你們要聽從他。』」（馬太福音17:2-5）在這個事件裡，彼得的說話反應雖然顯示他的衝動性格，但整個過程顯然使彼得更認識耶穌的神性。

上述經歷確實讓彼得的心靈有成長機會，但並非一路順暢，彼得仍然常因信心不足而讓他的舊人斷續地冒出來。像他剛剛因

認識耶穌是基督而備受稱讚，卻又立刻因想阻擋耶穌上耶路撒冷而被耶穌斥責，罵他是「撒但」。

　　為了幫助彼得衝動、不穩定的個性，耶穌刻意安排另一位個性穩定的門徒約翰（耶穌最鍾愛的門徒）經常與彼得作伴。耶穌讓他們一起去準備最後的晚餐；耶穌復活那個清晨，是彼得與約翰一起跑去看耶穌的墳墓。約翰年輕、跑得快，但他很懂事地讓彼得先進入墳墓。當復活的主幫彼得等人網到一大群魚時，也是那位耶穌所鍾愛的門徒提醒彼得說：「是主！」耶穌確實很用心地為訓練彼得能擔當重任，作了妥善的安排！

▶ 衝動、愛表現卻又膽小、怕死的個性

　　雖然有耶穌的幫助，也有同伴的關心與支持，彼得仍然免不了起起落落！

　　當耶穌行走在風勢猛烈的水面上，門徒都害怕地以為自己是見到鬼魂時，彼得一聽到那是耶穌，「彼得說：『主啊，如果是你，叫我在水上走。』耶穌說：『來！』彼得就從船上下去，在水上朝著耶穌走過去。但是他一看到風勢猛烈，心裡害怕，開始往下沉，就喊叫：『主啊，救我！』耶穌立刻伸手拉住他，說：『你的信心太小，為甚麼疑惑呢？』」（馬太福音14:28-31）

　　當耶穌為學生洗腳，以教導愛與謙卑的功課時，聖經記載彼得的回應是這樣的：「逾越節前，耶穌知道他離開這世界、回到父親那裡的時刻到了。他一向愛世上屬於他的人，他始終如一地愛他們。耶穌和他的門徒吃晚飯的時候，魔鬼已經控制了加略人西門的兒子猶大的心，使他決意出賣耶穌。耶穌知道父親已經把一切的權力交給他；他知道自己是從上帝那裡來的，

又要回到上帝那裡去。

「他從席位上起來，脫了外衣，拿一條毛巾束在腰間然後倒水在盆裡，開始替門徒洗腳，又用毛巾擦乾。他來到西門·彼得跟前的時候，彼得說：『主啊，你替我洗腳嗎？』耶穌回答：『我所做的，你現在不知道，日後你就會明白。』彼得說：『我決不讓你洗我的腳！』耶穌說：『如果我不洗你的腳，你跟我就沒有關係了。』彼得說：『主啊，這樣的話，不只我的腳，連我的手和頭也洗吧。』」（約翰福音13:1-9）

當猶大（猶達斯）帶人來抓耶穌時，彼得的表現是這樣的：「西門彼得帶著一把刀，他抽出刀來，向大祭司的奴僕馬勒古砍去，砍掉他的右耳。耶穌對彼得說：『把刀收起來，你以為我不願意喝我父親給我的苦杯嗎？』」（約翰福音18:10-11）

耶穌被捕當晚，預言學生們會因害怕而不認他時，彼得曾這樣發誓：「『即使其他的人都離棄你，我絕對不離棄你！』耶穌對彼得說：『我告訴你，今天晚上，雞叫以前，你會三次不認我。』彼得回答：『即使我必須跟你同死，我也絕不會不認你！』」（馬太福音26:33-35）可是，就在當晚，彼得在面對前來抓補耶穌的人時，果然接連三次發誓說他不認識耶穌。

▶耶穌醫治彼得的心理創傷

彼得不但接連發誓說他不認識耶穌，當他第三次否認時，還濫用上帝的名，聖經記載：「過了一會兒，旁邊站著的人上來，對彼得說：『你跟他們確是一夥的；你的口音把你露出來了。』彼得再一次賭咒說：『我不認識那個人。如果我說的不是實話，上帝會懲罰我！』」（馬太福音26:73-75）

　　醫師路加對這一幕這樣記述：「他的話還沒說完，雞叫了。主轉過身來，注目看彼得；彼得記起主說過的話：『今天在雞叫以前，你會三次說你不認識我。』彼得就出去，痛哭起來。」（路加福音22:60-62）對一向好勝、愛面子的彼得來說，這無疑是嚴重的心理創傷。如果不予醫治，可預期會留下「創傷後壓力症候群」的後遺症。

　　於是，復活的主耶穌利用彼得和其他學生整夜捕魚卻一無收穫，又累又餓、心情沮喪時，適時出現。聖經記載：「西門・彼得對他們說：『我打魚去。』大家說：『我們跟你一道去。』於是他們出去，上了船；可是整夜沒有捕到甚麼，太陽剛出來的時候，耶穌站在水邊，可是門徒不知道他就是耶穌。耶穌對他們說：『朋友，你們捕到了魚沒有？』他們回答：『沒有。』耶穌說：『把網撒向船的右邊，那邊有魚。』

　　「他們就撒網下去，可是拉不上來，因為網着了太多的魚。耶穌所鍾愛的那門徒對彼得說：『是主！』西門・彼得一聽說是主，連忙拿一件外衣披在身上（他那時赤著身子），跳進水裡。其餘的門徒搖著小船靠岸。把一整網的魚拖了上來。當時他們離岸不遠，約有一百公尺的距離。他們上了岸，看見一堆炭火，上面有魚和餅。

　　「耶穌對他們說：『把你們剛打的魚拿幾條來。』西門・彼得到船上去，把網拖到岸上；網裡都是大魚，一共有一百五十三條。雖然有這麼多魚，網卻沒有破。耶穌對他們說：『你們來吃早飯吧。』沒有一個門徒敢問他『你是誰』，因為他們都知道他是主。耶穌就走過去，拿餅分給他們，也照樣把魚分了。這是耶穌從死裡復活以後，第三次向門徒顯現。

　　「他們吃過以後，耶穌問西門・彼得：『約翰的兒子西門，

你愛我勝過這些嗎？』他回答：『主啊，是的，你知道我愛你。』耶穌說：『你餵養我的小羊。』耶穌第二次問：『約翰的兒子西門；你愛我嗎？』他回答：『主啊，是的，你知道我愛你。』耶穌對他說：『你牧養我的羊。』耶穌第三次再問：『約翰的兒子西門，你愛我嗎？』彼得因為耶穌一連三次問他、就難過起來，對耶穌說：『主啊，你無所不知，你知道我愛你。』」（約翰福音21:3-17）

在這裡，耶穌連問彼得三次「你愛我嗎」，乃是要彼得勇敢面對他三次否認耶穌的失敗行為。耶穌一方面讓彼得回憶創傷經驗，一方面站在彼得旁邊給予支持。此種方式使彼得能從失敗的地方站起來，重新出發。耶穌用了最佳的心理治療方式醫治了彼得的創傷！

▶ 脫胎換骨的彼得

經過主耶穌的醫治，彼得這位沒受過甚麼教育、粗魯的鄉下漁夫，脫胎換骨，變成一個新的人。雖然明知會有生命危險，他還是勇敢地站在耶路撒冷聖殿，為復活的耶穌作見證。

他勇敢地與當時的宗教領袖激辯。聖經這樣記載：「議員們看見彼得和約翰那麼勇敢，又曉得他們是沒受過甚麼教育的平常人，十分希奇……只好命令他們從議會出去……警告他們無論如何不得再藉耶穌的名發表言論或教導人，可是彼得和約翰回答他們：『在上帝面前，聽從你們對，或是聽從上帝對呢？你們自己判斷吧！我們所看見所聽到的，不能不說出來。』」（使徒行傳／宗徒大事錄4:13-20）

彼得冒著被同伴批判與責難的風險，勇敢地違反猶太傳統，

將福音傳給外邦人。最後，傳說他也被羅馬政權判處釘十字架死刑。受刑前，彼得自認不配與耶穌用一樣的方式受釘，乃要求倒掛姿勢釘死在十字架上。

▶ 對現代人的啟發

耶穌的十二門徒中，猶大以三十塊銀幣出賣耶穌。聖經記載耶穌被捕那個晚上，先在客西馬尼園（革賣瑪尼園）做了痛徹心扉的禱告後，猶大和一大群帶著武器的人出現了，猶大以和耶穌親嘴為暗號，讓那群人抓走耶穌。事後猶大非常懊悔，上吊身亡。耶穌被捕的同一個晚上，彼得也犯了大錯，連續三次否認他跟耶穌有任何關係。第三次否認耶穌後，他立刻羞愧痛哭。猶大和彼得都在犯錯後痛悔，猶大只停留在悔，而彼得是有悔有改。猶大有悔無改，害了自己，也無益於社會。

「人非聖賢，誰能無過，知錯能改，善莫大焉」是大家耳熟能詳的一段話，其中強調的不是犯錯，而是要能改。台語中有一句俚語「鼻孔向下（aN-loh）無好人」，使徒保羅也說「沒有義人，連一個也沒有」（羅馬書3:10）。這些話雖然出自不同的社會文化背景，卻指出人性的共同點——只要是人，都會犯錯。

除了具有反社會人格障礙症的人格特質者以外，絕大多數的人都具有羞恥心，因此犯錯後自然會不安、後悔。但要進一步做到改過，則需要勇氣和毅力。猶大覺得沒有臉見人而走上絕路，因他沒有勇氣面對他的過犯。猶大的自殺是不負責任的懦弱行為。彼得選擇面對自己良心的指責和別人異樣眼光的雙重壓力，走上改過自新的路，他選擇走這條路，比猶大的一走了之需要更大的勇氣。

　　「周處除三害」是出自《晉書・周處傳》及《世說新語・自新》的歷史故事。周處是晉朝義興人，他年輕時仗著身強力壯，橫行鄉里，被同鄉視為鄉里的一大禍害。義興這個地方另有二害，包括河中一條興風作浪的蛟龍，以及山上的一隻白額猛虎。鄉人視蛟龍、白額虎和周處為三害，其中最大的禍害是周處。後來周處殺了蛟龍和猛虎，並改過自新，為鄉人除掉三害。周處的改過自新，從心靈的層面來看，就是殺死他的舊人，也就是基督宗教信仰所說的將舊人釘死在十字架，成為新造的人。

　　猶大的自盡是使其身體自世人面前消失；彼得的悔改則是使其舊人自世人面前消失。猶大的自盡，對世人來講，一點也沒有建設性；彼得的改過自新，個人雖付出極大的代價，卻是初代教會穩固發展的重要基石。或許有人會說自己只是個微不足道的小人物，不能和周處或彼得相提並論，其實在上帝眼中，沒有一個人是微不足道的。任何小小的動作，都有可能引發巨大的效應。

　　小小搖著搖籃的手，可以撼動世界，或者所謂蝴蝶效應，都說明這個道理。有一首台語教會詩歌描寫得很貼切，歌詞說：「一滴一滴的水成做海赫大，一粒一粒土沙結做地及山。」所以我們每一個人都要存著「勿以善小而不為，勿以惡小而為之」的心，回應上帝對每一個人的愛。

FILE.10

——·——

所羅門

聰明反被聰明誤的代表人物

　　所羅門（撒羅滿）被認為是以色列歷史上最有智慧的國王。有關他的事蹟，除了聖經所記載的，還有許多傳說，包括猶太教的《米大示》，以及《可蘭經》（*Quran*）等。此外，還有人以所羅門王的聰明或富裕為題材，撰寫小說或戲劇，編寫舞台劇或拍成電影。

▶ 所羅門的家世背景

　　所羅門是大衛王（達味王）搶奪部下烏利亞（烏黎雅）的妻子拔示芭（巴特舍巴）為妻之後，跟她所生的第二個兒子。他們兩人生的第一個兒子夭折，第二個兒子大衛給他取名為所羅門，意思是「平安」（shalom）。聖經說上主喜愛這個孩子，吩咐先知拿單（納堂）給這個孩子取名叫「耶底底亞」（意即上主所疼愛的）。

所羅門不只得到上帝的喜愛，也深獲父母的疼愛。所羅門在王宮中成長，相信他應該受過很好的教育。但他也經歷了大衛王宮裡的種種爭權奪利事件，包括與他同父異母的諸多王子間的爭寵——暗嫩（阿默農）與塔瑪（塔瑪爾）的亂倫、性侵事件，押沙龍（阿貝沙龍）的叛變與亂倫事件等。所羅門經歷過最切身的爭權事件，是大衛王老邁時，他最年長的兒子亞多尼雅（阿多尼雅）想自立為王。在關鍵時刻先知拿單聯合所羅門的母親拔示芭，緊急膏立所羅門接任王位。

▶ 向上帝祈求智慧

所羅門上任時，年齡可能沒有超過二十歲。有一天晚上，上帝在他夢中顯現，問他希望上帝賜給他甚麼。所羅門謙卑地說：「『上主——我的上帝啊，雖然我年輕，不知道怎樣治理國家，你還讓我繼承我父親作王。我在你所揀選作為自己子民的人中作王；他們多得難以計算。所以，求你賜給我一顆善於識別的心，能判斷是非，好治理你的人民。不然，我怎麼能統治你這麼眾多的人民呢？』

「主喜悅所羅門的祈求，就對他說：『因為你沒有為自己求長壽，求財富，或求消滅敵人，卻求明辨的智慧，好公正地治理人民，我願意照你所求的給你。我要賜給你一顆聰明和明辨的心，是前人所沒有的，後人也不會再有。你沒有求的，我也要賜給你；你一生享有的榮華富貴要比任何君王更多。』」（列王紀上3:7-13）

猶太教拉比的文獻及伊斯蘭教的文獻更擴大說，上帝很喜歡所羅門謙卑、無私、不求自己利益、關心眾人福祉的態度，因此

大大賞賜所羅門。讓所羅門有特殊能力，可以了解動植物的語言，也能管理精靈、魔鬼的世界。阿拉伯的《一千零一夜》故事裡被鎖在瓶子裡的精靈，傳說就是因得罪所羅門而受到處罰。

我們常說「萬事起頭難」，但所羅門可以說是非常幸運，有好得不得了的開始。他出生在王宮並受到最好的教育，年紀輕輕就當國王，還得到上帝加持。比起他的父親大衛，所羅門的起點實在好太多了。上帝果真實踐了祂在夢中向所羅門所說的話，使所羅門有智慧，一生享有的榮華富貴比任何君王更多。

但可惜的是，所羅門未能一生持守對上帝的忠心，最後落得身敗名裂的下場。相反地，大衛雖然沒有好的開始，一生也波折、坎坷，但因其忠心持守信仰，使他成為以色列人至今最懷念、敬佩的「永遠的國王」。

▶ 審斷疑難案件

有關所羅門的聰明才智，最膾炙人口的就是他審理兩個女人爭奪嬰兒的案件。這個故事是描述兩個住在一起的女人，前後差二天分別生下男嬰，其中一個女人不小心在夜裡睡覺時將嬰兒壓死，就趁半夜偷換了嬰兒。兩個女人都堅持活的嬰兒是自己的，最後將案子呈到所羅門面前。

聖經記載所羅門判案的過程說：「所羅門王心裡想：『她們兩人都說活著的孩子是自己的，死的是對方的。』於是他說：『給我拿一把刀來！』左右的人把刀帶進來，王就下令：『把這活著的孩子劈成兩半，一半給這個女人，一半給那個女人。』那活的孩子的母親因心疼自己的兒子，就對王說：『陛下，請不要殺這孩子，把他交給那女人好了！』但另一個女人說：

『不必給我，也不要給她；把這孩子劈成兩半吧！』所羅門王說：『不要殺這孩子！把他交給第一個女人，因為她才是孩子的真母親。』以色列人民聽到所羅門王這樣的裁決都很敬佩他；因為他們知道上帝賜給他智慧，能公平審斷案件。」（列王紀上3:23-28）

有人提出一個假設性的問題，若是兩個女人都願意將小孩給對方，那所羅門要如何分辨哪一個才是嬰兒真正的母親呢？猶太拉比說，所羅門其實早就知道哪一個女人是嬰兒的母親。他這樣進行判案，只是為了讓旁聽的人容易了解。

猶太拉比有這樣一套解說方式：其實這兩個女人不是妓女，而是婆媳。這對婆媳同住一個屋內，兩個人的丈夫都在她們生產前先後過世。依照〈申命記〉第25章所記「為去世的兄弟傳宗接代」的法律*，所羅門認定是媳婦壓死自己的嬰兒後，不願等著嫁給剛出生的小叔而情願嬰兒不要存活，所以她會說：「不必給我，也不要給她；把這孩子劈成兩半吧！」

▶ 示巴女王的拜訪

所羅門的聰明使他聲名遠播，遠在非洲的示巴（現今的衣索比亞）女王也慕名來拜訪他。示巴女王想用難題考驗所羅門，最後卻對他佩服得五體投地。根據衣索比亞傳說，所羅門與示巴女王有一夜情，示巴女王回去後生下一男孩，此男孩建立的王國有所羅門的風格。據說今日的衣索比亞境內的猶太教徒與基督教

---

* 即所謂的利未特婚姻法條（Levirate marriage）：一個男人過世而沒有留下後裔時，他的兄弟就必須娶那寡婦為妻子。多數猶太及阿拉伯婦女都很不喜歡被這法條綁住。

徒（Coptic Orthodox）是他們的後代。

▶ 建造聖殿

　　所羅門的父親大衛一心想建聖殿，上帝卻通過先知告訴他，因他殺過太多的人，建造聖殿的工作將由他的兒子去執行。大衛雖然失望，卻順服、沒有怨言。大衛還熱心為兒子所羅門準備建聖殿的資料、藍圖、材料，以及聖殿運作的制度、典章等。所羅門接手時，一切都準備就緒了，所以聖殿很順利地建造完成。

　　所羅門可說是蒙上帝與世人喜愛的幸運兒。起初他很用心於敬神愛人的本分，這可從他在聖殿建造完成、迎接約櫃入聖殿時，他對人民的訓詞、在聖殿的禱告，以及聖殿奉獻典禮等過程的所作所為來佐證（參列王紀上第5-8章；歷代志／編年紀下第2-7章）。可是當他越來越富有、越來越有名聲後，他迷失了。所羅門有很好的開始，可惜卻是以失敗收場。

▶ 所羅門的優點

　　智慧：聖經說認識上帝是智慧的開端。所羅門就任王位時，約在十五歲到二十歲之間，可說是非常年輕，而且他的周圍還有許多比他年長的同父異母兄長，他們心裡不見得接受這個弟弟搶了王位。在此種情況下，向上帝祈求智慧是最聰明的選擇。他不只抓住最有力的靠山，也變成絕頂聰明的人。

　　文字著作：所羅門不只有智慧，又有極豐富的知識。他的作品大部分已失傳，但他的智慧與知識流傳很廣，到今天世人仍然在誦讀的作品，有舊約聖經中的〈箴言〉、〈傳道書〉（訓道

篇）、〈雅歌〉以及〈詩篇〉（聖詠）中的一些詩。在聖經之外還有《所羅門詩篇》、《所羅門歌賦》等。傳說所羅門寫過三千套箴言（箴言1:7至9:18算一套）及一千零五首類似歌劇的詩歌（雅歌算一首詩歌）。

政治、經濟才能：所羅門藉由與各國王室通婚來建立政治聯盟。他娶了七百個公主，此外還有三百妃嬪。所羅門也建立強大的軍隊來鞏固國防。

在財經方面，所羅門有陸路的經商，聖經記載「王的商人控制著從慕茲黎和基利家輸入的馬匹，以及從埃及進口的馬車。他們把馬匹和馬車轉賣給赫和敘利亞諸王：馬車一輛六百塊銀子；馬一匹一百五十塊銀子」（列王紀上10:28-29）。海路方面，他有一隊遠航的船隻，聖經記載「所羅門有一隊遠航的船隻，跟希蘭王的船隊一起航行；每三年船隊回來一次，帶著金銀、象牙、猿猴等回來」（列王紀上10:22）。

▶ 所羅門的缺點

清除異己：為鞏固自己的王位，所羅門就任國王後，進行一連串血腥的肅清異己行動。首先，他藉口亞多尼雅不應該想娶最後陪伴大衛王的女子亞比莎，將亞多尼雅處死。接著他將擁護亞多尼雅的祭司免職，並將躲到約櫃旁、抓住祭壇一角的約押（約阿布）元帥殺死（依照以色列的傳統，抓住祭壇一角的人可免死，但因約押協助過亞多尼雅，所羅門竟然違背傳統，在祭壇邊將之殺死）。最後，他將曾羞辱他父親大衛的示每（史米）也殺了。

所羅門的強勢作風很快穩固了他的政權，並使國家有將近四

十年的安定與富強日子。但到他的晚年，他不再能完全掌控時，那些長期受壓制的對手開始反擊。所羅門去世後不久，國家就分裂了。

好大喜功：為了炫耀財富、軍事與外交，所羅門花大筆金錢在軍事裝備、建築以及奢侈的宮廷生活上。為了支付開銷，所羅門向人民徵重稅，又強徵迦南人後代當勞工，徵調以色列人當監工。所羅門在世時，國家的表面非常風光繁榮，但人民受苦引起的民怨卻逐漸形成，埋下所羅門死後國家分裂的禍根。

妥協拜偶像：所羅門娶了七百個公主，卻沒有要她們跟他一起敬拜他所信的上帝，他以妥協的態度，容許她們繼續拜她們的神明。於是，所羅門所娶的公主都帶著她們自己的神像進入所羅門王宮，後來所羅門也跟著拜起那些偶像。所羅門王宮可說是眾神雲集，所羅門甚至替她們建神壇。

對此，聖經記載說：「在他年老的時候，她們引誘他去拜別的神明；他沒有像他父親大衛那樣一心忠於上主——他的上帝。他拜西頓人的亞斯她錄女神和亞捫人那可憎惡的摩洛神。他得罪了上主，沒有像他父親大衛那樣完全順從上主。他在耶路撒冷東邊的山上建造一個丘壇祭拜摩押的可憎之神基抹，又建造一個丘壇祭拜亞捫人可憎之神摩洛。他又為所有的外國妻妾建造許多拜偶像的地方，讓她們在那裡向自己的神明燒香獻祭。

「雖然上主——以色列的上帝曾經兩次向所羅門顯現，命令他不可拜別的神明，但所羅門沒有聽從上主，反而離棄了他。於是上主向所羅門發怒，對他說：『因為你故意背棄我和你立的約，不遵守我的命令，我一定要把你的國奪走。』」（列王紀上11:4-11）

◆ 對當代基督徒的啟發

信仰不能妥協：想當初，所羅門在聖殿興建完成時，他在上帝面前的禱告詞以及向人民的訓詞，真的是令人敬佩的信仰楷模。誰能想到他有一天竟然跟著他的異族妻子公然拜起偶像來。所羅門的轉變不是一天形成的，起初他相信能堅持自己的信仰，可是安逸奢侈的生活逐漸侵蝕他的靈性。於是從起初的妥協，漸漸開始覺得妻子們所拜的神明更適合他的生活形態。

對今日的基督徒而言，我們每天的生活與工作中，都可能出現與我們信仰不符合的情境或誘惑。也許有時我們認為稍微妥協也無傷大雅，可是日久會成習慣，不但無法察覺我們已偏離自身的信仰，還會認為自己是找到了更恰當的路。

聰明與知識不等於智慧：所羅門因認識上帝而成為有智慧的人，他的聰明與知識隨之而來，是上帝賞賜的禮贈。後來他背離上帝，這就像一個人保留了贈品（聰明與知識）卻捨棄了正品（智慧）。所羅門晚年雖然仍保有聰明與知識，卻沒了上帝的愛心，失去智慧，這是本末倒置、捨本逐末的做法。

今天在台灣的許多基督徒家長，對子女的教育，其關心的重點常常是聰明與知識優先於信仰。我們辛辛苦苦培養出來的下一代，在知識上是學士、碩士、博士，靈性上卻是幼兒園孩童或小學生。此種風氣使我們喪失智慧，也使我們的下一代失去智慧。

◆ 對現代人的啟發

所羅門有一個好得不得了的起跑點。他有一個超級「好爸爸」，就是備受全國人民愛戴的國王大衛。大衛王不只將王位傳

給所羅門，還替所羅門儲備人才和財富，所羅門稱得上是超級「官二代」及「富二代」。挾此先天優勢，加上他自己的努力，所羅門的前半生確實做得有聲有色，聲名遠播，人神共賞。

　　所羅門攀上人生高峰後，在眾人的掌聲中逐漸迷失而走偏了。他得意忘形，認為他的成功是靠著他自己的聰明才智，忘記了許許多多拉拔他的手。飛得越高，確實可以看得越遠，但若不存戒慎恐懼的心，就容易爬得越高，摔得越重。就像風箏越飛越高時，若與地面拉著風箏的那雙手失去連結，必定會失去方向，最後重重摔下。所羅門的後半生偏行己路，辜負了上天給他的豐盛資源，不但沒有造福世人，還成為禍國殃民的國王，真是令人惋惜。

　　所羅門的一生，從令人羨慕的家世背景及上帝祝福開始，活出了符合自己名字「所羅門」（平安）或「耶底底亞」（上主所疼愛的）的生命樣式。他帶給自己及國家平安與穩定，一直到他完成耶路撒冷聖殿的興建為止，他都謹守對上帝的信仰。可惜當他進入生命的高峰時，誘惑也在不知不覺中讓他逐漸偏離正道。他忘了起初向上帝所說「求你賜給我一顆善於識別的心，能判斷是非，好治理你的人民」的心願，他抽重稅，讓人民喘不過氣來。他連自己的是非也看不清楚，失去一顆善於識別的心。

　　他的晚年背離上帝，也失去民心，可說是「死於安樂」的負面案例。所羅門的一生可提醒世人，在順境時要存感恩的心，更要警惕自己是否失去起初的愛心，是否忽視了周遭需要我們關心的人事物。所羅門的一生也提醒世人，有好的開始固然值得感恩慶幸，更重要的是如何有始有終。上台靠機會，下台靠智慧。人的一生，能夠優雅地下台謝幕，就是最大的祝福。

FILE.11

———•———

保羅

外表矮小平凡，作為卻大大不凡

　　基督宗教的教會歷史中，除了耶穌基督之死與復活之外，影響教會最重大的事件，可能是保羅（保祿）的歸信與他的傳揚耶穌基督。目前我們所知有關保羅的資料，主要是根據新約聖經中的〈使徒行傳〉（宗徒大事錄）及所謂保羅書信。

▶ 保羅的身世及成長背景

　　大約在公元4至10年之間，保羅出生在基利家（基里基雅）的大城市大數（塔爾索，今土耳其境內），在耶路撒冷長大受教育。他自幼接受嚴格的宗教教育，並成為最有名的學者迦瑪列（加瑪里耳）的門生（參使徒行傳22:3）。他和他的父親都是嚴守摩西（梅瑟）法律的法利賽人，所以他說自己是法利賽人中的法利賽人（參使徒行傳23:6）。他屬於便雅憫（本雅明）支族，自稱是希伯來人中的希伯來人（參腓立比書／斐理伯書3:5）。

　　根據一本叫《*Epistle of Paul and Thecla*》的次經（約寫於第二世紀，當時曾被認為是可信的）所描述，保羅的外表不好看，個子特別矮小，禿頭又鸚哥鼻＊，弓形腿。他講話不流利，字也寫得難看。他的對手為羞辱他，給他取綽號叫保羅（Paul），希臘語的意思是「矮小」（相當於台語的矮仔猴）。甚至也有學者認為，保羅說他身上的刺是指他常被取笑的外表。

　　他的本名叫掃羅（掃祿），與屬於便雅憫支族的以色列第一位國王同名，又名保羅。保羅可能有一個姊姊，結婚後住在耶路撒冷，保羅十五、六歲去耶路撒冷受教於迦瑪列時期，很可能是住在那個姊姊家（參使徒行傳23:16-22）。保羅的父親應該是相當有錢、有地位的人，才有辦法讓保羅生下來就具有不是那麼容易獲得的羅馬公民身分（參使徒行傳22:24-29）。

　　保羅的羅馬公民身分，使他被捕後有權要求直接由凱撒皇帝審理他的案件。他藉著被移送的機會，得以到達羅馬，還獲得禮遇，與看守他的兵士另租房子住。至少有兩年時間，保羅在那裡傳揚耶穌基督。傳說他曾獲釋放，然後又被捕，可能在公元67年被尼祿皇帝處死。

　　保羅出生的城市大數，位於一個富庶的平原，距離地中海很近，又有一條西得納河流過該城、注入地中海，使該城成為當時基利家的商業、文化、宗教中心。在這種繁華商業都市中成長，讓保羅有機會接觸到東西方的各色人種、各種文化。因為保羅的父親是相當嚴謹的法利賽派以色列人，所以他們雖然僑居在基利家，卻仍保持希伯來的語言、信仰、文化。

　　保羅說他從小就遵守摩西的一切法律。他不但精通希伯來

＊ 編注：台語，形容鼻子形狀像鸚哥的嘴，形狀又挺又長，鼻端往內鉤。

語，也精通希臘語。我們看出保羅此種身世背景，真的是初代教會把耶穌基督傳給非以色列人的不二人選。〈使徒行傳〉就提到，保羅能流利地用希伯來語跟控訴他的猶太宗教領袖說明，也能用希臘語在雅典及其他希臘城市跟那些希臘哲學家辯論。

▶ 歸信前的保羅

從上面的資料，我們可看出歸信前的掃羅（掃羅），是一個積極、熱心於維護傳統猶太信仰的人。他堅信上帝的救贖專屬於以色列人，其他民族是無份的。他不但受教於當時最有名的法利賽派學者迦瑪列，也積極參與猶太教的護教活動，頗具企圖心，想在這個信仰團體獲得地位。

他極力摧殘跟隨耶穌的信仰團體——這個團體被稱為基督徒以前，是被稱為「道」的追隨者，虔誠的猶太教徒視其為異端，所以掃羅迫害跟隨耶穌之「道」的團體乃「理所當然」（參加拉太書／迦拉達書1:13-14）。司提反（斯德望）殉教事件他在場，也贊同（參使徒行傳7:58-60）。

掃羅迫害「道」的追隨者，此迫害行動在他向大祭司申請並發給大馬士革各會堂准許逮捕令時達到高峰，然後情勢急轉直下，他遇到復活的耶穌，聖經記載說：「掃羅繼續用凶煞的口氣恐嚇主的門徒。他去見大祭司，要求發給致大馬士革各猶太會堂的文件，准許他搜捕跟從主道路的人，無論男女，都押解到耶路撒冷去。

「在往大馬士革去的途中，快到城裡的時候，忽然有一道光從天上下來，四面照射著他。他仆倒在地上，聽見有聲音對他說：『掃羅，掃羅！你為甚麼迫害我？』他就問：『主啊，

你是誰？』那聲音回答：『我就是你所迫害的耶穌。起來，進城裡去，有人會把你所該做的事告訴你。』跟掃羅同行的人都站住，說不出話來；他們聽見聲音，卻看不見人。」（使徒行傳9:1-7）大馬士革事件可能是在公元34年左右發生。

▶ 歸信後的保羅

　　掃羅在大馬士革遇見復活的耶穌後，在亞拿尼亞（阿納尼雅）的帶領下歸信耶穌。在大馬士革休息、恢復健康後，他除了從當地信徒那裡學習耶穌基督的「道」，也隱居到阿拉伯，沉思默想主的道（參加拉太書1:17）。他開始傳有關耶穌基督的福音，也經安提阿的傳道人巴拿巴（巴爾納伯）邀請，去該地一起工作、學習一整年。

　　跟隨耶穌基督的門徒被稱為「基督徒」是從安提阿（安提約基雅）開始的（參使徒行傳11:25-26）。大馬士革事件三年後，掃羅已裝備好自己做傳福音的工作，他上耶路撒冷（信主後第一次），由巴拿巴引見使徒，並和彼得（伯多祿）一起住了十五天（參使徒行傳9:26-27、加拉太書1:18）。再過幾年，他與巴拿巴再度一起上耶路撒冷，將安提阿教會的愛心捐款帶給耶路撒冷受饑荒之苦的信徒（參使徒行傳11:29-30）。

　　完成到耶路撒冷的任務後，他與巴拿巴一起回到安提阿教會。然後聖靈要他們帶著馬可（馬爾谷）一起出去傳福音，這就是後來所稱第一次旅行傳道。

　　保羅前後有三次旅行傳道，走遍地中海沿岸現今屬於土耳其、希臘的許多城市，在那裡建立教會。最後再藉著上訴羅馬皇帝的機會，到羅馬傳福音，最後在羅馬殉教。傳說保羅是在埃圭

賽維（Aquae Saviae）刑場被斬首，君士坦丁大帝在此處建了保羅的殉道紀念堂，稱為「城外聖保羅大殿」（城外聖保祿大殿）。

由梵蒂岡委派的考古學家於2006年在羅馬的「城外聖保羅大殿」祭壇下發現刻有拉丁文碑文「Paolo Apostolo Martyr」（殉道者使徒保羅）的石棺。經採用碳14測試法對微小骨片進行了檢測，確定這些骸骨屬於公元一世紀或二世紀時期，與使徒保羅殉道的年分吻合。根據嚴謹的遺物遺骨科學分析，教宗本篤十六世於2009年6月28日宣布，在「城外聖保羅大殿」祭壇下發現的石棺內之骸骨，初步證實屬於使徒保羅本人。

保羅在傳道期間寫了許多信給各地教會，這些信被收入新約聖經，成為篇幅僅次於四福音書的重要書卷。這些書信也成為基督宗教信仰及神學的重要架構。從他歸信基督耶穌到被處死，約略三十多年的時間，保羅能做出這麼多事蹟，應與他所具的人格特質有關。下面我們就來看看保羅有哪些人格特質。

保羅的人格特質

堅持（Persistent）：根據有名的保羅學學者威廉·拉姆齊爵士（Sir William Ramsay）的研究，保羅歸信耶穌基督可能是在公元34年，而他被尼祿處死是公元67年。所以保羅大約是三十歲左右開始傳耶穌基督的福音。在這三十四年間，他到過五十個城市傳道，行程超過二萬公里（台北與洛杉磯往返之距離），大部分是坐船行駛在地中海，也橫過愛琴海及亞得利亞海，其中也包括上千公里的陸路跋涉。

當時在地中海行船是相當有危險性的旅行，加上經常面對不友善的人，其辛苦可想而知。可是從他寫給各教會的書信內容來

看，他沒有訴苦抱怨，反而甘之如飴。從歸信之後，他視世界如糞土，只知要傳耶穌基督，不傳別的，而且堅持到他殉教離世為止。保羅此種堅持個性，也可從他歸信前執著於為猶太教所做的付出看出端倪。保羅的堅持個性，有時甚至讓人覺得他是有點「強迫性人格」。

勇氣（Courageous）：上面提過在地中海航行的危險性，保羅不是偶爾乘船，而是長期坐船旅行，當然需要勇氣。更可怕的是他還多次遭毒打，甚至是被「丟屍」到城外。保羅到處傳福音、建立教會，可是幾乎他一離開，緊接著就有人去扯他後腿。保羅稱那些人為自以為是的「超等使徒」，那些人為自己誇口，又貶低保羅。保羅實在氣不過，於是在寫給哥林多（格林多）教會的書信中提到，若要誇口，他絕對比任何一位所謂的「超等使徒」還有誇口的資格。

他舉出他為耶穌基督所吃過的苦頭說：「他們是基督的僕人嗎？說句狂話，我更是！我的工作更辛苦，坐牢的次數更多，更常受鞭打，更多冒生命的危險。我被猶太人鞭打過五次，每次照例打三十九下；被羅馬人用棍子打過三次，被人用石頭打過一次，三次遭遇海難，一次在水裡掙扎過二十四小時。在屢次旅行中，我經歷過洪水的危險，盜賊的危險，來自猶太人和來自外邦人的危險，又有都市裡的危險、荒野間的危險、海洋上的危險，和假弟兄姊妹所造成的危險。

「我又有工作上的勞碌困苦，常常徹夜不眠，忍受飢渴，缺乏食物，沒有住處，衣不蔽體。這且不說，我還為各教會的事掛慮，像重擔一樣天天壓在我的身上。有誰軟弱，我不軟弱？有誰失足犯罪，我不滿懷焦慮呢？如果我必須誇口，我寧願誇耀那些顯示我自己軟弱的事。我們的主耶穌的父上帝是

那位永遠當受頌讚的；他知道我不撒謊。當我在大馬士革的時候，亞哩達王手下的總督派警衛把守各城門，要逮捕我。但是有人用大籃子從城牆的窗口把我縋下，使我逃脫了他的手。」（哥林多後書11:23-33）

保羅在他三十多年的傳道生涯中，經歷了許多危險。身為一個有血有肉的人，他當然也會害怕，他的勇氣正表現在雖然會害怕，卻仍然繼續去面對。為了耶穌基督的緣故，保羅願意面對、承擔那些令他產生害怕情緒的各種處境。其實，如果一個人甚麼都不怕、沒有害怕的情緒經驗，那並不是有勇氣，反而可能是有人格障礙。

真理不能妥協（Uncompromising）：為了維護真理，保羅不惜與混進教會的「假信徒」宣戰。他寫給加拉太教會的書信中曾這樣說：「十四年後，我跟巴拿巴回到耶路撒冷去，並帶著提多同行。我上耶路撒冷去是遵照主的啟示；在私下會見那些領袖的時候，我向他們說明我在外邦人中所傳的福音。我不願意我過去或目前的工作落空。

「跟我同去的提多，雖然是希臘人，也沒有被迫接受割禮。但有些人假裝信徒，偷偷地加入教會，要他接受割禮；這些人像偵探似的混進來，要偵察我們因信基督耶穌而享有的自由，為的是想奴役我們。可是，為了要替你們保存福音的真理，我們對這班人毫不讓步。」（加拉太書2:1-5）

為了維護真理，他不願意和稀泥妥協，甚至敢當面指責比他資深的使徒彼得在某些事情上失去原則（參加拉太書2:11-14）。

領導能力（Leadership）：保羅歸信耶穌基督前，是赫赫有名的迫害基督徒的大將。因此他必須具有相當好的領導能力，才能扭轉之前他給這個新的信仰團體所留下的負面印象，並進而獲

得信任，去向非猶太人傳揚耶穌基督。更重要的是，他以極少的人力、物力，在短短二、三十年時間，將耶穌基督成功地介紹給世人。

透過溝通、耐心與謙讓，他不只獲得耶路撒冷教會（主張猶太人優先的猶太人教會大老及信徒）的接納，還說服耶路撒冷教會放棄猶太人最堅持的割禮，容許非猶太人可以免受割禮就成為這個新的信仰團體的一分子。這件事情的經過記載於〈使徒行傳〉第15章的耶路撒冷會議，在該會議中有非常激烈的辯論，最後由主席雅各（耶穌的弟弟）做總結，同意非猶太人可以免受割禮（參使徒行傳15:4-21）。我相信在正式會議前，保羅已私下努力做過溝通，才能獲得此結果。保羅在寫給加拉太教會的書信中，隱約提到了此事的溝通事宜（參加拉太書2:1-2）。

法利賽派的信徒雖然在耶路撒冷會議辯論中敗下陣來，可是他們吞不下這口氣，種下日後他們緊咬保羅不放的報復種子。我們知道，後來幾乎所有保羅傳道建立的教會，只要保羅一離開，立刻就會有一批人進來惡意詆毀保羅。這批人說保羅沒資格當使徒，說保羅所主張的「非猶太人不需要受割禮」是錯誤的教導。有些研究保羅的學者認為，這批人對保羅的打壓幾乎到了如影隨形的地步，讓保羅非常困擾。這些學者也認為，保羅三次求主移除的刺是指這件事，而非身體的疾病。

謙卑（Humility）： 保羅在歸信耶穌基督前，是一位非常高傲、自以為是的法利賽人，具有做事非常強勢的個性。歸信之後，他在維護主的真理上仍然不失其強悍作風，但在待人處事及上帝的面前，保羅有非常大的改變，變得非常謙卑。他自稱是使徒中最微小的，不配稱為使徒（參哥林多前書15:9、以弗所／厄弗所書3:8），他也自稱是罪人中最壞的一個（參提摩太／弟茂

德前書 1:15）。

　　保羅從一個狂傲的人，變成稱自己是罪人中最壞的一個，可看出他已徹底改變成一個虛己的人。此改變要靠人自己的力量不容易做到，信仰的力量卻能！

　　保羅在他的書信中多次提到，他是親自從復活的耶穌領受裝備，而不是從其他的使徒受教的。他的宗教教育背景、知識也確實遠超過其他使徒。當安提阿教會出現「非猶太信徒是否需要接受割禮才能得救」的爭論時，教會建議他去請示耶路撒冷的使徒和長老們。保羅雖知強求非猶太信徒接受割禮之不合理，但他沒有擺出高姿態，他仍然以謙讓的態度接受耶路撒冷的建議。他相信他能說服耶路撒冷當局認同他的看法。

▶ 保羅身上的刺

　　保羅在〈哥林多後書〉提到，他經歷過許多奇特的啟示，以及有一種病痛一直糾纏他。他說：「為了使我不至於因得到許多奇特的啟示而趾高氣揚，有一種病痛像刺糾纏在我身上，如同撒但的使者刺痛我，使我不敢驕傲。為了這件事，我曾經三次祈求主把這刺移去，他卻回答我：『你只要有我的恩典就夠了；因為我的能力在你軟弱的時候顯得最剛強。』

　　「因此，我特別喜歡誇耀我的軟弱，好使我覺得基督的能力在保護著我。為了基督的緣故，我樂意忍受軟弱、侮慢、困苦、艱難，和迫害；因為我甚麼時候軟弱，甚麼時候就剛強。」（哥林多後書 12:7-10）

　　這個讓保羅這麼堅強的人長期大感困擾的刺，到底指的是甚麼呢？不少解經學者及醫學界的人對此問題產生興趣。他們的研

究結果可分為兩類，一類主張困擾保羅的刺是身體的疾病，另一類主張它是象徵性、精神上的痛，而非肉體的疾病。

　　長期以來教會的傳統看法認為，困擾保羅的刺是身體的疾病。古愛爾蘭人把癲癇叫做「聖保羅病」（Saint Paul's disease），似乎告訴我們，教會中不少人認為保羅有癲癇病。持此種看法的人，將保羅在大馬士革看到光、跌倒在地，然後又自己從地上爬起來，三天看不見東西等經過，以癲癇發作及發作後暫時失明作為解讀。

　　臨床上看到的癲癇案例，在所謂大發作（grand mal epilepsy）時，跌倒在地，然後又自己從地上爬起來，是常見的現象。先看見閃光，然後抽筋，或抽筋過後呈現暫時失明的案例報告也是有。所以，認為保羅患有癲癇似乎言之有理。可是，如果保羅患有癲癇，當時地中海沿岸普遍認為癲癇是邪靈附身所引起的，有這種習俗，我們很難想像保羅要如何「特別喜歡誇耀我的軟弱」。我們也很難理解上帝要如何通過此軟弱，讓保羅呈現上帝力量同在的剛強。

　　另一種常聽到的說法，認為保羅身上的刺，是指他的眼疾。持此種看法的人舉〈加拉太書〉的一段話作為佐證：「你們知道，因為我身體有病，我才有初次向你們傳福音的機會。雖然我的病況使你們困擾，但是你們並沒有厭煩我，丟棄我。相反地，你們接待我，像接待上帝的天使，像接待基督耶穌。當時你們多麼高興，現在又怎樣呢？我可以這麼說，那時候，你們即使把自己的眼睛挖出來給我也是願意的！」（加拉太書4:13-15）

　　持此觀點的人認為，這些人願意把自己的眼睛挖出來給保羅，乃是暗示保羅有嚴重的視力問題。他們指出保羅在〈加拉

太書〉6章11節提到「你們看，這些大的字是我親筆寫給你們的」，乃是因保羅視力很差，所以書信的字寫得很大。

另外，〈使徒行傳〉的一段記載也被用來支持保羅的疾病是眼疾：「保羅定睛注視議會的人……大祭司亞拿尼亞吩咐侍從打保羅的嘴巴。保羅對他說：『你這粉飾的牆，上帝要擊打你！你坐在那裡是要根據法律審判我，而你竟違背法律，吩咐他們打我！』站在旁邊的人說：『你竟侮辱上帝的大祭司！』保羅說：『同胞們，我不知道他是大祭司；聖經說過：不可毀謗治理人民的長官。」（使徒行傳23:1-5）

保羅雖然歸信耶穌基督，但他仍然遵行猶太教傳統，不敢對大祭司沒禮貌。合理的解釋是他的視力太差，認不出大祭司，才會用「你這粉飾的牆」這種重話罵那個下令打他的人。不過，比起視力差帶來的不方便之苦，保羅經歷過的各種苦頭不知大了多少倍，單單為了視力差就一再要求主將之移除，這種做法與保羅個性是不符合的。

有一種看法不太被提及，卻比較合情合理、也符合保羅自己的言詞，就是認為保羅的問題出在「語言障礙症」（speech disorder）。保羅是一位到處旅行傳道的人。有甚麼疾病會比語言障礙症更影響他的工作呢？如果保羅有語言障礙症，那對他的講道工作確實大大不方便，對以演講傳遞信息為任務的人來說，這確實是很大的軟弱，也符合他說的「為了使我不至於因得到許多奇特的啟示而趾高氣揚，有一種病痛像刺糾纏在我身上，如同撒但的使者刺痛我，使我不敢驕傲」。

持此種看法的人，舉兩段經文做佐證，認為保羅有此障礙症。一段是：「弟兄姊妹們，我從前到你們那裡去，並沒有用甚麼華麗的詞藻或高深的學問對你們宣講上帝的奧祕。」（哥

林多前書2:1）另一段是：「我相信我沒有哪一點比不上你們的那些『超等使徒』！我或許不善詞令，可是在知識上並不比別人差；這一點，我在各樣事上隨時都向你們表明過了。」（哥林多後書11:5-6）

　　保羅若真的不善辭令，而上帝呼召他去做的任務偏偏又是要演講，難怪保羅會一直求上帝除去此軟弱。上帝要一個不善言辭的人去傳達他的信息，舊約聖經的摩西就是個例子。保羅不善辭令的軟弱，正好能呈現上帝的剛強，這軟弱也是使保羅可以在人面前誇耀、做見證的地方。但不贊成此觀點的人，認為保羅能在雅典與那些希臘哲學家辯論，他不可能是不善辭令的人，反而應該是一個善於雄辯的人。

　　至於認為那根刺是象徵性、指精神上之痛的主張者，也有多種說法。首先，是認為那根刺是指他傳道過程中不斷遭受的苦難、逼迫或被扯後腿，這一點在前面討論保羅人格特質的「勇氣」時已有詳細說明。第二種說法，是保羅為了對付一再出現的打壓，擔心自己在辯護其使徒身分時，會不知不覺陷入過度炫耀自身特殊啟示經歷的虛榮之中。

　　第三種說法，是性方面的情慾引誘。保羅雖然是忠心事主的傳道人，但也會受到人的情慾困擾與引誘，所以保羅需要小心翼翼，求主除去此慾念。從教會歷史一再出現的神職人員性醜聞中，多少也能讓人了解為甚麼有人會主張「情慾引誘就是那根刺」這種說法。

▶ 對現代人的啟發

　　保羅一生的行事風格，可以用「嚴以律己」和「擇善固執」

來描述。嚴以律己的態度使他無論學甚麼、做甚麼，都能嚴謹不馬虎。擇善固執的個性使他能在百般困難的壓力下，不致半途而廢，仍然勇往向前。此種行事為人，使保羅做甚麼、像甚麼。

在他歸信耶穌基督前，他是嚴守摩西法律的猶太人。雖然出生在國外，他卻比留在巴勒斯坦的猶太人更像猶太人。他在僑居地努力接受教育，但也沒有因為出生在國外，就忽略了祖國文化。他特別回到耶路撒冷，在當時最有名的學者迦瑪列門下學習最嚴謹的摩西法律。

當時的猶太人認定耶穌和他的跟隨者違背了摩西的教導，因而加以圍剿、迫害。保羅從青少年時期開始就參與迫害耶穌的跟隨者，起初只是站在旁邊搖旗吶喊，後來成為追捕耶穌跟隨者的急先鋒。就保存猶太傳統文化與信仰的立場，保羅絕對是當時留在國內及旅居世界各地的猶太人中的佼佼者，他是名符其實的嚴守猶太傳統文化與信仰的所謂法利賽人。

比起保羅的年代，現代人更有機會移民到國外。以台灣為例，世界各地都有台灣移民，尤其在北美洲更多。許多台灣移民落地生根，融入當地的生活，且有傑出的表現。他們生活在各國，活出該地住民應有的樣貌，成為好公民。可是只要他們願意用心，在文化上，他們仍然能有台灣心，能從各地為台灣發聲，甚至成為發揚台灣文化的佼佼者。

保羅在歸信耶穌前會那麼執著於追捕信耶穌的人，也是出於他的擇善固執。以當時猶太人的信仰來衡量，努力消滅任何不照字面遵守摩西法律的猶太人，就是上帝忠誠子民應做的事。值得慶幸的是，保羅雖擇善固執，卻不是頑固不講理的人。當他的心被耶穌摸著時，他能重新思考衡量他原以為的「善」是否有偏差。再經由耶穌的信徒亞拿尼亞的引導，他領悟到跟隨耶穌、傳

揚耶穌所教導的愛才是善。

　　從那一刻開始，直到他被羅馬皇帝判死刑斬首，有三十多年的時間，他全心投入傳揚福音。他行遍地中海沿岸，歷盡各種天災人禍，賠上他在世上的一切名利，朝著標竿直奔。身為更自由的現代人的我們，應該思考自己是否有著如保羅一般的擇善固執，以及為了自己的信念、夢想而勇往直前的勇氣與拼勁呢？

FILE.12

———————— ● ————————

施洗者約翰

特立獨行的苦修者

施洗者約翰（洗者若翰）是基督宗教和伊斯蘭教都很尊重的先知。根據新約聖經的記載，施洗者約翰是與耶穌同一時期活躍於巴勒斯坦的聖經人物。兩人出生的時間相差約六個月，兩人都因指責當時腐敗的宗教及社會風氣，得罪掌握權勢的當權者，喪失了他們的生命。耶穌稱讚施洗約翰說「在人間沒有比約翰更偉大的人」，而在人間與天國，則是找不到比耶穌更偉大的了。

▶ 施洗者約翰的家庭與成長背景

根據〈路加福音〉的記載，施洗者約翰與耶穌可能是表兄弟的關係。施洗者約翰的父親名叫撒迦利亞（則加黎雅），是猶太人的祭司；他的母親名叫伊利莎白（依撒伯爾），是耶穌的母親馬利亞的親戚。

在上帝眼中，撒迦利亞和伊利莎白兩個都是正直的人。兩人

已年老，卻沒有孩子。有一天，撒迦利亞值班，抽籤得到進入聖殿上香的機會。正在上香的時候，有天使來對他說：「撒加利亞，不要怕！上帝垂聽了你的禱告；你的妻子伊利莎白要給你生一個兒子，你要替他取名叫約翰。你要歡喜快樂；許多人也要為他的誕生而喜樂。在主的眼中，他將是一個偉大的人物。淡酒烈酒，他都不可喝。在母胎裡，他就要被聖靈充滿……他要做主的先驅……他要幫助人民來迎接主。」（路加福音1:13-17）

　　撒迦利亞對天使所說的話表示無法置信，就說：「我憑甚麼知道這件事呢？我已經老了；我的妻子也上了年紀。」（路加福音1:18）天使因此說：「因為你不相信我所說……你將變成啞巴，直到我的應許實現的那一天才能說話。」（路加福音1:20）

　　施洗者約翰出生滿一星期後接受割禮，並被命名為約翰。就在這時候，撒迦利亞又能說話了。從〈路加福音〉第1章記載撒迦利亞的預言內容，相信施洗者約翰應該是有受過很好的宗教教育。他的父母一定很用心教養他，培養他將來能「作主的前驅，為他預備道路」。果然約翰長成身心強健的人，後來他選擇住在曠野，一直住到他在以色列人中公開活動的時候（參路加福音1:67-80）。

▶ 在曠野傳道

　　四本福音書都提到施洗者約翰在曠野的傳道工作。聖經這樣描述他在曠野的生活：「約翰穿著駱駝毛的衣服，腰間繫著皮帶；吃的是蝗蟲和野蜜。」（馬可／馬爾谷福音1:6）他淡酒烈酒都不喝，過最簡樸的生活，這種苦修的生活和舊約聖經所描述

的離俗人（拿細耳人）生活類似。在當時，另有一群稱為愛色尼派的猶太人，他們也過著苦修的生活。愛色尼派的猶太人過的是團體生活，穿白色衣服，每天要沐浴好幾次。後來聖經考古學者發現羊皮聖經手抄本（死海卷軸）的所謂昆蘭團體，應該就是愛色尼派的猶太人。

施洗者約翰有可能與愛色尼派的猶太人有密切來往，但從其生活方式可認定他不是愛色尼派的猶太人。施洗者約翰一出道，就在曠野大聲疾呼，要人們悔改，接受洗禮。「群眾從耶路撒冷、猶太全境，和約旦河一帶來到他跟前。他們承認自己的罪，約翰就在約旦河為他們施洗。」（參馬太／瑪竇福音3:5-6）

▶ 謙卑謹守自己的身分

當約翰在曠野傳道，撼動各地人心的消息傳到耶路撒冷，猶太宗教高層就派遣祭司和利未人（肋未人）去見約翰，想要知道他是誰以及為甚麼施洗。約翰坦白回答說他不是基督，也不是以利亞（厄里亞）或是猶太人在期待的那位先知。

以約翰當時如日中天的聲望，無論他宣稱自己是基督、以利亞或那位先知，民眾是都會接受的。可是約翰謙卑謹守自己的身分，清楚表明自己只是主的開路先鋒。至於為甚麼施洗，他也清楚說明自己是用水施洗，有一位比他更偉大、在他之後來的，會用聖靈給人洗。約翰說：「他在我以後來，我就是替他脫鞋子也不配。」（約翰／若望福音1:27）

當耶穌走近約翰施洗的地方，約翰一看到，就對群眾說：「看哪，上帝的羔羊，除掉世人的罪的！」（約翰福音1:29）約翰明知如此做會降低自己在群眾眼中的地位，但為了真理，他

沒有私心，做了他該做的事。甚至第二天，當他看見耶穌經過時，特地再一次向他身旁的兩個學生說：「看哪，上帝的羔羊！」（約翰福音1:36）還讓那兩個學生去跟隨耶穌──其中一位就是彼得（伯多祿）的弟弟安得烈（安德肋），他也把彼得去見耶穌。

　　當愈來愈多的人往耶穌那邊去的時候，約翰的學生為老師抱不平而告狀說：「『老師，你看，從前跟你在約旦河對岸，你為他作見證的那一位，現在也在施洗，大家都找他去了！』約翰說：『除非上帝有所賞賜，沒有人能得到甚麼。我曾經說過，我不是基督；我不過是奉差遣作他的前驅。這話你們可以為我作證。娶新娘的是新郎；新郎的朋友站在旁邊聽著，一聽見新郎的聲音就歡喜快樂。同樣，我已經得到了完全的喜樂。他必定興旺，我卻必定衰微。』」（約翰福音3:26-30）這是何等的心胸！

　　聖經記載耶穌也在約旦河受約翰的洗禮：「那時候，耶穌從加利利往約旦何去見約翰，要請他施洗。約翰想改變他的主意，就說：『我應當受你的洗禮，你反而來找我！』可是耶穌回答他：『我們暫且這樣做吧，因為這樣做是實行上帝的要求。』於是約翰答應了。耶穌一受了洗，從水裡出來，天為他開了；他看見上帝的靈好像鴿子降下來，落在他身上。接著，從天上有聲音說：『這是我親愛的兒子，我喜愛他。』」（馬太福音3:13-17）

　　這是一幅見證三位一體的畫面，有上帝的聲音、聖靈好像鴿子降下來，落在他（聖子）身上。施洗約翰為耶穌施洗啟動了這個畫面。此畫面帶給我們今日的基督門徒一個教導，就是每當我們做了蒙主喜悅的事，人們就會從我們的舉止行為中看到三位一

體的上帝。

▶ 粗獷、正直、剛烈的個性

約翰的父母從天使預告他們將會老年得子的話語中，領受到他們要以離俗人（拿細耳人）的生活方式來養育約翰。根據〈民數記〉（戶籍紀）第6章的記載，所謂離俗人是一種誓約，許願在某一段時日過特定的生活。在此期間，立下誓約的人淡酒烈酒都不喝，也不吃喝任何與葡萄有關的食物，不剃頭、刮鬍子。

通常過了誓約期，就恢復一般的生活，可是約翰的父母卻一直將約翰當離俗人教養。後來約翰又選擇住在曠野，所以他除了繼續離俗人的淡酒烈酒都不喝外，也回歸大自然的生活方式，讓他發展出粗獷、正直、剛烈的個性。

他對那些來要求受洗的法利賽人和撒都該人，以嚴厲的口吻說：「你們這些毒蛇，上帝的審判快到了，你們以為能夠逃避嗎？要用行為證明你們已經悔改。不要自以為亞伯拉罕是你們的祖宗就可以逃避審判……斧頭已經擱在樹根上了，凡不結好果子的樹都要砍掉，丟在火裡。我用水給你們施洗，表示你們已經悔改；但是，在我以後來的那一位要用聖靈和火給你們施洗。他比我偉大多了，我就是替他提鞋子也不配。他手裡拿著簸箕，要揚淨穀物，把麥子收進倉庫；至於糠秕，他要用不熄滅的火燒掉！」（馬太福音3:7-12）

約翰的名聲很快在猶太人的圈子中傳開，希律王（黑落德王）聽到這消息，也想看看這個人，聽聽他到底講些甚麼道理，想了解為何那麼多人被他吸引。沒想到施洗者約翰和希律見面時，一點也不留情面，屢次當面斥責希律說：「你佔了你兄弟的

妻子（希羅底）是不對的！」因此希羅底（黑洛提阿）對約翰懷恨在心，想要殺他，卻不能如願。因為希律知道他是一個正直聖潔的人，要保護他。

希律每次聽了約翰的講論，都會非常不安，不過他仍然喜歡聽他談論（參馬可福音6:18-20）。也許希律除了感受到施洗者約翰的魅力外，還存些希望，想透過見面三分情，拉攏約翰。他可能覺得讓猶太人看到他禮遇他們心目中的偉大先知約翰，可緩和民眾對他娶希羅底的不滿。可是希律面對的是正直、剛烈的約翰，一點妥協的餘地也沒有。最後，希律為了討好希羅底，在忍無可忍的情況下，下令逮捕約翰，把他關在監獄裡。

▶ 從精神健康的角度看施洗者約翰的沮喪

「約翰在監獄裡聽見了關於基督的工作，就派他的門徒去見耶穌，問他：『你就是約翰所說將要來臨的那一位，或是我們還得等待另一位呢？』」（馬太福音11:2-3）前不久，約翰不是還那麼有自信地向眾人介紹耶穌，說耶穌是上帝的羔羊嗎？現在他為甚麼動搖了？也許耶穌的行事風格不同於約翰所期待的，耶穌就曾說：「約翰來了，不吃不喝，大家說：『他有鬼附身！』人子來了，也吃也喝，大家卻說：『他是酒肉之徒，跟稅棍和壞人交朋友！』」（馬太福音11:18-19）

約翰習慣「離俗人」式的生活，淡酒烈酒都不喝，並住在曠野。可是耶穌一開始所行的神蹟卻是在迦拿婚筵中，將水變成酒。約翰習慣在郊外約旦河邊傳道，耶穌卻是穿梭在各城市傳道。他們兩人的生活及傳道方式，實在非常不一樣。換句話說，施洗約翰心目中的基督是一個威武、大有能力的人，而耶穌開始

傳道不久，約翰就被關進牢裡，沒有機會深入了解耶穌的工作。

我認為，造成約翰疑慮的最重要原因，是他被關在監獄這件事。更關鍵的問題是一向自由自在、生活在曠野的人，突然被丟進牢房、失去自由，也失去任何社會支持，一旦被關的日子久了，又見不到救援，人就會變得沮喪，對過去的種種起懷疑，終致發展成憂鬱症。憂鬱症者常對過去的生活無法做平衡的評估，傾向只挑選不好的經驗，並將它扭曲放大，因此看不到生命的意義及目的，不再相信以往覺得有價值、有意義的事。

因此，施洗約翰對耶穌的身分起懷疑是可理解的。耐心陪伴是給處於憂鬱狀態的人最好的幫助。無論是身體或心靈被關在牢房的人，他們需要有人探監、有人作伴。然而，施洗約翰是因得罪希律王而被下監的，雖然有心關懷的人不少，可是礙於希律的權勢，敢去探視的人可能少之又少，這對處於憂鬱狀態的人而言，多少會產生負面的影響。

▶ 施洗者約翰之死

終於，希羅底等到一個報復的機會了。當希律生日大宴賓客，希羅底的女兒莎羅美出來跳舞，博得希律的歡心，希律說無論她要求甚麼禮物，他都會給。邪惡的希羅底就唆使女兒，向希律索取施洗者約翰的頭作為獎賞。

根據〈馬可福音〉6章25-29節的記載：「女孩子立刻回來見王，請求說：『求王立刻把施洗者約翰的頭放在盤子裡，給我！』王聽見這個請求，非常苦惱；可是他已經在賓客面前發誓，不願意拒絕女孩子的請求，於是他立刻命令侍衛去拿約翰的頭來。侍衛出去，到監獄裡，斬下約翰的頭放在盤子裡，帶

回給希羅底的女兒；女兒拿去交給母親。約翰的門徒聽見這消息，就來把約翰的屍體領走，葬在墳墓裡。」

究竟施洗約翰埋葬在哪裡呢？伊斯蘭教認為，施洗者約翰的墳墓是在敘利亞大馬士革的伍麥葉清真寺。但有關施洗者約翰的墳墓有各種不同傳說，著名的猶太歷史學者約瑟夫認為施洗約翰的屍體被扔出堡壘、暴露在野外，所以沒有墳墓。

文學家王爾德以聖經施洗者約翰的故事為基礎，加添了一些傳說野史，撰寫出不朽名劇《莎樂美》。在這劇本中，不只希律王受約翰吸引、對約翰又愛又恨，莎樂美更是對這位粗獷的男人愛得發狂。但約翰心中只有上帝，嚴厲譴責莎樂美。莎樂美不能忍受施洗者約翰對她的藐視，她得不到的，不能讓給別人，乃聽從她那邪惡母親希羅底的建議，將約翰殺了。

劇中安排希羅底手提約翰的頭來諷刺約翰多嘴，也出現莎樂美吻被砍頭的約翰的嘴等場景。此劇以約翰的頭來做對照，描繪出希律、希羅底、莎樂美邪惡醜陋的三角關係。傳說希律害怕約翰屍體在墓中仍然會對他不利，乃下令將約翰的骸骨挖出，公開燒掉，以免約翰的骨骸繼續作怪。而莎樂美在以後的日子裡，常常看到約翰的頭浮現在半空中，也就是留下創傷後壓力症的後遺症。

▶ 對現代人的啟發

施洗約翰的粗獷、正直、剛烈個性，以及住在曠野，穿著駱駝毛的衣服、腰間繫著皮帶，吃的是蝗蟲和野蜜的生活方式，使他成為聖經人物中最特立獨行的人。他在許多方面和舊約時期的先知以利亞有相似之處，以利亞的穿著也是獸皮外袍、束著皮

帶，也曾住在曠野河邊。他們兩人都曾正氣凜然對抗不義和強權，也都得罪了國王和王后。以利亞在性命攸關的關鍵時刻走避風頭，保全了生命；施洗約翰則一路走來都保持理直氣壯。

對那些來要求受洗的法利賽人和撒都該人，施洗約翰以「你們這些毒蛇」稱呼之；對希律與希羅底的不倫婚姻，更是不留情面地當著眾人面前大聲指責。理直氣壯並不是不對，但有時氣壯過頭，態度就會咄咄逼人，其結果只會帶來雙方撕破臉，反而只會使事情更糟，於事無補。

做人一定要保持「理直」，是非要分明。若能以婉轉的態度，說明所堅持的理，留給理虧者下台階的機會，或許還有可能讓對方改變。施洗約翰的遭遇提醒我們，理要直，但氣不一定要壯。理直時，氣容易壯，而氣壯時，容易嗨過頭，甚至失控、自以為義。

耶穌對眾人談論人生的福氣時，曾說：「謙和的人多麼有福啊；他們要承受上帝所應許的產業！」（馬太福音5:5）謙和的人會以溫柔的態度和語氣陳述其所持的理，雖不見得能說服對方，但能降低衝突與爭執，保持自己心安理得。對這個充滿爭吵與對立的現代社會，是更圓融、更被需要的待人處世之道。

FILE.13

——　•　——

約伯

在上帝與撒但的賭約中堅持到底

　　約伯是舊約聖經〈約伯記〉裡的主角。因為〈約伯記〉完全沒有提到猶太人相當重視的摩西（梅瑟）法律相關的宗教禮儀、節期、生活規範等，所以〈約伯記〉可能是整本聖經中最早完成的一卷書。傳統保守的聖經學者認為摩西或約伯就是本書的作者，但更多的聖經學者認為本書是常年累積的信仰智慧，是在公元前5至6世紀，以色列人流亡巴比倫時期完成的。

　　在伊斯蘭教中，約伯被視為一位先知，《可蘭經》中好幾次提到約伯的名字，這個名字代表忍耐的精神。在巴勒斯坦人的傳統中，約伯受試煉的地方，是在亞實基倫郊外一個叫Al-Joura的村子裡。那裡有一個青春泉，上帝用泉水除去約伯所有病痛，讓他回復青春。Al-Joura每年都舉行為期四天的慶祝節日，很多相信青春泉的人聚集到這裡，在天然泉水中沐浴。

　　〈約伯記〉的希伯來原文，除了開頭（1:1-2:13）與結尾（42:7-17）以散文呈現外，其餘（3:1-42:6）全部以詩的形式寫成。

它的內容很像兩個法庭裡的辯論。第一個辯論庭在天上，是上帝與撒但辯論：上帝認為正直有智慧的人，不是因為有利可圖才敬畏上帝，而撒但則堅持人是因有利可圖才敬畏上帝。撒但為驗證其論點，乃提議用約伯做實驗，而上帝居然也同意了。於是約伯由當地首富及擁有十個兒女的人，在一夕之間喪失所有兒女及一切財產。

約伯雖然痛苦到極點，但他仍堅持對上帝的忠實信仰。撒但不肯認輸，再提議讓約伯的身體受傷病之痛來測試約伯的信心，上帝又答應了！於是約伯的處境更加可憐，聖經記載：「撒但從上主面前退出，開始打擊約伯，使他從頭到腳長了毒瘡。約伯去坐在垃圾堆旁邊，拿了一塊瓦片刮自己身上的毒瘡。」（約伯記2:7-8）

在此極度苦難下，他的妻子看不下去了，對約伯說：「你到現在還持守你的忠誠嗎？為甚麼不咒罵上帝，然後去死？」（約伯記2:9）可是約伯的回應卻是：「約伯回答：『你這個女人簡直胡說！上帝賜福給我們的時候，我們高興，他降禍，我們就埋怨嗎？』雖然約伯遭受種種痛苦，他仍然不開口埋怨上帝。」（約伯記2:10）在天上的這個辯論庭，撒但是輸給上帝了。

可是，在地上的約伯根本不知道天上發生的事情，他一個無辜的人竟然莫名其妙遭受到這麼大的傷害！他的三個朋友知道這消息，趕來安慰他，可惜到了後來，安慰者卻變成傷害者。於是在地面上，第二場的辯論庭上演了。

〈約伯記〉用了二十八章的篇幅（4:1-31:40）記載約伯與那三個朋友的辯論，約伯堅持自己的清白無辜，朋友卻一再指責約伯不肯認罪；用了六章讓一個年輕的旁觀者說話（32:1-37:24）；

接著是上帝回答約伯所提出「無辜者為何受害」的質疑（38:1-41:34）；最後一章記載約伯經歷苦難而更認識上帝。

▶ 約伯是何許人？

傳統信仰者認為約伯確有其人，他們引據〈以西結書〉（厄則克耳）14章14節及〈雅各書〉（雅各伯書）5章11節都曾提到約伯，而認定約伯是歷史上的人物。而且〈約伯記〉裡以牛羊數量來計算財產，以及約伯的壽命，都與亞伯拉罕時代的人類似，因而推論約伯是接近亞伯拉罕時代的人。

持反對意見者，認為約伯不是真有其人，乃是集智慧與公義於一身的男性理想典範。約伯這名字的意思包括「受苦」、「被攻擊」、「父親在哪裡？」等等。約伯住的地方烏斯，可能是在約旦河東邊，接近阿拉伯沙漠的地方，但確實地點不詳。不管約伯是否確有其人，我們仍可就〈約伯記〉的內容，探討這位聖經人物。

▶ 集智慧與公義於一身的人

聖經說智慧的開端是認識上帝，愚蠢的人心中沒有上帝，而〈約伯記〉一開頭就這樣描述說：「有一個人名叫約伯……他是一個正直的好人，敬畏上帝，不做任何壞事。他有七個兒子，三個女兒。他擁有七千隻羊，三千隻駱駝，一千頭牛，五百匹驢。此外，他有成群的僕人；在東方人當中，他算是首富的了。

「約伯的兒子們經常輪流在自己家裡宴客，也常邀請他

們的三個姊妹一起吃喝。每逢歡宴的日期過了，約伯就一早起來，為每一個兒女獻上燒化祭，行潔淨的禮儀。他經常這樣做，因為他想，他的兒女們也許會在無意中侮慢得罪上帝。」（約伯記 1:1-5）

約伯是當地的首富，他不只敬畏上帝，也不做任何壞事，不像許多有錢人只顧享樂。他也重視子女的教養問題，他會擔心兒女是否會在無意中侮慢、得罪上帝，並為此獻燒化祭。可見約伯雖然非常富有，卻經常心存謙卑，尊主為大，因此我們說他是集智慧與公義於一身的人。

➡️ 靠信仰面對重大災難

〈約伯記〉1 章 13-19 節記載，約伯在一天之內喪失所有的子女（七個兒子、三個女兒）與財產。不少人在重大災難下，產生急性壓力症，無法面對現實，甚至發展出創傷後壓力症的後遺症。下面我們來看約伯如何因應此重大災難。

接獲噩耗後，聖經這樣描述約伯的反應：「於是約伯起來，悲傷地撕裂了自己的衣服，剃掉頭髮，伏在地上敬拜，說：『我空手出生，也要空手回去；上主賞賜的，上主又收回。上主的名應當受稱頌！』雖然有這一切遭遇，約伯並沒有犯罪，沒有埋怨上帝。」（約伯記 1:20-22）約伯以非常典型的以色列人表達強烈哀傷的傳統「撕裂了自己的衣服，剃掉頭髮」來流露他的悲傷。他適時地將內心的悲痛釋放，而不是將悲傷情緒壓抑強忍。

除了自然表露人性的情緒，約伯也不忘依靠信仰來支撐，提醒自己「上主賞賜的，上主又收回。上主的名應當受稱頌」。

雖然不捨，但人手上的一切只不過是受託管理，人是管理者，而不是擁有者。因此失去時，就當作把東西交還給上帝。

當約伯遭遇第二波災難，全身長了毒瘡，連他的妻子也受不了時，約伯仍持守信仰。此外，約伯還獲得三個朋友及時趕來作伴。這三個朋友剛到的第一個禮拜，很成功地扮演安慰者的角色：「他們聽見了約伯所遭受的種種災禍，決定一同去探望他，安慰他。他們遠遠看見了約伯，卻不認得他，等認出是他，就放聲痛哭……因為他們看見約伯的痛苦那麼深重。」（約伯記2:11-13）

這三個朋友除了及時趕到之外，也頗具同理心，和約伯一樣「悲傷地撕裂了自己的衣服，又向空中、向自己頭上撒灰塵。然後他們跟約伯坐在地上，七天七夜不說一句話」（約伯記2:12-13）。陪伴者最重要的是同理心，不是說一堆理論或專業知識。

▶ 約伯的憂傷反應

約伯雖然以他成熟的人格及堅實的信仰來面對重大災難，使他得以面對現實而不至於出現急性壓力症，但憂鬱症仍然在他身上發生了。

以下經文描述了約伯憂鬱症的情緒：

・我以歎息代替食物；我呻吟哀號像水流不止。我所害怕的事一一出現；我所恐懼的事偏偏臨到。我沒有平安，得不到安息；我的煩惱沒有止境。（約伯記3:23-26）

・我究竟有甚麼力量好活下去？既然毫無盼望，為甚麼還活下去？難道我是石頭造成的？難道我的身體是鐵

打的？我一點自救的力量都沒有；我沒有可求援的地方。（約伯記6:11-13）

· 我厭煩自己的生命。我要傾吐我的哀怨；我要訴說內心的苦惱。（約伯記10:1）

· 上帝啊，你為甚麼讓我出了母胎？我為甚麼不在未見人世時就斷了氣？我從母胎出來就直接往墳墓走，等於沒有存在過一樣，不更好嗎？（約伯記10:18-19）

以下經文則呈現出約伯憂鬱症的生理症狀：

· 可是，無鹽無味的食物誰吃呢？蛋白又有甚麼滋味呢？我對這樣的食物毫無胃口，吃下去使我噁心。（約伯記6:6-7）

· 我躺下來，想休息，希望解除我的痛苦；然而，你用惡夢恐嚇我，使我受幻象的困擾。因此，我寧願窒息而死，不願意活著受苦。我毫無生趣，厭棄生命。別理睬我吧，我的生命毫無意義。（約伯記7:13-16）

· 恐怖擊倒了我；我的光榮隨風飛逝，富貴如過眼煙雲。現在我離死不遠；痛苦仍緊緊地抓住我。夜間我全身骨頭酸痛，劇痛不斷地咬著我。上帝束緊了我的領口，又扭捲了我的衣服。他把我摔在污泥中；我跟灰塵泥土沒有差別。（約伯記30:15-19）

好在約伯雖然處於憂鬱狀態，卻沒有沉默認命，放棄述說自己心中的痛苦。他不忘追問上帝他為何無辜受苦，並且堅持自己是清白無辜的，反駁他的三位朋友認為他會受苦是因為他有罪。從他與三位朋友的辯論，以及積極主動向上帝申訴的過程中，他得以踏出一般憂鬱症者與神、與人隔絕的情境。這辯論的過程本身就是一種醫治。約伯通過苦難與孤寂，認識上帝無私的愛。

具抗議精神的義人

不接受傳統「獎善罰惡」的信仰觀

　　約伯的三位朋友以安慰者的身分出現在他身邊。經過一個禮拜用同理心的陪伴後，由於他們三人抱持著強烈的「獎善罰惡」信念，因此認定約伯遭受苦難是出於約伯自己行為的報應。於是他們開口教訓約伯，其中一個朋友以利法（厄里法次）對約伯說：「想一想，有哪一個無辜的人喪亡？有哪一個正直的人遭殃？我看見耕種邪惡散播毒種的人，他們都收割邪惡的後果。」（約伯記4:7-8）

　　這等於指控約伯是犯了罪才會遇到橫禍。以利法還自信滿滿地對約伯說：「這是我們所觀察的真理；為了你的好處，你應該採納。」（約伯記5:27）如果「獎善罰惡」真的如以利法所說是真理，那擁有大量不義之財的人會更加認為自己所做的都是對的，而生活窮困及遭受災難的人，就會更自暴自棄。

　　約伯絕對無法接受以利法等人的看法，約伯認為「獎善罰惡」的信仰漠視人類的苦難，也不符合上帝是愛、無條件愛世人的教義。他堅持自己的無辜，回應說：「我知道上帝是神聖的；我從來不敢違背他的命令。」（約伯記6:10）

　　雙方為此堅持不下，三個朋友也變成「叫人苦惱的安慰者」。聖經這樣記載約伯的回答：「這樣的話我已經聽夠了；你們的安慰反而帶來愁煩。你們還要不休不止地講這些廢話嗎？你們非說最後一句話不成嗎？如果我的境遇跟你們的調換，我也會說你們所說的話。我會煞有介事地向你們搖搖頭，編出一連串的話來責備你們。我曉得怎樣拿好聽的話鼓勵你們，也會鼓如簧之舌來安慰你們。然而，我講話無濟於事；沉默也不能

消除我的痛苦。」（約伯記16:2-6）

勇敢向上帝提出抗議

　　約伯與三位朋友多次辯論之後，他們認為約伯的想法是褻瀆上帝。至此，約伯認為與其浪費時間與三位自認替上帝發言的人辯論下去，倒不如直接與上帝面對面談。於是約伯藉著回答那幾個朋友的指責與質疑，一再要求上帝出來向他說清楚，為何無辜的人要受如此巨大的苦難。他從發生在自己身上的不幸開始質問上帝（參約伯記第21章），然後進展到認識世上還有許多和他一樣無辜受苦的人（參約伯記第24章）。

　　約伯也看清楚那些弱勢者的困境是惡人造成的，不是上帝命定的。因此約伯更加急於要上帝出面，說明為何上帝不干預惡人的行為。可是上帝一直沒有出現，讓約伯覺得上帝似乎有意逃避他。再加上以利法以「上帝打倒驕傲的人，拯救謙卑的人。你無辜，他便救你；你行為正直，他就援助你」（約伯記22:29-30）來數落約伯，終於讓約伯按捺不住而向上帝生氣。

　　約伯說：「我到今天仍然反抗上帝，口出怨言，他沉重的責罰使我呻吟不已。但願我知道哪裡去尋找他，知道怎樣找到他的住處。我要向他陳述案情，為我自己申訴。我要知道他的判斷，要明白他答覆我的話。上帝會用他的大權能跟我爭辯嗎？不，他一定垂聽我的申訴。我誠實，我可以跟他理論；他會作成定案，宣判我無罪。

　　「可是，我向東找尋，上帝不在那裡；我向西找尋，也找不到他。上帝在南工作，我看不見他；他在北做事，我也見不到他。他知道我的每一腳步；如果他考驗我，就會知道我純潔。我緊跟著他的步伐；我跟隨他的道路，不敢偏差。我時時

刻刻遵守他的命令，我跟從他的旨意，不從自己的慾望。」（約伯記23:2-12）約伯雖然這麼生氣，但他並沒有放棄上帝。使他無法忍受的乃是他跟上帝連不上線。

第29至31章，記載約伯回顧他的一生。約伯懷念過去上帝保守他的日子，他遵從上帝的教導，行公義，好憐憫。約伯自己反省，認為他有學習上帝的榜樣作窮人的父親、照顧孤兒寡婦（參約伯記29:12-17），他也盡力心存謙卑，仔細聽他的僕人對他的不滿及抱怨。可是公義的上帝怎能對他及其他窮困者所遭遇的苦難沉默不出聲呢？

約伯相信「上帝是窮困者的上帝」的基本信念，沒有因為遭遇大災難而改變。可是作為一個有肉體的人，約伯強烈渴望那位「窮人的父親」出來和他見面，是人性自然的表露。可是上帝卻不露面，也不出聲。因此約伯動怒，堅持要上帝出來和他面對面談。這種堅持，表示約伯對上帝仍然保有堅強的信心。

▶ 要求親眼看見上帝

約伯的堅持使他終於和上帝相遇。上帝沒有直接回答約伯提出的「無辜者為何受苦」的疑問。但約伯在此追問的過程中，領悟到上帝是全能的神，也是白白賜恩的主，而不是可以被人設限在「獎善罰惡」框框中的神。上帝容許惡者讓無辜者受苦時，上帝會有祂的計畫，只是當事人不一定能領悟。

上帝先藉以利戶（厄里烏）的口向約伯說明（參約伯記第32至37章），然後在旋風中向約伯說話，向約伯是提出了一連串的反問，要約伯回答（參約伯記第38至41章）。雖然約伯是付出了重大代價才能與上帝面對面，他不明白上帝的作為，也

不曉得如何回答上帝的提問，但是約伯認為走這一趟辛苦的路是值得的。於是約伯回答上帝說：「上主啊，我知道你事事都能；你能實現一切計劃。你問，無知的我怎能疑惑你的智慧；我講論自己所不明白的事，奇妙異常，不能領悟。你要我留心聽你的話，答覆你提出的問題。從前我聽別人談論你；現在我親眼看見你。所以，我對說過的話覺得羞愧，坐在塵土和爐灰中懺悔。」（約伯記42:1-6）

約伯坦率地向上帝質疑，雖然此舉被那三位看似替上帝說話的朋友指責是在褻瀆上帝，可是就如〈約伯記〉42章7節所記：「上主對約伯說了這些話後，就對以利法說：『我對你和你的兩個朋友很不滿意，因為你們議論我的話不比我的僕人約伯所說的正確。』」上帝認為約伯說的話比那三個自認是護教者所說的更有道理。

經歷苦難與質疑之後，約伯領悟到上帝是滿有公義與恩惠的神。上帝的公義使祂成為窮人的父親，上帝的公義不是用來獎善罰惡。上帝鍾愛窮人與弱勢者，不是因為他們特別好，而是白白給予的恩惠。公義與恩惠是並行而不是對立的。約伯的心路歷程給基督徒一個啟發，就是當信仰出現疑問時，應該勇敢向上帝提出，不必擔心提問會得罪上帝。

▶ 約伯與耶穌基督

〈約伯記〉第1章重複說約伯是正直的好人，不做任何壞事（1:1的開場白與1:8上帝親口所說），但基督信仰認為，世上沒有一個正直、完全不做壞事的人，如同〈羅馬書〉3章10節所說：「正像聖經所說：沒有義人，連一個也沒有。」只有上帝

降世成為人的耶穌基督是完全的。那麼，舊約聖經說約伯是正直、完全不做壞事的人，約伯是否可預表耶穌呢？

根據〈約伯記〉第1章的記載，約伯在遭遇大難之前，他像是生活在樂園裡。然後，上帝同意撒但在約伯身上進行測試，約伯一夕之間失去樂園。此轉折雖起因於惡者，但也可以視為上帝的安排，讓約伯經歷苦難而幫助更多苦難的人。耶穌基督降世為人，是從天堂、樂園掉進充滿苦難的人間。耶穌基督經歷人世間各種災難，完成救贖的工作。〈約伯記〉所敘述約伯經歷災難及尋求見上帝的心路歷程，長期以來一直激勵許多遭遇災難、陷入憂鬱困境的人，使這些人在困境中保持盼望與生之勇氣。

▶對當代基督徒的啟發

全能的上帝為何讓世界有苦難？為何是我這個無辜者遭遇這些不幸，上帝的公義在哪裡？這是人類一直在問的問題，卻一直得不到答案。台灣及猶太的宗教及文化傳統都有「善有善報，惡有惡報」的觀念，這種普遍觀念下的宗教，可說是「有利可圖」的宗教，即台語所說的「有拜有保庇」。

此種宗教信仰在鼓勵一般人行善遠惡上有其作用，卻無法說服無辜受苦的人。約伯針對傳統對苦難所提供的解釋提出反駁，認為應該有更佳的理由說明無辜者為何受苦。而約伯的三位朋友，雖然出於關心去看望約伯，卻提出約伯完全無法接受的報應道理，甚至在約伯不接受時，還數落、責難約伯。

約伯不是因有利可圖才對上帝忠心。約伯在一夕之間失去所有的兒女及財產，從東方人的首富變成一無所有。在此種情境下，約伯還能說出「我空手出生，也要空手回去；上主賞賜

的，上主又收回。上主的名應當受稱頌」，可見約伯在最惡劣的情境下，仍然是一個敬天愛人的義人。他拒絕他的朋友所提的理由，與他們爭辯，最後還與上帝爭論，希望能找到答案。他這種態度表示他心中仍然有上帝，他無法忍受的是上帝沉默沒有回答，不出來和他對質。

約伯的故事告訴我們，苦難與人生似乎是無法分離的。佛教說人生是苦海，基督教長老會創始人加爾文認為基督徒的人生，必定是有苦難的。依聖經的教導，人在世上會有苦難，忠心的基督徒必定和耶穌基督一樣，是受苦的。耶穌就是最典型的無辜受苦者。在十字架上，上帝與人類最深的痛苦相遇。因此人要存謙卑的心，尋求上帝的幫助，但不是宿命性的逆來順受，向命運低頭而默默無語。

人應該為自己所做的事、所做的抉擇負責，但覺得有委屈時，要勇敢向上帝申訴。要像耶穌在十字架上那樣吶喊，要爭取，要抗議。約伯的故事也教導基督徒，在那些沒有公義、無辜者受苦之處，應現身參與。就像約伯變成一無所有，滿身是病；像耶穌成為被社會所棄之族群的朋友；像德蕾莎修女與加爾各答垂死的印度教徒在一起，站在這些人的處境下，盡力減輕人類的痛苦。在尋求了解的過程中，學會傾聽上帝的聲音，與上帝在靈裡相遇。

FILE.14

—— • ——

約拿

違背上帝命令的落跑先知

　　約拿（約納）的故事是教會主日學最常講的故事之一。約拿也是舊約聖經中所謂十二小先知書中的〈約拿書〉（約納）的主角。這十二位先知中，約拿是唯一出現在《可蘭經》的先知，也是唯一被耶穌提及其名的人物。

　　古希臘人非常尊崇約拿，曾在公元前6世紀為他建一座神殿。航海者有一個迷信，認為「約拿」是象徵會帶來厄運的人，這當然與聖經中約拿的故事有關。約拿想逃避上帝的差遣，乘船往上帝要他去的反方向走，結果帶來暴風雨。船上的人將約拿從船丟入海裡後，風浪就平息了。

▶ 約拿的身世

　　約拿是迦特希弗人（加特赫費爾人）亞米太（阿米泰）的兒子。迦特希弗是位於距拿撒勒（納匝肋）東北五公里的地方。從

聖經的記載，我們就只有這麼一點有關約拿身世的資料。另外，有一個傳說認為，約拿是被先知以利亞（厄里亞）撿到收養的小孩。儘管有些人認為約拿是杜撰人物，但多數學者認為真有其人。

舊約聖經〈列王紀〉有一段記載說：「猶大王約阿施的兒子亞瑪謝在位的第十五年，約華施的兒子耶羅波安二世作以色列王；他在撒馬利亞統治了四十一年……這是上主——以色列的上帝藉他僕人迦特‧希弗人亞米太的兒子約拿先知所預言的。」（列王紀下14:23-25）從這段經文推測，約拿可能是活在公元前800至750年的時期，是以色列王耶羅波安二世在位時一位極有影響力的先知。

耶穌曾以約拿當作將來自己肉身的死亡及復活的一個預表。〈馬太福音〉12章38-42節記載說：「當時，有幾個經學教師和法利賽人來對耶穌說：『老師，我們希望你顯個神蹟給我們看。』耶穌說：『這時代的人多麼邪惡、多麼不忠！你們竟要求我顯神蹟！不，除了先知約拿的神蹟，再也沒有別的神蹟給你們看了。約拿曾經在大魚的肚子裡三天三夜，人子也要在地的深處三天三夜。在審判的日子，尼尼微人要站起來控告你們這一代的人，因為他們聽見約拿的宣道就棄邪歸正了。我告訴你們，這裡有比約拿更重大的事呢！』」

多數基督徒認為，根據耶穌的這段話，可認定約拿是確有其人，不是杜撰人物。

◗ 違背命令的先知

〈約拿書〉一開頭就提到上帝要約拿去充滿邪惡的大城尼尼

微，公開譴責那裡的人。可是約拿不聽命令，聖經記載說：「但是約拿往相反的方向走，想逃避上主。他到了約帕港，找到一條要開往他施去的船。他付了船費，上了船，要跟船員們一起到他施去。他想，逃到那裡就可以遠離上主了。」（約拿書1:3）船出航後遇到大風浪，幾乎要把船擊破。所有船員都驚恐萬分，將船上的貨物拋進海裡，並哀求他們所拜的神明救難，卻獨獨約拿一個人在船艙裡沉睡。

船上眾人認為是有人的罪惡惹來神明的譴責引起此災難，於是大家抽籤抽中約拿。約拿這才坦承是他惹的禍，並說願意被丟入海，平息風暴。風暴在約拿被丟入海後平息，而約拿則被上帝安排的一條大魚吞下。約拿在魚的肚子裡三天三夜，作信仰反省，然後那魚將約拿吐在沙灘上。

▶ 在尼尼微城的宣告

上帝再一次命令約拿到尼尼微城宣告。這次約拿不敢違抗，去了該城。他是否真心服從，很難確定。聖經記載他的宣告過程說：「那是一座大城，需要三天的時間才走得完。約拿進城，走了一天的路程，就宣告：『再過四十天，尼尼微城要被毀滅了！』」（約拿書3:3-4）根據經文，約拿沒有走完全城。究竟是他走一天的路程就選到了一個最合適的宣告地點，或是偷懶沒有走完就逕行宣告，不得而知。

但尼尼微城的反應卻是出乎意料的好，聖經記載說：「尼尼微城的人相信上帝的話。所以他們決定要禁食；城裡所有的人，無論大小，都披上麻布表示痛悔。尼尼微王一聽見這消息，就離開寶座，脫下王袍，披上麻布，坐在灰中。他向尼尼

微人發出通告，說：『這是王和他的大臣頒佈的命令：人、牲
畜、牛羊都不可吃東西；不准吃，也不准喝。人和牲畜都要披
上麻布。每一個人都必須懇切地向上帝祈禱，並且停止邪惡的
行為，不做強暴的事。也許上帝會因此改變他的心意，不再發
怒，我們就不至於滅亡。』」（約拿書3:5-9）之後上帝果然改變
心意，沒有降災。

▶ 約拿的憤慨和上帝的寬恕

約拿對這樣的結局很不高興，除了訴說上帝不該派他出這趟
任務外，還賭氣說不如讓他死了算了。他以為經過他這番抗議，
上帝也許會改變一下處罰。於是他不死心，在城外搭了一個棚，
要看看最後的結局。

上帝透過一棵蓖麻樹的快速長高又枯死來教導約拿。聖經
這樣記載這件事：「於是約拿到城外去，在城的東邊坐下來。
他搭了一個棚，坐在它的陰影下，要看看尼尼微城會發生甚麼
事。後來，主上帝安排一棵蓖麻樹，使它長得比約拿高，樹蔭
遮著他的頭，使他感到涼爽。

「約拿非常喜歡這棵樹。但是，第二天清晨，上帝叫一條
蟲來咬這棵樹，樹就枯死了。太陽出來以後，上帝又叫熱風從
東方吹過來。由於強烈的陽光直射在約拿的頭上，他被曬得快
要昏過去了，所以他就求死。

「他說：『我死了比活著還好！』但是上帝對他說：『你
憑甚麼為這棵蓖麻樹這樣生氣呢？』約拿回答：『我怎麼不可
以！我氣得要死了！』上主對他說：『這棵樹在一夜之間長
大，第二天就枯死了；你雖然沒有栽種它，也沒有使它生長，

你還為它感到可惜。那麼，我不是更應該憐憫尼尼微這座大城嗎？畢竟在這城裡有十二萬連左右手都分不清的人，並且還有許多牲畜呢！』」（約拿書4:5-11）聖經沒有說明最後約拿是否學到了甚麼。

▶ 約拿的宣教工作

約拿的宣教工作開始於他在以色列國內傳講上帝的信息。聖經記載上帝通過約拿預言，耶羅波安二世國王會收復以色列被他國侵占的土地。他的預言果然實現了，此舉勢必讓約拿在以色列國內成為有名望、有影響力的先知。後來上帝給約拿一個任務，要他到國外宣教，去亞述帝國的首都尼尼微，宣告上帝對該城上下所有人的邪惡行為的憤怒與譴責。

約拿想逃避此任務，但幾經波折後，他還是到達尼尼微城。他在該城的宣教非常成功，包括國王和所有的百姓都披上麻布，痛悔他們所犯的過錯。從上述的事件，用現代語言來描述，約拿可說是偉大的佈道家，了不起的海外宣教師。照理說，約拿應該以感恩的心，感謝上帝的恩惠，可是我們看到的卻是約拿的滿腹抱怨和不高興。之所以會有這麼大的落差，我們應從約拿的人格特質說起。

▶ 從精神健康角度看約拿

整體而言，後世的人對約拿持比較負面的看法。但約拿的個性也有不錯的一面，他可算是一個誠實、不推諉責任與過錯的人。當他搭船落跑，船在航行中遇大風暴，依當地文化習俗，認

為一定是船上有人得罪老天才會招致此災難。當他被抽中時，他老實地向眾人承認，應該是他惹的禍，才會招來上天的憤怒。當風浪越來越大，船已經撐不住時，他攬起責任，主動請船員將他拋入海中來使風暴平息。

約拿這個名字的意思是「鴿子」，象徵溫純與和平。可惜從〈約拿記〉整卷書，我們嗅不出約拿的言行帶給人和平。相反地，我們不但看到約拿自己心裡充滿苦毒與不滿，他還持報復的心，期待看到尼尼微城被毀滅。

逃避：上帝命令約拿去尼尼微城譴責當地人的邪惡，確實是困難又有生命危險的任務。從當時的國際情勢來看，亞述帝國是惡名昭彰的國際強權，對以色列造成很大的威脅。約拿對前往不友善的亞述帝國首都尼尼微，心生恐懼似乎是可以理解的。可是約拿自稱是敬畏上帝的希伯來人，竟然在上帝交託重大使命時，拋下任務直接落跑。更諷刺的是，他告訴別人他所信的神是「天上的上帝，是海洋和陸地的創造主」，但他卻無知到以為他搭船往相反的方向走，就能逃到遠離上帝的地方。

他既違反舊約聖經中，先知只照上帝吩咐去說與去做的慣例，也沒有認清上帝是無所不知、無所不在、無所不能的上帝，所以有不少人認為他不夠資格當先知。約拿不願承擔重任的背後，似乎是在害怕失敗，因此不敢去嘗試。一個害怕失敗而不敢嘗試新事物的人，也等於是在逃避成長。

固執、強迫性人格：約拿固執地認為，既然上帝吩咐他去尼尼微城是要宣告「再過四十天，尼尼微城要被毀滅了」，那上帝就應該按照原本所說的去執行。他不能接受上帝改變計畫，寬恕尼尼微城。具強迫性人格的人，一切事情都得一板一眼去完成，沒有變通餘地。約拿沒有去思考「再過四十天」的涵意。上

帝若決意非將尼尼微毀滅不可，就不需要再等四十天。「再過四十天」很顯然就是給四十天悔改的寬限期。然而，強迫性人格的人卻不能接受。

　　強迫性人格的特點包括做事認真負責、規規矩矩、一絲不苟，強調是非黑白而缺少彈性，過度強調克制自己或期待別人也能達到同樣標準。基本上做事認真負責是好事，但過度強調則會產生壓力及挫折，所謂過猶不及。現實生活中，有很多情況無法如我們所預期，如果刻板地要求自己或別人一定要達到某種標準，可能會由於達不到標準而無法原諒自己或別人，終至承受不了而崩潰。

　　幸災樂禍：尼尼微城全城的人只因約拿說「再過四十天，尼尼微城要被毀滅了」就全城痛悔，約拿應該是要高興他完成了不可能的任務才對。可是他的反應卻是滿腹牢騷，甚至為此生上帝的氣。約拿的此種行徑讓人覺得他是見不得人好。嫉妒別人出頭，受不了別人成功、受祝福。但也有人為約拿緩頰，認為約拿不是幸災樂禍，乃是出於愛國心。持此種看法的人提出的理由是，上帝若毀滅尼尼微城，等於為以色列國解除了國安問題，就不會發生約半世紀後以色列被亞述帝國消滅的事情了。

　　自我中心：約拿認為上帝沒有毀滅尼尼微城，是在出他的糗，他宣告「再過四十天，尼尼微城要被毀滅了」的預言沒有應驗，使他覺得很沒面子。約拿只考慮自己的臉是否掛得住，不在乎別人的死活。約拿為此事生氣地向上帝爭辯，還不死心地到城外搭了一個棚，坐在它的陰影下觀察尼尼微城，要看看上帝會不會經由他的抗辯改變心意，毀滅該城。

　　於是上帝藉由一棵蓖麻樹在棚邊快速長高，使樹蔭能遮陽乘涼，然後第二天就枯死，以提醒約拿要珍惜生命。可惜他只考慮

那棵蓖麻樹死了，使他不能乘涼，卻不在乎「城裡有十二萬連左右手都分不清的人，並且還有許多牲畜」。約拿心中似乎只有他自己。

▶ 對現代人的啟發

約拿自以為能靠自己的能耐與上帝對抗，想乘船逃離上帝的掌控。結果仍然逃不出上帝的手掌，被上帝所吩咐的大魚吞入魚腹中，三天後又把他吐到沙灘上。這情景很像《西遊記》中的孫悟空，雖然武功高強，能飛天走壁，卻逃不出如來佛的手掌心。兩者頗有異曲同工之妙。

翻開人類的歷史，從古到今，從原始社會到現今的高科技時代，人類從未停止「人定勝天」的夢想。但事實是上天只要打個噴嚏，再高級的科技也無法抵擋那一再發生的天災。天就是上帝，面對無能為力的困境時，人類只能不約而同地呼喊「我的天！」（My God!）。台灣俚語說「舉頭三尺有神明」，聖經也說「認識神是智慧的開端」。不知哪一天人類才會謙卑下來，不再愚蠢地繼續做人定勝天的夢。

有一首根據台灣俚語「一枝草，一點露」譜成的台語教會詩歌說：「一枝草，一點露，顯明上帝大慈愛。」說明任何小小的生命都受到應有的珍惜與尊重，也就是說「上天有好生之德」。任何人的悔改，上帝都珍惜，就像耶穌所講的失而復得的比喻（找回迷失的羊、找到丟失的銀幣、浪子回頭），這些都是值得慶賀的事。可惜約拿心胸狹窄，執意要看到上帝降災毀滅尼尼微城，無法接受悲天憫人的上帝饒恕了該城。

總結〈約拿書〉中上帝與約拿的對話，其重點在於強調上帝

的主權、愛與寬恕。上帝的愛是給所有一切受造物，包括牲畜與
植物。上帝的愛不是以色列人或某族群的專利，沒有人能把上帝
據為己有。

FILE.15

——●——

約書亞

摩西的強棒繼任者

　　新約聖經中，希臘文「耶穌」就是舊約聖經希伯來文的「約書亞」。此名字的意思是「上帝拯救」。舊約聖經人物中，約書亞（若蘇厄）雖然沒有摩西（梅瑟）那麼有名，他卻是經常與摩西連在一起、協助摩西完成任務的重要人物。有關約書亞的資料，散見於〈出埃及記〉（出谷紀）、〈民數記〉（戶籍紀）、〈申命記〉、〈約書亞記〉（若蘇厄書）等書卷中。此外，猶太教的《塔木德》（*Talmud*）中也有記載一些有關約書亞的傳聞軼事。

▶ 約書亞的身世背景

　　約書亞是出生在埃及的以色列人，當時以色列人還在埃及當奴隸。約書亞的父親嫩（農）是屬於以法蓮（厄弗辣因）支派。他本來的名字叫何希阿，摩西給他改名為約書亞（參民數記13:16）。聖經中超過三十次提到「嫩的兒子約書亞」，但是都沒

有提到嫩是一個怎樣的人，也沒有提到嫩的任何事蹟。或許我們可以推測嫩是一個非常平凡的人。

當摩西帶領以色列人出埃及時，約書亞成為摩西重要的助手。約書亞是摩西最主要的軍事參謀，也是以色列人與外族作戰時的前線指揮官。當摩西準備進入迦南地（客納罕）時，派遣十二人潛入迦南偵探，約書亞正是其中之一。從年輕時期，約書亞就長期陪伴摩西住在「聖幕」中，聽候摩西的差遣。摩西上西奈山領受十誡時，也是選擇約書亞陪他上山。與摩西一起離開埃及時，年齡超過二十歲的人當中，只有約書亞和迦勒（加肋布）是被上帝允許進入迦南地的人。

摩西晚年在群眾面前，按立約書亞為接班人。他也不辱所託，完成帶領以色列人進入迦南地的使命。約書亞在世享年一百一十歲，在他死前仍念念不忘以色列人的信仰。他召集以色列各支族領袖到示劍（舍根）重新立約，並留下名言：「至於我和我的家，我們要事奉上主。」（約書亞記24:15）

▶從摩西那裡接受門徒訓練

摩西很可能在約書亞還很年輕的時候就注意到他的才華。摩西離開埃及、過紅海，首先遭遇到的敵人是亞瑪力人（阿瑪肋克人）。這第一戰，摩西指派約書亞籌畫戰爭的人力準備，而且任命約書亞為前線指揮官（參出埃及記17:8-16）。約書亞通過這一關的考驗，得到摩西信任。當摩西獲上帝指示上西奈山，等候領取刻有十誡的兩塊石板時，摩西選擇約書亞陪他上山（參出埃及記24:12-13）。

摩西在曠野期間，每次紮營，就會在距離營地有相當距離的

地方，設一稱為「聖幕」的帳幕。凡對上帝有所求問的人都可以到那裡去。上帝就在「聖幕」裡，像朋友之間談話一樣與摩西面對面說話。當摩西回自己的營地時，約書亞就是留守「聖幕」的人（參出埃及記33:7-11）。摩西與以色列的七十個長老聚會時，他也安排約書亞在場見習，似乎是在向眾長老推薦約書亞為未來的長老人選。

從上面所述種種，我們可看出摩西一直有心要栽培約書亞。在訓練過程中，摩西會指正約書亞的錯誤，使約書亞能從所犯錯誤中學習成長。例如有一次，有兩位長老因上帝的靈臨到他們身上，使他們兩個能像先知一樣呼叫。約書亞可能護主心切，就請摩西阻止那兩個人呼叫，摩西當場糾正約書亞說：「你是為我的緣故而嫉妒嗎？我情願上主把他的靈賜給他所有的子民，使他們都像先知一樣呼叫！」（民數記11:29）

經過長期觀察與調教，摩西在他年老時，終於能放心按立約書亞為繼承人，帶領以色列人進入迦南地（參申命記34:9）。

▶ 面對接棒、獨立作業的壓力

因為約書亞能夠隨時待命、順從、勇敢、忠誠於上帝與摩西，上帝也對他信實守約。當摩西死了，上帝對約書亞說：「我的僕人摩西死了。現在你要準備帶領所有的以色列人過約旦河，到我要賜給他們的土地去。照著我應許摩西的，你們走過的地方，我都要賜給你們。你們的疆界要從南邊的沙漠伸展到北邊的黎巴嫩山脈，從東邊的幼發拉底河，經過赫人的國土，到西邊的地中海。

「約書亞啊，在你有生之日，沒有人能打敗你。我要與你

同在，像我與摩西同在一樣。我絕不撇下你，也不離棄你。你要堅強，要勇敢，因為你要率領人民去征服我許諾給他們祖先的土地。只要你堅強，非常勇敢，切實遵行我僕人摩西給你的全部法律，不偏左不偏右，你將無往不利。

「你要常常誦念，日夜研讀這法律書，使你能夠遵守書上所寫的一切話。這樣，你就會成功，事事順利。你要記住我的命令：要堅強，要勇敢！不害怕，不沮喪；因為你無論到哪裡，我、上主─你的上帝一定與你同在。」（約書亞記1:2-9）因為有上帝的背書，約書亞在征服迦南地的過程中，不論在敵人或人民面前都能直起腰桿，堅強勇敢。

約書亞給基督徒的一般印象是堅強又勇敢的領導者。那為甚麼上帝對約書亞要率領以色列人民進入迦南地的行前講話中，需要一再提醒約書亞「要堅強，要勇敢」呢？

從離開埃及到要進入迦南地為止，約書亞跟隨摩西有四十年的時間。這期間約書亞經歷、處理過許多大大小小的問題，但是這段期間的決策者是摩西，約書亞只要忠實地執行摩西的命令就可完成任務，摩西一死，約書亞不但沒有摩西可諮商與指導，還得擔任決策者。面對角色、身分的巨大變化，以及身負征服迦南地的重責，約書亞難免會擔心害怕。在此情境下，上帝適時地鼓勵與打氣，無異是給他打了一劑強心針。

▶ 強悍作風

〈約書亞記〉是記載約書亞領導以色列人攻佔迦南各城市的經過，其重要內容有渡過約旦河、攻打迦南地各城市、分配土地給以色列各支族，以及上帝和以色列民族重新立約。閱讀此卷

書描述的經過，讀者可以感受到約書亞是一位具強勢、主導個性（dominant personality）的領導者。

從以色列人誓師出發前，人民的領袖回覆約書亞所說的話，即可看出連領袖都對約書亞的強勢作風相當敬畏：「他們回答約書亞：『你命令我們做甚麼，我們就做甚麼；你派我們到甚麼地方，我們就到甚麼地方。我們會服從你，像服從摩西一樣。願上主——你的上帝與你同在，正如他與摩西同在一樣。誰違抗你的命令，不聽從你的指揮，誰就得處死。你要堅強，要勇敢！』」（約書亞記 1:16-18）

在攻打耶利哥城（耶里哥）時，以色列人亞干（阿干）違反上帝說要燒毀該城一切財物的命令，偷偷私藏一些戰利品，導致他們攻打下一個城時戰敗。雖然燒死亞干和他全家是上帝的命令，但若約書亞不具強悍個性，可能也執行不了此命令。

從好的方面來看，此種人格特質使人有自信，能積極進取（aggressive），有目標、有計畫地完成任務。從壞的方面看，此種個性會使人害怕失去主導地位而過於自我中心，為達成目標而失去對人的體貼與關懷。

▶ 約書亞的人格特質

探討約書亞的人格特質，基督徒最容易想到他的領導能力（leadership）。約書亞年輕的時候就能擔任前線指揮官，帶領以色列人跟亞瑪力人作戰。摩西死後，約書亞成為繼承人，很快獲得人民信任，率領以色列人征服迦南地。這些在在顯示約書亞是一位領導人才。

從基督信仰的立場來看約書亞的人格特質，他具有多項「屬

神之人」（godly man）的特質，分述如下：

隨時待命與順從：約書亞隨時待在摩西身邊或留守在「聖幕」，隨時都準備好被差遣。摩西吩咐他去準備作戰的人力，約書亞依照摩西所吩咐的，立刻行動把人準備好。摩西說要上西奈山，他立刻隨行。

勇敢：當摩西從各支族選派十二人進入迦南地偵探回來時，除了約書亞與迦勒外，其餘十個人明明看到當地物產豐富，卻因為當地居民高大強悍及城牆堅固，心生害怕，於是散布不實消息說：「不，我們沒有足夠的力量去攻打他們；那裡的人比我們強大……那地的出產還不夠養活當地的人呢。我們所看見的每一個人都很高大。我們在那裡甚至見到了巨人亞衲的後代；我們覺得自己像蚱蜢一樣渺小，而在他們眼中，我們也確是這樣。」（民數記13:31-33）

只有約書亞與迦勒勇敢堅持，聖經記載：「嫩的兒子約書亞和耶孚尼的兒子迦勒這兩名探子悲傷地撕裂了衣服，對人民說：『我們所偵察的那片土地是非常肥沃的土地。如果上主喜歡我們，他會領我們到那裡，把那片流奶與蜜的肥沃土地賜給我們。你們不要背叛上主，不要怕當地的居民。我們將輕易地征服他們。上主與我們同在；他已經擊敗了那些保護他們的神明。所以你們不要害怕！』

「但全會眾威脅他們，要用石頭打死他們兩人。可是突然間，人民看見了上主的榮光出現在聖幕上面。」（民數記14:6-10）在絕大多數人反對下，仍堅持不退縮，這需要很大的勇氣與信心，約書亞辦到了。

忠誠：摩西聽上帝吩咐上西奈山領取刻十誡石板時，他單單帶約書亞一個人陪同上山。走到半山腰，摩西吩咐約書亞留在那

裡，自己一個人去見上帝。在山腳下的群眾看見摩西遲遲沒有下山，心裡害怕會失去領導者，就強求摩西的哥哥亞倫（亞郎）造個神明來帶領他們。

於是亞倫與百姓背叛了上帝，造了一個金牛當神明。可是孤單一人在半山腰的約書亞，卻能始終如一，忠誠於上帝與摩西。另外，我們看到約書亞雖然戰功彪炳，但他在摩西面前仍然保持一貫謙卑的態度，以僕人的態度，忠誠隨侍在摩西身邊。

▶ 對現代人的啟發

〈約書亞記〉所記載的征服迦南地敘事中，有兩件有關約書亞信守諾言的事蹟，值得一提。

約書亞攻佔耶利哥城之前，先派兩個探子進入該城探虛實。這兩個探子曾獲得妓女啦合（辣哈布）的掩護，逃脫耶利哥王的搜索。當時那兩個探子曾承諾，一旦以色列人攻進耶利哥城，會保護啦合全家免於被殺。約書亞攻進該城時，信守諾言，下令保護啦合全家免於受害（參約書亞記第2、6章）。

第二件事情是以色列人快要攻打基遍人（基貝紅人）的城鎮時，基遍人假裝是住在很遠地方的人，特地從遠方來請求跟約書亞訂立和平條約。約書亞一反慣例，沒有禱告問上帝，就和基遍人訂立條約，等訂約後，他才發現自己受騙。但他並沒有因受騙而發怒，仍然遵守條約，保護基遍人免於被殺害。從這兩個事件我們可看出，除非是具反社會人格障礙者，不然再強悍的人，也能展現人性的光輝面，也就是所謂的「鐵漢柔情」。

約書亞攻佔迦南地各城市的過程，趕盡殺絕，血腥味十足，這是古代戰爭的典型作風。不僅敵方國破人亡，自己人也是死傷

無數，真的是一將功成萬骨枯。唐朝詩人王翰的〈涼州詞〉說：「葡萄美酒夜光杯，欲飲琵琶馬上吹。醉臥沙場君莫笑，古來征戰幾人回。」讀起來浪漫又淒涼，也將戰爭的殘酷顯露無遺。

　　哪一天人類才能脫離戰爭的禍害呢？設立在紐約的聯合國總部，其大廈建立地基時，在地基中埋了一本聖經。大廈建成時，為了提醒世人聯合國創立目標是維護世界和平，在牆壁上刻了一段聖經經文：「上主要解決國際間的糾紛，排解民族間的爭端。他們要把刀劍鑄成犁頭，把鎗矛打成鐮刀。國際間不再有戰爭，也不再整軍備戰。」（以賽亞書／依撒意亞2:4）這似乎在暗喻，世界和平的根基不是靠擴充軍備，而是信仰。

FILE.16

—●—

約瑟

化苦難為祝福的解夢人

　　聖經中有兩位大家較熟悉的約瑟（若瑟），一位是舊約聖經〈創世記〉所記載的約瑟，另一位是新約聖經提到的耶穌的父親約瑟。本文所要討論的，是舊約聖經裡的約瑟。猶太教拉比認為，舊約聖經〈創世記〉的約瑟乃是面容俊美與道德高超的結合。他不只以做夢出名，更因其解夢能力，使他脫離牢獄之災，獲埃及法老王的賞識，成為埃及宰相。

▶ 約瑟的家世與成長背景

　　〈創世記〉用了最大篇幅敘述約瑟的故事。從第37至50章，除了第38章插入塔瑪（瑪爾瑪）的故事外，其餘都是談到約瑟的事蹟。《可蘭經》也用一整章的篇幅敘述約瑟，這是舊約聖經人物中唯一在《可蘭經》佔有如此大篇幅的人。

　　前面的故事中有提到，約瑟的父親雅各（雅各伯）為了躲避

他哥哥以掃（厄撒烏）的追殺，跑去投靠他的舅舅拉班。雅各對拉班的小女兒蕾潔（辣黑耳）一見鍾情，為了娶蕾潔，雅各替拉班作工七年。但在新婚夜，拉班耍手段，以大女兒麗亞（肋阿）取代，雅各到第二天早上才發現受騙。雅各只好再替拉班作工七年，才娶到他心愛的蕾潔。婚後，麗亞與蕾潔為爭寵而比賽生孩子，各讓自己的婢女也與雅各同房，加入生孩子的競賽，結果是雅各與四個女人共生了十二個兒子。

約瑟和他的同父同母弟弟便雅憫（本雅明）是十二個兄弟中最小的兩個，又是雅各最疼愛的妻子蕾潔所生，所以約瑟最得父親雅各的寵愛，但偏偏約瑟又喜歡打小報告，於是引起他的哥哥們的不滿。聖經記載說：「約瑟十七歲的時候經常跟哥哥們出去放羊。他幫助父親的妾辟拉和悉帕的兒子們放羊；他常常向父親報告哥哥們所做的壞事。雅各特別鍾愛約瑟，勝過其他的兒子，因為約瑟是他年老的時候生的；雅各做了一件彩色的外袍給約瑟。約瑟的哥哥們看見父親偏愛約瑟，就憎恨弟弟，不跟他和睦相處。」（創世記37:2-4）

從上面的資料，我們看到約瑟成長在一個非常複雜的家庭。不只他的上一代之間彼此勾心鬥角，父親雅各對子女的偏愛也使子女之間彼此不合。我們可以說，約瑟是在一個不健康的家庭氣氛裡成長的人。

➡ 被賣到埃及

約瑟與他的哥哥們之間的關係一直很緊張，在他連續兩次將自己所做的夢告訴哥哥們後，終於引爆了哥哥們的極度憤怒與忌妒，差一點惹來殺身之禍。聖經這樣記載這件事情：「有一次，

約瑟做了一個夢。他把這夢告訴哥哥們，他們就更恨他。他說：『讓我把我做的夢告訴你們：我們都在田裡捆麥子，我所捆的麥捆立起來，筆直地站著；你們的麥捆都圍著我的麥捆下拜。』哥哥們問他：『你想作王統治我們嗎？』。

「後來，約瑟又做了一個夢。他再告訴哥哥們：『我又做了一個夢；我看見太陽、月亮，跟十一顆星星向我下拜。』約瑟也把這夢告訴父親。父親責備他，說：『這算甚麼夢呢？你想你母親、哥哥們，和我都要向你下拜嗎？』約瑟的哥哥們非常嫉妒他，他父親卻一直想著這件事。」（創世記37:5-11）

有一天，約瑟奉父親之命去了解他的哥哥們在野外放羊的情形。約瑟的哥哥們看到他單獨來看他們，認為是除掉約瑟的好時機，就採取行動。聖經記載說：「他們遠遠就看見約瑟。在他走近之前，大家同謀，決定殺他。他們彼此說：『那做夢的來了。來吧！殺掉他，把屍體丟在枯井裡，說他是被野獸吃了。讓我們看看他的夢能不能實現。』」（創世記37:18-20）

約瑟的大哥呂便（勒烏本）不忍心殺弟弟，提議把約瑟丟進枯井就好。後來剛好有以實瑪利人（依市瑪耳人）的駱駝商隊經過，另一個哥哥猶大提議與其讓約瑟死於枯井，不如將約瑟賣給那些以實瑪利人，既有錢可領又可免除殺人罪名。就這樣，約瑟被哥哥們以二十塊銀子的價錢賣給以實瑪利人。

他們殺了一隻山羊，把約瑟穿的彩衣沾上羊血，拿回去騙雅各，說約瑟是被野獸吃掉的。以實瑪利人將約瑟帶到埃及，在奴隸拍賣市場，將他賣給埃及王的侍衛長波提乏（普提法爾）。在這過程中，呂便和猶大都不想殺害約瑟，呂便是真的有心救約瑟，心想等大家不注意時，偷偷從枯井把約瑟救出來交給父親。猶大的心思就沒那麼單純，他的作風真可說是世人印象中猶太商

人的典範。

▶ 侍衛長之妻的誘惑與誣陷

　　約瑟在侍衛長波提乏的家中工作，由他進行的事務都很順利、成功，所以很快獲得主人的賞識。聖經記載說：「波提乏喜歡約瑟，委派他作自己的侍從，管理家務和他所有的一切。從那時起，由於約瑟的緣故，上主賜福給那埃及人的家；他家裡和田園所有的也都蒙福。波提乏把一切都交給約瑟管理，除了自己的飲食，他甚麼都不去管。」（創世記39:4-6）

　　不久，主人的妻子喜歡上英俊瀟灑、體格健壯的約瑟，乃百般引誘，卻被拒絕。有一天，剛好只有約瑟和女主人在屋裡時，女主人強拉約瑟跟她一起睡覺，約瑟逃脫出來，被扯下的外袍卻留在女主人手中。女主人以手中的約瑟外袍來誣告約瑟，使他被下監坐牢。

▶ 為同囚解夢

　　約瑟雖坐牢，卻得上帝保守。聖經說：「但是上主與約瑟同在，賜福給他；因此監獄長很喜歡他，派他管理其餘的囚犯，負責處理監獄裡的事務。約瑟負責辦理的事，監獄長都不必操心；因為上主與約瑟同在，使他經管的一切都很順利。」（創世記39:21-23）後來，法老王的司酒長與膳務長冒犯了王而被下監，剛好跟約瑟同囚在一個地方，侍衛長便指派約瑟侍候他們兩人。

　　有一天晚上，這兩個人各做了一個夢，第二天約瑟發現他們

兩人都心神不安，原來他們是為了前一晚所做的夢不知何解而心煩。約瑟告訴他們上帝賜他解夢恩賜，並為他們解夢，三天後，事情果然照約瑟所說的實現。司酒長被恢復原來職務，而膳務長被處死。

▶ 為埃及王解夢

再過兩年，埃及王一夜連做兩個夢，其內容為：「埃及王做了一個夢：他站在尼羅河畔，看見七頭又肥又壯的母牛從河裡上來，在岸邊吃草。接著，有七頭又瘦又弱的母牛也從河裡上來，站在岸上那七頭母牛旁邊；這七頭又瘦又弱的母牛把那七頭又肥又壯的母牛吃掉了。這時王就醒了。他又睡著，做了另一個夢：他夢見有一棵麥莖長了七個又飽滿又成熟的麥穗，接著又長出了七個枯瘦、被東風吹焦的麥穗；這七個枯瘦的麥穗把那七個飽滿的麥穗吞了下去。王醒後才知道這是一場夢。」（創世記41:1-7）

王因所做的夢而煩惱不安，雖然召集全國巫師和占星家來，卻無人能解王的夢。這時司酒長才想起還關在牢裡的約瑟，於是王派人召約瑟來解夢。約瑟謙卑地告訴王，他自己不會解夢，但是上帝會透過他來解夢。他告訴王兩個夢其實是講同一件事，就是埃及會有豐收的七年，然後有七個荒年。

約瑟並給王建議說：「因此，我建議陛下起用有智慧有遠見的人，派他管理國政，並指派其他官員，在七個豐年期間，徵收全國農產物的五分之一。命令他們在將要來臨的豐年期間收集五穀，在各城儲備糧食，派人管理。在接踵而來的荒年期間，這些囤糧可以供應全國人民，使人民不至於餓死。」（創

世記41:33-36）王聽了約瑟的解釋，認為很有道理，並認為最合適的人選就是約瑟。於是約瑟在一夕之間，由囚犯變成宰相。

▶ 約瑟的兄弟到埃及買糧

　　約瑟三十歲開始擔任埃及宰相。埃及法老王賜他一個埃及名字，又把祭司波提非拉（頗提斐辣）的女兒亞西納（阿斯納特）給他作妻子。約瑟使埃及到處的糧倉儲滿糧食，當荒年來到，世界各地鬧饑荒時，唯獨埃及還有存糧。埃及王朝不只將糧食賣給埃及人，也賣給其他各國的人。

　　雅各住的迦南地也一樣鬧饑荒，因此他派便雅憫以外的十個兒子去埃及買糧。約瑟認出從國外來買糧的人當中，有一群十個人是他的哥哥，但他們卻不認得他。於是約瑟設計一齣戲，為的是要探聽他的父親雅各、親弟弟便雅憫的近況，也要弄清楚他的哥哥們是否有改變。約瑟先是指控他的十個哥哥是外國派來偵察埃及虛實的探子，十個哥哥被逼急了，趕快辯解，將家世一五一十說出。然後約瑟將其中一個哥哥西緬（史默紅）留作人質，要求其他人回去將便雅憫帶來，以證實他們沒有撒謊。

　　其他人回到迦南，將約瑟的要求稟告雅各，使得雅各非常痛苦。聖經這樣記載：「雅各對他們說：『你們要我失掉所有的兒子嗎？約瑟完了！西緬也完了！現在你們要把便雅憫帶走！災殃都歸到我身上來！』……雅各說：『我這個兒子不可跟你們去！他親哥哥死了，現在只剩下他一個人！他在路上可能遇到意外的事。你們要我白髮蒼蒼、悲悲慘慘地進墳墓嗎？』」（創世記42:36-38）

　　等他們帶著便雅憫，第二次現身在約瑟面前時，約瑟見到親

弟弟，內心非常激動，只好躲進自己房間偷偷哭一陣子再出來。後來約瑟設計了第二齣戲，他設宴請哥哥們吃飯，等他們回程時，約瑟在便雅憫的糧袋裡偷偷塞進自己喝酒的專用酒杯，等他們上路後再派人追上去搜查，咬定是便雅憫偷了杯子。他們被帶回到約瑟那裡，約瑟裁定便雅憫必須留下來當奴隸，其餘的人可回家。

這時猶大出面苦苦哀求，願意替便雅憫留下當奴隸。猶大告白他們曾害死便雅憫的親哥哥，因此便雅憫若沒跟著他們回去，他們的父親雅各會悲悲慘慘地進墳墓。聽到這裡，約瑟再也忍不住，他命令侍從離開，然後與他的兄弟相認。約瑟號啕大哭的聲音被埃及人聽到，也傳到王宮。埃及王以盛禮接待約瑟的兄弟們，並交代他們回迦南，迎接父親雅各，舉家搬到埃及居住。王並賜土地給他們，他們就在靠近蘭塞城最肥沃的地區定居牧羊。

▶ 約瑟的人格特質

談到約瑟的人格特質，我們有必要分成兩個階段來了解。第一個階段是從他出生到十七歲，第二個階段是他十七歲以後的時期。

十七歲以前的約瑟

自戀個性：前面我們說過，約瑟出生、成長在一個非常複雜的家庭。在他的兒童時期，他就隱約了解他的父親雅各與他的外公拉班及舅舅們之間，為了爭財產而處得不愉快。此外，他也嗅出自己的母親蕾潔為了爭寵，與他父親的其他女人無法和睦相處。而他的父親因為他的母親蕾潔後來難產而死，所以特別偏愛

他。於是養成約瑟自以為是、唯我獨尊的自大心理。

　　他竟天真地將夢中所見告訴他的父親和哥哥們，難怪連寵愛他的父親都要斥責他說：「這算甚麼夢呢？你想你母親、哥哥們，和我都要向你下拜嗎？」（創世記37:10）再加上約瑟有喜歡打小報告的個性，使他變成他哥哥們的眼中釘。生活在這個不太健康的家庭環境中，他學習到競爭才是生存之道。

　　以現代醫學的觀點，一個人的個性到十七歲時，已經成型，不太容易再改變。若發生個性改變，最可能的原因是大腦生病或經歷了重大的信仰改變。約瑟十七歲之後的個性確實改變了，其原因是信仰的力量將他轉化成一個新造的人。

十七歲以後的約瑟

　　學會謙卑：約瑟第一次意識到自己其實是微不足道的，可能是在他被哥哥們丟入枯井、求救無門的時候。在那情況下，他認清他不但不是世界的中心，甚至根本不算甚麼。在絕望下，他唯一能仰賴的只剩下上帝。這個危機反而成為他的轉機，使他學習一輩子都不會忘記的功課「謙卑」。

　　後來，當他成為埃及的囚犯，有機會替埃及的高官、國王解夢時，他都特別聲明不是他會解夢，而是上帝的能力透過他解夢。當他貴為埃及宰相，他的兄弟們跪在他面前時，他也能立刻拋開身分地位，走下來與他們站在同樣的高度，相擁而泣。

　　信靠上帝：約瑟雖然被賣到埃及，但他的信心使他堅強活下去。他在埃及王的侍衛長波提乏家中當奴隸，因他的行事為人受到主人賞識，他被提拔為總管家。可是因為女主人勾引他不成而誣告他，他被下到牢房作囚犯，使他再度受到極大的挫折。

　　不少人經過連番失敗、挫折後，會變得沮喪，甚至得憂鬱

症。此種過程，醫學及心理學稱為「學習來的無助感」（learned helplessness）。好在約瑟從第一次挫折中學會信靠上帝，所以在舉目無親的埃及受難，卻能不喪志，在獄中仍然積極生活，獲得監獄長的賞識，派他管理其餘囚犯，負責處理監獄裡的事務。

負責：無論是在侍衛長波提乏家或被下在監牢，約瑟對交代給他的任務都非常負責盡職，讓他的主人甚麼都不必操心，卻能事事順利完成。擔任埃及宰相時，他讓埃及成為非常有效率、有法治的國家。當全世界鬧饑荒的時候，埃及卻有足夠的糧食供應大家吃。

正直：在侍衛長波提乏家，女主人不斷色誘，約瑟不但沒有動搖，還對女主人說：「你想，我主人把他所有的一切都交我管理，我在這裡，他就不必為家務操勞。在這家庭裡，我跟他一樣有權，除你以外，他沒有甚麼不交給我的，因為你是他的妻子。我怎麼可以做這種不道德的事，得罪上帝呢？」（創世記39:8-9）雖然女主人天天用話勾引約瑟，約瑟始終拒絕跟她睡覺。約瑟能如此正直，除了自身個性外，信仰當然是他背後的重要支持力量。

愛心：約瑟的哥哥們到埃及買糧、被約瑟認出後，約瑟雖然保持其宰相的沉穩外表，內心卻非常激動。此激動不是因過去創傷的舊恨湧上心頭，而是出於兄弟親情之愛，更是掛念父親雅各與親弟弟便雅憫的思念之情。甚至出於情境的考量，好幾次必須躲起來偷哭，哭完了擦乾眼淚再出來。

寬恕：約瑟與前來買糧的哥哥們相遇，到正式出面相認，這中間他安排了幾齣戲，包括：指控他們是來偵察的外國探子；扣留西緬當人質；暗藏酒杯在便雅憫的糧袋中而指控他偷竊。雖然有人評論約瑟有點做作、刁難，但是從精神醫學的觀點，此過程

也可視為一帖良方，醫治了他的哥哥們為過去所做壞事所留下的罪惡感。

約瑟與耶穌基督

有些人想從舊約聖經人物了解其對耶穌基督的象徵意義，其中，約瑟是常被提起的一位。

此種研究的觀點是，約瑟的夢被他自己的家人輕視、卻被外人重視，象徵耶穌不被猶太人接受，卻被外族尊崇；約瑟被賣給埃及人，象徵耶穌基督被交付給異族羅馬人；約瑟幾乎與死亡擦身而過，之後被高升為宰相，使當時的人從饑荒中獲救、免於死亡，象徵耶穌基督死而復活，被高舉成為彌賽亞（默西亞，救世主之意）；約瑟在埃及第一次沒有被他的兄弟認出，第二次才相認，象徵耶穌第一次來世間不被猶太人接納，耶穌基督第二次來時，就是猶太人接受耶穌為基督的時刻。

〈創世記〉中所記載的夢

聖經提到夢的地方有一百二十一次，其中〈創世記〉佔了最主要的部分。一般基督徒比較熟悉〈創世記〉所記載之夢的故事性，但這些夢的神學意義則較少被提及。

夢境可視為上帝臨在的神聖場地（Sacred Space），也是天上與人間的相連之處，例如雅各夢見天梯（參創世記28:12）。夢也可以是上帝在傳遞祂的信息，例如雅各在夢中聽到天使告訴他，所有在交配的公山羊都是有斑、有紋、有點的（參創世記31:12）。夢也可以是上帝的啟示，例如埃及王的夢，間接啟示了

將有豐收年和荒年。夢又可以是上帝為他的百姓介入人間事務，例如上帝在國王亞比米勒（阿彼默肋客）夢中出現，要他將莎拉（撒辣）歸還亞伯拉罕。

從上述的觀點來看，約瑟做的夢似乎不太一樣，從頭到尾，都沒有上帝或天使出現。約瑟做的夢並不是立即要發生的事（例如司酒長與膳務長的夢），也不是要表示上帝介入人間事務或傳達祂的啟示（例如埃及王的兩個夢）。他的夢境內容比較像是狂傲少年不知天高地厚，一心想要出人頭地。而在他做夢之後，他天真地將夢境告訴哥哥們和他父親的作風，也顯示他就是這個樣子的人。

▶ 夢與睡眠醫學

人的一生中，約三分之一的時間是在睡覺。每個人所需要的睡眠時間因人而異，多數人落在六到九小時之間。有些人不到六小時，屬於短睡型；有些人需要超過九小時的睡眠，屬於長睡型。從睡眠腦波結構來看，睡眠可分「非快速眼動睡眠」（Non-Rapid Eye Movement, NREM）及「快速眼動睡眠」（Rapid Eye Movement, REM）兩種。前者約佔80％，後者約20％，兩者合起來一個循環約為一個半小時。

夢多半出現在快速眼動睡眠期間，但也可以出現在非快速眼動睡眠期間。快速眼動睡眠期間的夢比較沒有脈絡邏輯，非快速眼動睡眠時出現的夢則比較有思考邏輯。從現代睡眠醫學的知識來看，〈創世記〉中所記載的夢都屬有思考邏輯的夢，不是荒誕、雜亂的夢，所以應該是在非快速眼動睡眠時所做的夢。我們常說人生不能沒有夢想，有夢最美。我們每天的睡眠也一樣，不

能沒有夢。在睡眠實驗室裡，若連續多天將夢剝奪（睡眠腦波出現快速眼動睡眠就將其叫醒），人的身心都會受損。

▶ 對現代人的啟發

〈創世記〉裡的約瑟，經歷了人生的苦難而脫胎換骨，從一個自戀的少年成長為謙卑服務人群的人，成為見證上帝是愛的典範。約瑟的故事也告訴我們，苦難是上帝包裝的祝福。苦難可成為絆腳石，嚴重者甚至會發展成憂鬱症，使人跌入無底深淵。苦難也可成為墊腳石，使人更加成熟，成為眾人的祝福。

生活中遭遇的壓力事件，會成為墊腳石或絆腳石，端看當事人以積極正面或消極負面的態度面對。以積極正面的態度面對，就會有盼望。基督徒要學習把受苦視為上帝為幫助基督徒心靈成長所精心設計的訓練課程，持此種態度來詮釋所遭遇的苦難，心靈會隨之成長，使基督徒愈有勇氣面對苦難，並進而愈來愈能分擔別人的痛苦。如此一來，雖然外在環境依舊，內心卻能不再被痛苦所挾制，也就愈來愈能感受更多的快樂，珍惜生命中小小的祝福。

痛苦不再白受，便能轉化成對自己及別人的祝福。新約聖經〈羅馬書〉5章3-4節說：「患難生忍耐，忍耐生老練，老練生盼望。」苦難雖然不受歡迎，卻是上帝使人成長的禮物。沒有盼望，便是憂鬱症對心靈帶來的致命傷害。提倡意義治療的奧地利心理治療大師維克多（Victor Frankle）在二次世界大戰期間，曾被關在納粹集中營裡，他的親身體驗讓他發現，一旦囚犯失去盼望，就無法活得很久。

約瑟的故事也啟發我們，上帝使萬事有定時，世事都有上帝

特定的時間。如果埃及王的司酒長復職後立刻設法將約瑟救出監獄，而不是兩年後才想起約瑟，約瑟可能就沒有機會替埃及王解夢而被提拔為宰相。耐心等候也是我們人生需要學習的重要功課。

FILE.17

——●——

美莉安

史上第一支敬拜團的創立者

　　美莉安（米黎盎）與摩西（梅瑟）這對姐弟檔，是帶領以色列人出埃及、在曠野沙漠之地接受信仰與生活訓練的靈魂人物。弟弟摩西是當今世人（不論是在基督教、猶太教、回教世界）都再熟悉不過的人物，可是姊姊美莉安卻是默默無聞，就算有知道這個名字的人，也不太清楚她的事蹟。

　　其實，對當年跟著摩西離開埃及的民眾來說，美莉安在他們心目中的地位，並不亞於摩西，甚至可以說比摩西更受愛戴。只是在以男性為中心的以色列社群，為突顯摩西角色的重要性而將美莉安壓低了。聖經作者只在幾個地方簡短提到美莉安，但我們仍然可以從那些片段察覺出她在群眾中的影響力與重要性。

▶ 美莉安與摩西的身世背景

　　〈出埃及記〉（出谷紀）是記載摩西帶領以色列人離開埃及、

進入迦南地之前，在曠野走了四十年的經歷。幾千年來，以色列人一再向他們的子孫講述上帝如何帶領他們的祖先脫離在埃及當奴隸的故事。〈出埃及記〉便是以摩西的出生作為故事的開始。

摩西出生時，以色列人住在埃及已約四百年。由於以色列人的人數增加很快，埃及王擔心會威脅到埃及的安危，乃逼以色列人當奴工，後來更變本加厲，下令凡「希伯來新生的男嬰都必須扔到尼羅河去，只准女嬰活著」（出埃及記1:21）。

〈出埃及記〉這樣記載摩西出生的故事：「有一個利未族的人和他同族的一個女子結婚，生了一個兒子。她看見這嬰兒那麼俊美，就把他藏了三個月。到她實在隱藏不了這孩子，就拿蒲草編了一個籃子，塗上防水的瀝青和柏油，把孩子放在籃子裡，然後把籃子藏在河邊蘆葦叢裡。

「這孩子的姊姊遠遠地站，要看看會有甚麼結果。國王的女兒到河邊來洗澡；她的宮女們在河邊散步。突然她看見蘆葦叢中有一個籃子，就叫伺候的宮女去拿來。公主打開籃子，看見一個男嬰在哭，就心生愛憐，說：『這一定是希伯來人的嬰兒。』

「那時候，嬰兒的姊姊走出來，對公主說：『請問，要不要我去找一個希伯來女人來作他的奶媽？』公主說：『好啊！』那女孩子就去叫嬰兒的母親來。公主對那女人說：『把這嬰兒帶去，替我養他，我會給你工錢。』於是那女人把嬰兒接回去撫養。這孩子長大後，母親把他帶到公主面前，公主正式收養他作自己的兒子。她說：『我從水裡把這孩子拉上來，就叫他摩西吧！』」（出埃及記2:1-10）

伊斯蘭教的《可蘭經》也記載類似的故事，只是撿到嬰兒的是王后而不是國王的女兒，因他們沒有兒女，王后央求國王留下

嬰兒當自己的兒子。摩西就這樣成為王子，在埃及王宮長大。

　　經文中沒有提到摩西父母及姊姊的名字，但從舊約聖經的另兩段經文，讀者不但可以知道摩西雙親的名字，還會知道摩西有一個大姊和哥哥：「暗蘭娶了出生在埃及利未的女兒約基別。她給暗蘭生了兩個兒子——亞倫和摩西，一個女兒美莉安。」（民數記／戶籍紀26:59）以及「暗蘭有兩個兒子——亞倫、摩西，一個女兒美莉安。」（歷代志／編年紀上6:3）從這兩處經文及〈出埃及記〉4章14節的記載，我們知道美莉安是暗蘭（阿默蘭）與約基別（約革貝得）的長女，摩西是第三個小孩。

▶ 深得民心的先知

　　美莉安是聖經裡第一位被稱為先知的人：「亞倫的姊姊先知美莉安手裡拿著鈴鼓。」（出埃及記15:20）、「我從埃及把你們帶出來，從奴役的地方把你們拯救出來。我派遣了摩西、亞倫、美莉安去領導你們。」（彌迦書／米該亞6:4）猶太教拉比認為，美莉安早在小孩時就已顯出其先知特性。

　　猶太拉比還認為，美莉安及亞倫（亞郎）比摩西早出生，那麼，這段有關摩西出生的描述「有一個利未族的人和他同族的一個女子結婚，生了一個兒子。她看見這嬰兒那麼俊美，就把他藏了三個月」就顯得突兀。為解決此疑問，拉比做了下面的解經釋義。

　　美莉安的父親暗蘭不願意看到以色列人生的男嬰被扔到尼羅河淹死，就和妻子約基別離婚，以免生下男嬰送死。許多以色列人也跟隨暗蘭，和妻子離婚。美莉安早就預知她會有一個弟弟，將來要出來拯救以色列人，於是她向父親暗蘭出言相激，說他比

埃及法老王更惡劣，因為法老王只消滅以色列人的男嬰，而以色列人跟著暗蘭辦離婚，等於將以色列的男嬰女嬰都消滅。暗蘭將美莉安的話聽進去了，於是再度和約基別結婚，然後生下摩西。拉比在《米大示》的此種看法，雖無正典（指舊約聖經）的根據，卻是說得通的解釋。

從上面提到的經文可知，摩西後來被埃及公主從尼羅河撿起來後，得以由生母約基別哺乳養大再送回王宮，全靠美莉安的用心安排。從這件事可看出美莉安從小就非常重視家庭生活，認為一家人應住在一起，尤其是夫妻。猶太教聖經學者埃爾坎南・阿德勒（Elchanan Adler）拉比在其研究論文就提到，美莉安一生堅持此種主張。

美莉安小孩時期就想方設法阻止家人被拆散，等她長大成為女先知，她認為不必也不宜因身為神職人員而忽略家庭生活。美莉安這項一貫主張，導致她向摩西的領導挑戰。

▶ 挑戰摩西的領導

舊約聖經〈民數記〉記載：「摩西娶了一個古實的女子為妻；美莉安和亞倫為這件事批評摩西。他們說：『難道上主只藉著摩西說話嗎？他不也藉著我們說話嗎？』」（民數記12:1-2）基督教（特別是改革宗）對這段經文的釋義，比較傾向於認為美莉安挑戰摩西的領導是出於驕傲與嫉妒，但猶太拉比們收集《米大示》的經文釋義，則比較為美莉安辯護。

拉比認為「古實的女子」指的是摩西原本的妻子西坡拉（漆頗辣），不是另娶他人，而摩西已經很長一段時間固守在聖幕（會幕），沒有回營房和西坡拉同住。摩西認為這樣做是合乎

上帝的旨意，但美莉安是為同是女性的西坡拉設想，認為摩西沒有盡丈夫的義務、回營房和西坡拉同住是錯的，所以和亞倫一起去責備摩西。

　　拉比認為就一般夫妻的生活倫理來說，美莉安的主張是對的，只是她忽略了當時摩西的身分和情境。雖然此挑戰引來懲罰，使她皮膚生病、被隔離，但民眾仍然愛戴她，聖經記載說：「上主向他們發怒……美莉安的皮膚突然長了痲瘋……美莉安被關在營外七天；人民等她回來後才拔營。」（民數記12:9-15）

▶ 從精神健康角度看美莉安

　　勇敢、有愛心：「把孩子放在籃子裡，然後把籃子藏在河邊蘆葦叢。這孩子的姊姊遠遠地站著，要看看會有甚麼結果。」（出埃及記2:3-4）從這段經文可看出，她冒著生命的危險，一路關心她那位嬰兒弟弟摩西的安危。

　　機智、善於溝通：「公主打開籃子，看見一個男嬰在哭，就心生愛憐，說：『這一定是希伯來人的嬰兒。』」（出埃及記2:6）美莉安看到此場景，認為機不可失，她當機立斷，立刻衝到公主面前推薦奶媽，成為法老王女兒與嬰兒摩西的母親之間的橋梁，也拯救了嬰兒摩西的生命：「那時候，嬰兒的姊姊走出來，對公主說：『請問，要不要我去找一個希伯來女人來作他的奶媽？』公主說：『好啊！』那女孩子就去叫嬰兒的母親來。」（出埃及記2:7-8）

　　具虔誠信仰的藝術家：在上帝拯救以色列人脫離埃及軍隊的追殺、渡過紅海後，她立刻寫下感恩、頌讚的詩歌：「亞倫的姊姊先知美莉安手裡拿著鈴鼓，許多婦女跟著她，一面打鼓，

一面跳舞。美莉安應和她們唱：要歌頌上主，因他贏得光榮的勝利；他把戰馬和騎兵都投進海裡。」（出埃及記15:19-21）美莉安帶領群眾歌頌敬拜上帝，可說是「敬拜讚美」的創始人，她成立了第一支敬拜讚美團隊。

和平締造者：她使敵對的埃及（法老王女兒）與以色列（摩西母親）成為合作的夥伴，她也成為以色列人在曠野的鼓勵者。她像湧出的泉水，提供生命給摩西與以色列百姓。在沙漠中流浪時，她撫平了百姓的不安，成為百姓與摩西間的潤滑劑。

聖經記載，美莉安一死，以色列百姓在曠野就沒水：「正月，以色列全體會眾來到曠野，在加低斯紮營。美莉安死在那裡，就安葬在那裡。他們紮營的地方沒有水，人民聚集到摩西和亞倫那裡埋怨。」（民數記20:1-3）這象徵以色列百姓失去了他們渴望的安慰者。

▶ 對現代人的啟發

舊約聖經希伯來語的「美莉安」，就是新約聖經希臘語的「馬利亞」。雖然聖經編者試圖貶低美莉安的重要性，但從「美莉安／馬利亞」的一脈傳承，我們仍然能看出女性在歷史及信仰上的重要分量。

美莉安雖然不是生下摩西的女人，但她卻是拯救摩西免於死亡、獲得新生命的關鍵人物。從這個角度來看，美莉安是使摩西生存下來的「母親」。沒有美莉安就沒有摩西，沒有摩西就沒有以色列人的出埃及。美莉安促成了帶領以色列人出埃及的摩西，而馬利亞促成了拯救世人的耶穌基督。從舊約延續到新約，「拯救者」從「美莉安／馬利亞」臨到世人！

　　世界上，多數人類家庭生活中，親子間的互動，母親的角色分量大於父親。所以不論是教或養，母親的影響都大於父親。各行各業的巨人，其背後都有母親的一雙手。女性那雙推搖籃的小手，在人類歷史上經常扮演震動世界的源頭。

　　再從生物學的觀點來看，人類細胞有23對（46條）染色體。其中有一對稱為性染色體，分別稱為X染色體及Y染色體（男性是X及Y兩條，女性則兩條都是X）。在交配時，數億的精子賽跑尋找卵子，精子中有半數是含X染色體，另一半含Y染色體，而所有的卵子都只含X染色體。如果含X的精子先達陣與卵子結合，則該受精卵的性染色體就是XX，發育成女孩。若含Y的精子跑贏了，則該受精卵的性染色體就是XY，會發育成男孩。

　　X染色體和Y染色體在胚胎發展上的工作量非常懸殊。X染色體上有一千五百個基因，全數參與胚胎的發展，而Y染色體中只有一小段帶有SRY基因的部分參與胚胎發展成男性，其餘的幾乎是閒閒無事做。所以Y染色體每一百萬年去掉五個基因，現在只剩下不到一百個基因。女性有兩個X染色體，在胚胎發展過程中，其三千個染色體中有一半呈現休息狀態，稱之為「X沉潛」（X inactivation）。而到底是由父親的或母親的X染色體的基因出面工作，似乎是隨機安排的。

　　所以女性胚胎的發展，特別是與大腦功能相關的部分，是由雙親的基因拼湊而成，相對複雜。男性胚胎的發展相對單純，因其與X染色體相關的部分只有一套，完全由母親來的X染色體擔任工作。所以男生有好頭腦，應該要感謝媽媽。當X染色體出狀況時，女性可將其呈休息狀態的備份基因活化，而男性只有一個X染色體，沒有備份，所以比較容易出現大腦病變。

　　綜合上面所述，國家和社會，特別是男性族群，應該給女性

更高的尊重、更多的掌聲。不論從歷史的發展過程，或從生物學的觀點，女性對人類的貢獻絕不亞於男性。性別平權，對女性來說只是剛好而已，甚至可以說，還是有點委屈女性。台語的諺語說：「驚某大丈夫，打某豬狗牛。」又說：「娶某大姊，坐金交椅。」這是台灣還在重男輕女的時代時，我們祖先的智慧之言，值得反對性別平權的人三思。

FILE.18

—•—

耶利米

困頓一生的悲劇先知

　　以利亞（厄里亞）和耶利米（耶肋米亞）這兩位前後相距約二百五十年的先知，是明顯很不一樣、可作為對比的先知。

　　以利亞主要是在以色列（北王國）擔任先知，他是一位相當粗獷、有自信、敢作敢為的人。除了逃避王后耶洗碧（依則貝耳）追殺的期間外，他的大部分時間是以自由之身，有聲有色地去執行他的任務，最後被上帝直接以火馬車接走。而耶利米主要是在猶大（南王國）工作，他是一位天性懦弱、缺乏自信、想逃避先知任務與責任的人。他一生愁苦，被人誤解、輕視、侮辱，還被關入地牢。他親眼目睹猶大國滅亡，人民被放逐到巴比倫為奴隸。

▶ 耶利米的家世背景

　　耶利米大約是公元前7世紀末葉到6世紀初葉的人。他的父

親希勒家（希耳克雅）是便雅憫境內亞拿突城（阿納托特城）的一個祭司（參耶利米書／耶肋米亞1:1），他的叔叔沙龍（參耶利米書32:7）是女先知戶勒大（胡耳達）的丈夫（參歷代志／編年紀下第34章），由此可見，耶利米出身祭司世家，受過良好的教育。

他的家境應該可算是富有，所以他才有辦法贖回他的堂兄弟的田地（參耶利米書第32章）。他的家鄉亞拿突城位於耶路撒冷東北邊約五公里遠，因父親的關係，他可能從小就常常有機會去耶路撒冷。

亞拿突城可說是出祭司之城，被所羅門王（撒羅滿）革除祭司職務、並勒令離開耶路撒冷回去亞拿突城的亞比亞他（厄貝雅塔爾）可能是耶利米的祖先。這兩地的祭司可能因而關係緊張，這或許是耶利米被耶路撒冷的祭司們排擠的部分原因。

▶ 耶利米被呼召

耶利米擔任先知的期間長達四十多年，經歷了猶大國最後幾個國王：「猶大王亞們的兒子約西亞統治猶大國的第十三年，上主向耶利米說話；約西亞的兒子約雅敬統治猶大國期間，上主又向耶利米說話。那時以後上主常常向他說話，一直到約西亞的另一個兒子西底家作王統治猶大國的第十一年五月，那時候耶路撒冷的住民被擄到巴比倫去。」（耶利米書1:2-3）

他受呼召的經過如下：「上主對我說：『在我賜生命給你以前，我已經選召了你；你還沒有出生，我就指定你作萬國的先知。』我回答：『至高的上主啊，我太年輕；我沒有口才。』但是上主對我說：『你不要自以為年輕，儘管到我差派你去的

人當中，向他們宣佈我命令你說的一切話。你不要怕他們；因為我與你同在，要保護你。我—上主這樣宣佈了！』於是上主伸手摸我的嘴唇，對我說：『你看，我把你該說的話放在你口中。我今天授權給你；你要向萬國萬民做根除、拆毀、破壞、推翻、重建，和種植的工作。』」（耶利米書 1:4-10）

耶利米以自己太年輕、沒有口才來推拖，不想當先知，但是上帝仍然照祂的既定計畫要耶利米出來擔任先知。此情況和當年摩西被呼召很類似，摩西也曾以沒有口才來推拖上帝的呼召。

▶ 一生內心悲苦的先知

先知是傳達上帝信息的人，他必須忠實說出上帝要他說的話，而不是迎合對方想聽的話。偏偏上帝要耶利米傳達的信息，都是對方不喜歡聽的話：當全國處於政治狂熱氣氛中時，耶利米卻烏鴉嘴宣告國家將面臨一連串災禍；當所有的人都陷入絕望低潮時，他卻出來宣告會有拯救的好消息。耶利米與社會主流意見格格不入，他是在執行上帝的吩咐而對抗社會輿論。

然而，耶利米的宣告任務失敗了，他成為人民公敵。他覺得自己被上帝與人們所遺棄，數次向上帝訴苦、埋怨：

- 我好慘哪！我母親為何生下我呢？我得跟國內每一個人爭辯！我沒有借錢給別人，也沒有向別人借錢，可是人人都詛咒我。（耶利米書 15:10）

- 我沒有浪費光陰，跟別人在一起歡笑，享受人生樂趣。為了遵從你的命令，我孤立自己，心裡充滿忿怒。我為甚麼不斷受苦？為甚麼我的創傷不得醫治？難道你要像乾涸的小溪那樣靠不住、老是令我失望嗎？（耶利米書

15:17-18）

‧上主啊，你愚弄了我；我上了你的當。你比我強大，你勝過我。人人都戲弄我；他們整天把我當作笑柄。（耶利米書20:7）

‧願我的生日受詛咒！願我出母胎的那一天被遺忘！願那向我父親報喜的人受詛咒！他對我父親報告：是男的，你得了一個兒子！願他像被上主毀滅的城，得不到上主的憐憫。願他清早聽到哀號，午間聽見戰爭的吶喊。因為他不在我出母胎以前殺我，好使我以母腹作墳墓。我為甚麼要出世呢？難道只為著經歷辛勞、悲傷，在羞辱中消耗我的歲月嗎？（耶利米書20:14-18）

耶利米內心的痛苦，以及他所受到生不如死的折磨，讓我們想起約伯的遭遇。

▶ 耶利米經歷的異象

耶利米除了一生處於憂患外，他的另一特色是上帝常常向他說話。在他與上帝的對話過程中，他經歷異象、領受隱喻、預言國家的興亡，用行動劇來宣達上帝的教導。

上帝伸手摸耶利米的嘴唇，象徵一切該說的話與口才，上帝會預備（參耶利米書第1章）；耶利米看到一根杏樹枝子、北方有一個滾沸的鍋等異象，象徵上帝警告北方來的災禍（參耶利米書第1章）；好與壞的兩簍無花果，象徵上帝的拯救與懲罰（參耶利米書第24章）；用腰帶、酒缸、去陶匠的家、負軛、打碎陶器瓶子等行動劇（參耶利米書第13、18、19章）教導上帝的主權與懲罰。

耶利米的人格特質

懦弱、敏感（sensitive）個性：耶利米生長於鄉下，熟悉植物及農業。他個性內向，喜歡安靜的鄉村生活，卻在動亂時代被上帝呼召，不得不走上舞台。他成為那個邪惡社會嘲弄、毀謗、迫害的對象。他自知年輕又無口才，寧可沒沒無聞地過日子，不願意成為眾人注目的先知。

可是，因為上帝要他對當時已走入歧途的國王及民眾傳達災禍即將來臨及悔改的信息，他成為眾人憤怒、嘲諷的對象，但當全國陷入絕望時，上帝又要他去傳達未來仍有盼望、獲救的安慰信息。身為上帝的先知，他必須忠實去執行上帝交代的任務。

耶利米外表給人的印象是「像堡壘、鐵柱、銅牆一樣堅強」（耶利米書1:19），內心卻因其敏感個性而難過、破碎。他只能向上帝訴說他的痛苦與絕望，在人們面前他仍然必須呈現堅強的樣子。耶利米此種心境，與德蕾莎修女長期在印度加爾各答堅強救助別人、內心卻痛苦難堪的情況，有類似之處。

充滿同情心：雖然周遭的人對他如此不友善、苛責，耶利米對猶大國受到的苦難，並沒有幸災樂禍的心理，也沒有想報復的念頭。他以沉重心情預言國家會滅亡，〈耶利米書〉4章19節就是他充滿同情心、為同胞悲傷所寫的詩。

他也為同胞懇切禱告說：「同胞的創傷使我心碎；我悲痛萬分，驚憂不已。難道基列沒有膏藥嗎？難道那裡沒有醫生嗎？為甚麼我的同胞沒得到醫治呢？」（耶利米書8:21-22）耶利米認為上帝公義的審判是必須的，但他仍禱告說：「上主啊，求你從寬管教我們；求你不要在烈怒下消滅我們。」（耶利米書10:24）自身受到凌虐的經驗，使他更不忍心他的同胞受苦。

　　勇敢：耶利米雖然本性害羞、退縮，一旦接受呼召，他就藉著上帝的力量變得剛強。他敢於嚴責猶大國的道德、靈性的腐敗，他也譴責國王想依附埃及來對抗巴比倫的外交政策是自殺式外交。他不因外來威脅而退縮，絕不討好人而妥協、說好聽的話。明明他只要稍作妥協，就可避免牢獄之災，但他寧可坐牢也不妥協。

　　堅信上帝：耶利米始終如一，堅信上帝的呼召。將上帝交代的話，一句不少地照實傳達。他多數時候預言滅亡、譴責腐敗，但他也指出救贖的希望。他以〈耶利米哀歌〉表達心靈的極度哀傷，但也不忘指出心靈復原的方向。

▶ 新約聖經中的引用

　　有人估算出新約聖經有九十六次引述〈耶利米書〉，其中〈啟示錄〉（默示錄）引用超過三十次。〈馬太福音〉（瑪竇福音）2章18節描寫希律王（黑落德王）屠殺二歲以下兒童的景況，就直接引用〈耶利米書〉30章15節的經文：「在拉瑪聽見了號咷痛哭的聲音；蕾潔為著孩子們哀哭，不肯接受安慰；因為他們都死了。」另外，〈馬太福音〉21章13節提到耶穌潔淨聖殿時，責罵聖殿變成賊窩，以及〈哥林多前書〉（格林多前書）1章31節說到「誰要誇口，就該誇耀主的作為」等，都是引述〈耶利米書〉。

▶ 對現代基督徒的啟發

　　前面曾提到，耶利米與社會主流的意見總是格格不入，他是

在執行上帝的吩咐而對抗社會輿論。他被當時的人認為不識時務，與主流民意背道而馳，甚至被認為是人民公敵。

　　其實「主流民意」和「識時務者為俊傑」這兩句話，從古至今常被誤用或濫用。當今許多政論節目的名嘴，喜歡用所謂「民調」數據來支持他們的論點，然而，對其引用的民調可信度，以及有沒有誤用民調數據，聽眾有需要加以辨明，就算其民調真的是呈現主流民意，也不見得大家就應該順應此情勢去走。以哥白尼「地動說」的案件為例，當時全世界的主流民意是太陽繞著地球走，可是哥白尼卻提出是地球繞著太陽走。他甚至因為違背主流民意而受到嚴厲處罰，被當時的人譏笑為不識時務，但事實證明他是對的。

　　「識時務者為俊傑」這句話的出處是《三國誌‧蜀誌‧諸葛亮傳》。「識」是指辨別能力，「時」的本義是指太陽運行的節奏，也就是按時做應做的事，「務」指為使命而奔跑。真正的識時務者會選擇做符合規律、做應該做的事，而不隨波逐流；真正的識時務者會目光長遠，有原則有操守，不被利益左右。依此觀點，耶利米和哥白尼才是真正識時務的俊傑。

　　美國著名精神科醫師作家派克（Scott Peck）在其著作《心靈地圖II》（*Further Along The Road Less Traveled*）曾提到一個他自己的故事。派克醫師沉醉於禪宗二十年之後，選擇了基督教之路，然而受洗、在眾人面前公開宣告耶穌是主這件事，卻讓他遲疑一陣子。不是他對耶穌有懷疑，而是他認為一旦受洗，就應該將自己完全交託給主，可是他當時已經相當有名氣，演講邀約不斷，而他又相當習慣自行操控時間，成為基督徒之後，他的時間就不再屬於他，而是屬於基督了。

　　他在這本書中說：「所以我盡可能拖延時間，用一切想得出

的藉口規避受洗。最好的一個藉口是我不能確定要接受東正教、羅馬天主教、聖公會、長老會、路德會、美以美會或浸信會的洗禮。」這期間他曾做一個夢，夢中他是一個旁觀者，觀看一個中產階級的家庭。這個家庭有一個美國父母夢寐以求的十七歲兒子：他長得帥，做事認真負責，課後還打工，又是足球校隊的隊長和畢聯會主席，他已有駕照，也交了一個漂亮又文靜的女朋友。

不過，這位父親不准他兒子開車，還堅持不論兒子要去哪兒——練足球、工作、約會、畢業晚會——都親自開車送他去。父親還要求兒子每次都要從辛苦賺來的錢當中，付他五元作為這種根本沒必要的接送的車資。派克說他從夢中醒來，怒火中燒，恨透了那個專制又卑鄙的父親。他不知道該如何解釋這個夢，但仍把夢記下來。三天後，他發現他在寫父親這個字時，都用大寫字母FATHER。於是他領悟到上帝是在透過這個夢，要他把自己交給上帝。

有原則有操守的人，做任何職業都謹守天理，不被利益左右。Calling這個字可以譯為「呼召」，也可譯為「職業」。對基督徒而言，不論做任何事，都要當成是接受上帝的呼召。任何人接受上帝的呼召，就要有心理準備將自己的主權交出。上帝成為陶匠，接受呼召者成為陶匠手中的泥土。上帝會按照祂的計畫，將受呼召的人重新塑造。就像耶利米受呼召後，成為一個新造的人——從一個懦弱的鄉下人，成為後世景仰懷念的先知。

FILE.19

─●─

夏甲與莎拉

兩個女強人之間的戰爭

　　根據聖經〈創世記〉的記載，夏甲（哈加爾）與莎拉（撒辣）都是亞伯拉罕（亞巴郎）的妻子。莎拉原名莎萊，後來上帝要她做多國之母，而給她改名莎拉（參創世記第17章）。

　　這三個人所建立的家庭，可說是希伯來民族的第一個家庭，也是阿拉伯民族的第一個家庭。這個家庭成員之間發生許多的糾葛，特別是夏甲與莎拉之間有嚴重的紛爭。此家庭纏鬥，不只在距今四千年前造成家庭悲劇，還一直持續影響他們的後代，甚至擴大延燒成為今日世界的動亂與不安源頭。當代世界，基督宗教、伊斯蘭教與猶太教三大宗教文化間的拉扯，及其延伸出來的政治、經濟衝突，可視為此家庭糾葛陰魂不散，禍延子孫！

▶夏甲與莎拉的背景

　　猶太教的傳說，認為莎拉是亞伯拉罕的同父異母妹妹。因此

有人替亞伯拉罕辯解，說他對埃及王及亞比米勒（阿彼默肋客）稱莎拉為妹妹，並沒有說謊。在聖經裡，莎拉與亞伯拉罕的名字首次出現在〈創世記〉第11章，在這一章提到亞伯拉罕跟莎拉結婚，莎拉不能生育。接著在第12章提到這對夫婦因迦南（客納罕）發生饑荒而遷移到埃及，以及他們與埃及國王之間所發生的不愉快事件。

然後在第16章，再次提到莎拉不能生育，因此她要亞伯拉罕與她的埃及女奴夏甲同房，好代替她生一個兒子。這是夏甲的名字第一次出現在聖經中。究竟莎拉為甚麼會有一個埃及女奴，聖經並沒有交代，可是根據猶太教的《米大示》傳說，有提到夏甲是埃及王的女兒，可能是亞伯拉罕跟莎拉離開埃及時，埃及王送給莎拉的。

▶ 莎拉的悲歌

傳統上，基督教是比較推崇莎拉而貶低夏甲。但是仔細探討〈創世記〉有關夏甲與莎拉的記載，我們會發現上帝對夏甲的關心與祝福，遠遠超過莎拉所得到的。

莎拉的個性

從莎拉與亞伯拉罕的互動，以及她處理生育與對待夏甲的行為來看，莎拉是一個主動且很有主見的強勢女性，偏偏她出生在以男性為中心的世界。她先後兩次被丈夫亞伯拉罕要求隱藏妻子的身分，不得不進入王宮與兩位國王同房。這兩次生活事件，對莎拉這位美貌女性應該會帶來相當的創傷。

經歷了婚後長期不能生育，又被亞伯拉罕如此自私的對待，

可是莎拉並沒有被擊垮，反而積極地想辦法要解決問題。由此可看出莎拉積極、主動的堅強個性。莎拉主動向亞伯拉罕提議，要他接受夏甲做代理孕母，並且說到做到，立刻就把夏甲交給亞伯拉罕。

莎拉與夏甲的戰爭

　　莎拉找代理孕母的計劃獲得成功，聖經如此描述這個過程：「亞伯蘭的妻子莎萊沒有替他生兒女。莎萊有一個女奴叫夏甲，是埃及人。莎萊對亞伯蘭說：『上主使我不能生育。請你跟我的女奴同房吧！也許她能替我生一個兒子。』亞伯蘭同意莎萊的話。莎萊就把夏甲交給亞伯蘭為妾；這件事是亞伯蘭在迦南住了十年後發生的。亞伯蘭跟夏甲同房，她懷了孕。」（創世記16:1-4）可是此舉卻帶來她與夏甲之間沒完沒了的紛爭與敵對。

　　相信一直到莎拉將夏甲與亞伯拉罕送作堆為止，莎拉與夏甲的關係是不錯的。可是夏甲懷了孕，事情就起了變化。在兩個女人的戰爭中，女主人在第一回合勝利了，亞伯拉罕站在莎拉這一邊，夏甲只好逃走。聖經這樣說：「莎萊向亞伯蘭埋怨：『都是你不對，那丫頭才敢瞧不起我。我把她交給你；她知道自己有孕，就瞧不起我。願上主在你我間主持公道。』亞伯蘭回答：『好吧，她是你的女奴，在你手中，你可以隨意待她！』於是莎萊虐待夏甲，她受不了就逃走。」（創世記16:5-6）

　　夏甲後來經天使勸說，仍然回到莎拉身邊，並生下以實瑪利（依市瑪耳），他是夏甲的兒子，也是莎拉的兒子。十四年後，莎拉自己也懷孕生下以撒（依撒格）。這個家庭似乎興旺起來了，莎拉很開心，聖經記載：「莎拉說：『上帝使我歡笑；聽

見這事的人也要跟我一起歡笑。』她又說：『誰會預先對亞伯拉罕說莎拉要哺養孩子呢？但是他年老的時候，我竟給他生了一個兒子。』」（創世記21:6-7）亞伯拉罕也在以撒斷奶那一天大擺筵席宴客。

可是沒過多久，由於莎拉的忌妒心，引發了莎拉與夏甲的二次戰爭。根據聖經的記載：「有一天，埃及女奴夏甲為亞伯拉罕生的兒子以實瑪利跟莎拉的兒子以撒在一起玩。莎拉看到他們，就對亞伯拉罕說：『你把這女奴跟她的兒子趕出去。這女人的兒子不可跟我的兒子以撒一同繼承你的產業。』這件事使亞伯拉罕非常苦惱，因為以實瑪利也是他的兒子。」（創世記21:9-11）

莎拉的擔心

從以撒出生到斷奶後的幾天，莎拉與夏甲及以實瑪利之間應該是相安無事。那麼那一天莎拉究竟是看到甚麼，竟然會那麼激動，並向亞伯拉罕提出那麼惡毒的要求？《現代中文譯本1995修訂版聖經》譯為莎拉看到兩個兒子「在一起玩」，有的版本譯為莎拉看到以實瑪利「在笑」，有的譯為以實瑪利「在取笑」，《和合本聖經》則譯為「戲笑」。

有學者這樣解釋：「以撒」（Issac）在希伯來文的意義是「笑」，因此莎拉看到以實瑪利「在笑」，使她聯想到以實瑪利「在扮演以撒」（Issac-ing），因此莎拉就擔心以實瑪利會跟她的兒子以撒一同繼承亞伯拉罕的產業。這種解釋可能較合理。

另一個疑問是，莎拉為甚麼要等到以撒斷奶後，才擔心以實瑪利會跟以撒一同繼承亞伯拉罕的產業？在古代，生下的小孩很容易夭折，尤其是二至三歲前。所以等以撒活到三歲，夭折危險

大大降低，莎拉可能就認為，不必再靠以實瑪利做她後嗣的備胎了，於是在她心目中，以實瑪利的身分地位從「後嗣」變成與她兒子以撒爭繼承權的「對手」。為保護以撒的權益，莎拉不惜向亞伯拉罕提出那惡毒的想法。

夏甲的「出埃及」

夏甲是埃及人，又是莎拉與亞伯拉罕家的女奴，她跟著主人離開埃及，住在迦南地的希伯來人社區中。夏甲在這個希伯來人社區裡是個孤單的外國人，加上女主人對她也不友善，這個外國小女子所面對的壓力實在有夠大！

夏甲的個性

夏甲順從女主人莎拉的意思，與男主人亞伯拉罕同房，成為亞伯拉罕的第二個妻子，並很快就懷孕了。聖經這樣記載：「亞伯蘭跟夏甲同房，她懷了孕。她一發覺自己懷孕，就驕傲起來，瞧不起莎萊。」（創世記16:4）這段經文常被引用來批評夏甲，使夏甲給人留下壞印象。但若換個角度來看，夏甲經歷這事情後，她從原本自認的奴隸身分覺醒，認知自己是亞伯拉罕的妻子。可是莎拉仍停留在將夏甲當作女奴的認知情況裡，因此認為夏甲的言行舉止是驕傲、瞧不起她。

也因此，莎拉尋機報復、虐待夏甲，而亞伯拉罕也默許莎拉的做法，導致夏甲無法忍受而逃走。聖經記載說：「上主的天使在曠野，在通往書珥路上的一個水泉旁邊遇見夏甲，對她說：『莎萊的女奴夏甲呀，你從哪裡來？往哪裡去？』她回答：『我從女主人莎萊那裡逃出來。』上主的天使說：『你要回到女主

人那裡去，順從她。』

「天使又說：『我要使你的子孫眾多，沒有人能數算得出。你將要生一個兒子；你要給他取名以實瑪利，因為上主聽到你訴苦。你兒子將像一頭野驢，處處敵對人；人也要敵對他。他要跟親族隔離，獨自生活。』於是，夏甲自問：『我真的見到那看顧我的上帝而還存活來述說這件事嗎？』於是她稱那向她說話的上主為『看顧的上帝』。」（創世記16:7-13）從這段經文，我們發現夏甲具有堅強的意志與主見。她一旦覺醒，雖然遭遇外界強大的壓力，也不退縮。她敢於反抗莎拉不合理的壓迫，勇敢出走到未知的世界。

夏甲與莎拉都是意志堅強、有主見的女性。兩個女強人在同一個屋簷下共事一夫，似乎註定永無寧日。夏甲雖然是一個有主見又意志堅定的人，但她也是一個願意聽從別人意見、願意順服的人。她願意接受莎拉的意見與亞伯拉罕同房，也順服上主天使的建議回到莎拉身邊。

夏甲與以實瑪利的放逐

前面提到莎拉出於私心，要求亞伯拉罕將夏甲母子趕出家門。上一次夏甲是出於自己的選擇出走，這一次她是在被迫的情況下不情願地離開，也就是被莎拉與亞伯拉罕放逐。

關於夏甲母子在曠野的遭遇，聖經說：「上帝對亞伯拉罕說：『不要為著這兒子和女奴夏甲的事憂慮；照莎拉告訴你的去做，因為你要從以撒得到我所許諾的後代。至於女奴的兒子，我要給他許多兒女，使他們也成為一國，因為他也是你的兒子。』第二天一早，亞伯拉罕拿些糧食和一皮袋水給夏甲，把孩子放在夏甲背上，打發她走。

「夏甲離開那裡，在別是巴的曠野迷了路。水喝光了，她就把孩子放在小樹下，自己跑到離孩子約一箭之遠的地方坐下。她自言自語：『我不忍看我的兒子死。』她坐在那裡，放聲大哭。上帝聽到了孩子哭的聲音；上帝的天使從天上向夏甲說：『夏甲，你為甚麼煩惱呢？不要怕，上帝已經聽到孩子的哭聲。起來，把孩子抱起來，安慰他；我要使他的後代成為大國。』

「接著，上帝開了夏甲的眼睛，使她看見一口井；她到井邊，把皮袋盛滿了水，給孩子喝。上帝與孩子同在；他漸漸長大，住在巴蘭的曠野，成為熟練的獵人。他母親給他娶了一個埃及的女子作妻子。」（創世記21:12-21）

亞伯拉罕雖然那麼富有，卻只給些糧食和一皮袋水就打發他們走，是他存心如此或是怕莎拉不高興而如此吝嗇呢？

夏甲與以實瑪利被放逐到沙漠中的故事，雖然以苦難開始，但經過上帝的轉化，夏甲脫離莎拉的挾制，獨立自主地扶養以實瑪利成為熟練的獵人，最後以上帝的祝福收場。

夏甲與以色列

夏甲的故事，與亞伯拉罕及以色列民族的故事都有相似之處。首先，我們來比較夏甲與亞伯拉罕。在聖經裡，亞伯拉罕是第一個蒙上帝應許、其後代會成為大國的男性族長。夏甲則是第一個上帝應許會子孫眾多、多到沒有人能數算得出的女性族長。兩個人在應許實現之前，都經歷過幾乎要失去兒子的痛苦。兩個人也都在即將失去兒子的緊張時刻，聽到天使的聲音，挽回兒子的生命。

接著，讓我們來看夏甲和以色列民族的「出走」。夏甲是埃

及人，卻在希伯來人掌權的地方當奴隸；而以色列民族則是在幾代之後住在埃及，成為埃及法老王的奴隸達四百年之久。夏甲因無法忍受主人的虐待而出走，以色列人則是因無法忍受法老王的虐待而出走。夏甲與以色列人都是在曠野接受磨練而得以轉化、蒙受祝福。夏甲這位希伯來人眼中的外國人所遭遇的不義待遇，也象徵以色列人以後在埃及為奴所受的虐待。

以色列永遠不能忘記夏甲的故事，因為上帝是保護寄居的外國人、扶助孤兒寡婦的上帝。我們也可以這樣說，夏甲的故事就是以色列的故事。

▶ 夏甲的傳奇

從人的眼光來看，莎拉是有權有勢的社會上層階級者，夏甲是社會的弱勢者。但莎拉的結局卻是鬱鬱而終。反觀夏甲，她成為伊斯蘭教尊崇的「阿拉伯人之母」，其地位就如亞伯拉罕的「希伯來人之父」一樣崇高。

雖然過去在傳統上，基督教會有意貶低或忽略夏甲（特別是在教會的講壇上，會避開以夏甲為證道主題），可是只要我們仔細閱讀舊約〈創世記〉，就會發現聖經作者給了夏甲許多個其他聖經人物無法相比的「聖經裡的第一」：她是上主天使造訪的第一人，被天使直呼名字的第一人，唯一獲得上帝應許多子多孫的女人，第一個聽到天使報喜的女人，第一個代理孕母，唯一替上帝取名字的人，第一個逃離壓迫者的人，第一個逃走的奴隸，第一個獲得自由的奴隸，第一個棄婦，第一個單親媽媽。

夏甲不只成為有尊嚴的自由人，她認同自己的族群、為兒子找埃及女子為妻，她還把兒子教養成有肚量、愛好和睦的人。當

亞伯拉罕死時，以實瑪利不記恨亞伯拉罕的無情過犯，與以撒一起埋葬他們的父親。

▶ 從精神健康的角度看莎拉與夏甲的生活事件

為了亞伯拉罕的一己利益，莎拉曾經兩次在他鄉被亞伯拉罕以粗糙的手法推到王宮，與兩位國王同房，心靈深受傷害。更嚴重的傷害是，亞伯拉罕沒有告知莎拉，就偷偷地帶兒子以撒前往摩利亞山，準備將她的心肝寶貝當祭物。以莎拉與以撒的緊密親情關係，以撒一定會將獻祭事件的經過向莎拉報告。傳說此事件後，莎拉不願意再跟亞伯拉罕住在一起，莎拉住在希伯崙（赫貝龍），亞伯拉罕住在別是巴（貝爾舍巴）。

莎拉死時，亞伯拉罕及以撒都不在身邊。也許莎拉是鬱鬱而終。從心靈探索的觀點，莎拉沒有從過去被迫與國王同房的創傷事件中走出來，也沒有從創傷經驗中成長。因此，當她在自己的家鄉迦南地握有實權時，為了她的利益，以低劣粗暴的手法對待夏甲。莎拉從被害者搖身一變成為加害者！莎拉的故事值得後世的人引以為鑑。

夏甲與以實瑪利被逐出亞伯拉罕的家，進入別是巴的曠野時迷了路，而且水喝光了。在沙漠中缺水，很容易脫水死亡，夏甲眼看自己的兒子就要死了，她就把孩子放在小樹下，放聲大哭。聖經希伯來原文所使用的「放在」字眼，與將屍體放入墓穴的用字相同。當下，夏甲的情緒表達方式是自言自語說出不忍看著兒子死，並「放聲大哭」，而不是呆坐不語。

這樣做是有益於紓解情緒壓力的方法。耶穌面對難以忍受的極大痛苦時，也是大聲哭求：「耶穌在世的時候，曾經向那

位能救他脫離死亡的上帝大聲禱告，流淚祈求。因為他謙虛虔誠，上帝聽了他的祈求。」（希伯來書5:7）曾經有人教導說，有信心的基督徒要相信上帝會伸手幫助，不該哭。其實耶穌基督留給世人的榜樣是該哭的時候就好好哭一場，但哭過了，就要擦乾眼淚，而不是不休止地哭。

夏甲若不接受上帝的安慰，不擦乾眼淚，她就看不到早就在她身邊的那口井。上帝的力量與安慰其實就像那口井，一直在你我身邊，只等待我們去發現、去拿出皮袋，把水盛滿，好讓我們自己與孩子可以喝。

▶ 對現代人的啟發

夏甲與莎拉之間的角力，從客觀環境來看，確實對夏甲非常不利。但夏甲因心中有盼望，就有力量面對眼前的苦難，等候更好的未來。夏甲的故事可激勵許許多多處於困境中的人，要存著希望，不要輕易放棄，因為天總是會亮！

德國神學家莫特曼（Jürgen Moltmann）在第二次世界大戰時，曾在英國戰俘營當過囚犯。他認為人不能沒有盼望，一個沒有盼望的人會失去生命力量。信仰的盼望使人生活有力量，並且使人得到安慰。他主張並非現在決定未來，而是未來決定現在。因此信仰的盼望使人向前觀看，努力改造現在。

基督宗教信仰的本質是人的盼望與上帝的應許。新約聖經〈希伯來書〉11章1節說：「信心是對所盼望之事有把握，對不能看見的事能肯定。」基督宗教的信仰使人對未來有盼望，這盼望是藉相信耶穌會與人同行，賜力量去改造現在，使明天會更好。因為信而有盼望，所以能忍受目前的痛苦。雖然現實生活的

苦楚使人恐懼害怕，卻繼續向前行，這就是生之勇氣。雖有痛苦恐懼，仍然有勇氣繼續活下去，勝過生不如死的自殺念頭。

　　夏甲與莎拉之間的糾葛，並沒有因兩人的離世而畫下句點，反而越演越烈。到今天，它已演變成種族、宗教、政治、經濟的鬥爭。尤其是在歷史過程中，許多藉宗教之名引起的基督宗教、伊斯蘭教、猶太教之間的紛爭，看在夏甲眼裡，她可能要再一次放聲大哭吧！夏甲教導以實瑪利一起埋葬亞伯拉罕的和平相待之典範，被我們擱置一邊。夏甲的典範是要爭公平正義，但也要寬恕與和平。夏甲是值得我們思考與借鏡的聖經人物！

FILE.20

—·—

夏娃

誠實又有擔當的第一位女性

　　長期以來，基督教會根據〈創世記〉的故事，對於夏娃（厄娃）的評語，偏向負面解釋，連帶也影響到對性別倫理的看法。傳統的說法包括：女人是男人的誘惑者，應為失樂園負責；上帝先創造男人，再從男人的「肋骨」造女人，所以男先女後、男優於女；女人是男人衍生物，是男人的助手。

　　上述流傳在教會的傳統看法，是根據舊約聖經〈創世記〉第2章及第3章引申出來的觀點。這樣的解讀，導致男尊女卑的性別歧視。此種觀念符合以色列男性族長社會的期待，更影響到以猶太教《摩西五經》（梅瑟五書）為經典的基督宗教及伊斯蘭教社群。

　　對活在21世紀的人來說，此種看法確實是需要重新檢視！一些聖經學者，特別是女性主義的學者，都對此傳統觀念提出了挑戰。

▶ 上帝創造人的經過

　　關於上帝造人的過程，聖經是這樣記載的：「主上帝用地上的塵土造人，把生命的氣吹進他的鼻孔，他就成為有生命的人……後來，主上帝說：『人單獨生活不好，我要為他造一個合適的伴侶來幫助他。』於是主上帝用地上的塵土造了各種動物和各類飛鳥，把牠們帶到那人面前……」（創世記2:7-19）

　　我們比對一下〈創世記〉希伯來原文和中文翻譯：「主上帝用地上的塵土（ha-'adama）造人（ha-'adam）。」在這句經文中，「塵土」和「人」的希伯來原文是一樣的，「人」的希伯來原文的意思是「塵土受造物」，並沒有指明人的性別或指明是「男人」。《現代中文譯本1995修訂版聖經》譯為「主上帝用地上的塵土（ha-'adama）造人（ha-'adam），把生命的氣吹進他的鼻孔，他就成為有生命的人（ha-'adam）」比較接近希伯來原文的意思，但「他就成為有生命的人」中的「他」，仍會被解讀是指男性。其實中文的「他」可用在男女兩性。

　　在《和合本聖經》則譯成「耶和華－神用地上的塵土（ha-'adama）造人（ha-'adam），將生氣吹在他鼻孔裡，他就成了有靈的活人（ha-'adam），名叫亞當」，也就是多加了「名叫亞當」，從而引申出第一個塵土受造物是男性，名叫亞當。歸結來說，希伯來原文只說上帝創造的第一個人是「塵土受造物」，沒有指明是甚麼性別。

▶ 辨別善惡的樹

　　〈創世記〉2章15-17節記載：「主上帝把那人安置在伊甸

園，叫他耕種，看守園子。他命令那人：『園子裡任何果樹的果子你都可以吃，只有那棵能使人辨別善惡的樹所結的果子你絕對不可吃；你吃了，當天一定死亡。』」從這段經文，我們看到人在諸受造物中具有「自由意志」的特殊身分。人可以選擇順從或違逆上帝的命令。似乎除了人以外，所有受造物都是順著上帝內置的程式在運作，只有人不受內在命定的指令指使。但人也需要為此選擇權付出代價，有自由就有責任。

◢ 合適的伴侶

　　〈創世記〉2章18節記載：「後來，主上帝說：『人單獨生活不好，我要為他造一個合適的伴侶來幫助他。』於是主上帝用地上的塵土造了各種動物和各類飛鳥，把牠們帶到那人面前，讓他命名；他就給所有的動物取名。他給牲畜、飛鳥，和野獸取了名；但是牠們當中沒有一個適合作他的伴侶，好幫助他。」

　　這段經文的開頭，上帝說「人單獨生活不好，我要為他造一個合適的伴侶來幫助他」，似乎顯示上帝的造人工作尚未完成，所以上帝要再造一個合適的幫助者（'ezer）給那第一個「塵土受造物」作伴侶。希伯來文「'ezer」常用於上帝跟人的關係，也相當於新約中耶穌談到聖靈（聖神）會成為信徒的幫助者所用的字。因此我們可以說，上帝是要給第一個塵土受造物一個同等級的伴侶，而不是較低一等、類似僕人或助手的角色。

　　聖經說上帝用塵土所造的一切受造物，都不能成為那個人的合適伴侶，於是上帝「使那人沉睡。他睡著的時候，主上帝拿下他的一根肋骨，然後再把肉合起來。主上帝用那根肋骨造了

一個女人，把她帶到那人面前。那人說：『這終於是我骨中的骨，肉中的肉；我要叫她做〔女人〕，因為她從〔男人〕出來。』因此，男人要離開自己的父母，跟他的妻子結合，兩個人成為一體。那人跟他的妻子都光著身體，然而他們並不害羞」（創世記2:21-25）。

在這段經文中，我們看到「主上帝用那根肋骨造了一個女人（'issa）」，這是〈創世記〉中首次出現性別字眼，而且指的是女性。而就在這瞬間，原來那沒有性別區分的「塵土受造物」，因有「女人」的出現，成為「男人」了。那在沉睡中被取走一根肋骨（或側面某部位）的「第一個塵土受造物」，一覺醒來，發現自己已成新造的「男人」，而且上帝還帶了那新造的「女人」來，這兩人成為彼此合適的伴侶。

我們可以這樣說，上帝所造具有性別的「女人」與「男人」是同時出現的。這樣的看法也符合〈創世記〉1章26-27節所說：「上帝說：『我們要照著自己的形像，自己的樣式造人，讓他們管理魚類、鳥類，和一切牲畜、野獸、爬蟲等各種動物。』於是上帝照自己的形像創造了人。他造了他們，有男，有女。」

這性別的區分是因有「女人」的出現才開始的，這也符合現代醫學之胚胎學所見。人類胚胎不論其性染色體基因是女姓（XX）或男性（XY），其生殖系統最初的原型是相似的，稱為「生殖器官未分化期」。在胎兒約六週大時，染色體上的性別決定基因，告訴胚胎性腺要發育為睪丸或是卵巢。受到Y性染色體的影響，經由雄性激素的作用，使女性生殖構造退化，分化出男性生殖器（輸精管、精囊腺、陰莖及陰囊等），此過程約在懷孕二至三個月時完成。若在關鍵時刻，Y染色體沒有發生作用，則雖具有XY染色體，此原始生殖腺有向卵巢方向分化的趨勢，

這胎兒會繼續以其最初的原型發展出女性結構。

違逆神的命令

　　傳統上，教會將亞當與夏娃被逐出伊甸園歸罪於夏娃被蛇引誘，然後她再引誘亞當，兩人就一起吃那果子。

　　這種看法是否有瑕疵呢？讓我們一起再讀相關的經文是如何寫的：「蛇是主上帝所創造的動物當中最狡猾的。蛇問那女人：『上帝真的禁止你們吃園子裡任何果樹的果子嗎？』那女人回答：『園子裡任何樹的果子我們都可以吃；只有園子中間那棵樹的果子不可吃。上帝禁止我們吃那棵樹的果子，甚至禁止我們摸它；如果不聽從，我們一定死亡。』蛇回答：『不見得吧！你們不會死。上帝這樣說，因為他知道你們一吃了那果子，眼就開了；你們會像上帝一樣能夠辨別善惡。』

　　「那女人看見那棵樹的果子好看好吃，又能得智慧，就很羨慕。她摘下果子，自己吃了，又給她丈夫吃；她丈夫也吃了。他們一吃那果子，眼就開了，發現自己赤身露體；因此，他們編了無花果樹的葉子來遮蓋身體。那天黃昏，他們聽見主上帝在園子裡走……就很害怕，躲了起來……上帝問：『誰告訴你是光著身體的呢？你吃了我禁止你吃的果子嗎？』那人回答：『你給我作伴侶的那女人給我果子，我就吃了。』主上帝問那女人：『你為甚麼這樣做呢？』她回答：『那蛇誘騙我，所以我吃了。』」（創世記3:1-13）

　　從上面的經文，我們看到蛇很有技巧地提出一個誘導性的問題：「上帝真的禁止你們吃園子裡任何果樹的果子嗎？」那女人趕緊澄清蛇的錯誤訊息，說只有一棵樹的果子是不准吃的，如

果不聽從，一定會招致死亡。而這正是蛇想誘導女人談的主題，蛇見機不可失，立刻提出相當誘人的說詞：「不見得吧！你們不會死。上帝這樣說，因為他知道你們一吃了那果子，眼就開了；你們會像上帝一樣能夠辨別善惡。」

那女人聽了蛇的說法，就仔細研究那棵樹。或許出於研究與好奇心，也或許出於貪圖想和上帝一樣能知道一切知識，她用自己的身體為實驗對象，想驗證蛇所說的話，於是「她摘下果子，自己吃了，又給她丈夫吃；她丈夫也吃了。他們一吃那果子，眼就開了，發現自己赤身露體」。

從經文的敘述，那女人只是很單純摘下果子，自己要吃時，順手也分給那男人吃。這過程看不出那女人有耍手段誘騙那男人吃那果子。上帝發現兩人違背命令、吃了那棵樹的果子，就開始追究責任。那男人不但把責任推給那女人，還有點怪上帝說：「你給我作伴侶的那女人給我果子，我就吃了。」那男人竟然忘了他是一個有自由意志、有選擇權的人！相對地，那女人的態度就很清楚，不推卸責任，直接坦承說：「那蛇誘騙我，所以我吃了。」

從這故事我們可以發現，亞當是一個沒有擔當的人，他似乎對伊甸園也沒甚麼好奇心。而夏娃可確定是一位用心觀察伊甸園的人，所以她能描述說「那棵樹的果子好看好吃」。

▶夏娃的人格特質

好奇求知：夏娃不因住在一切都美好舒適的環境裡，就放棄追求新知的機會。她觀察、研究伊甸園裡的花草樹木。她可能也和園裡的各種動物有互動，甚至是「上帝所創造的動物當中最

狡猾的蛇」，她也願意和牠交朋友。此種好奇求知的心，使得她一聽到蛇的誘惑之語，就禁不住想去求證。夏娃和她周遭大自然的互動，很像生態環保界所推崇的聖法蘭西斯（Saint Francis）。相傳法蘭西斯熱愛大自然，能和花草樹木以及各種動物對話。第一屆的「世界生態環保會議」選在以他的名字來命名的城市舊金山（San Francisco）開會，就是對法蘭西斯的紀念與推崇。

冒險的精神：夏娃不但有好奇求知的心，還具冒險的心。求知與冒險加在一起，使得她雖然知道上帝在那裡畫了一道界線，仍然用自己的身體去進行實驗。其實這是人類拓展知識時不可或缺的原動力，許多科學新知都是經由此種過程發的。哥白尼與伽利略在用心觀察天象的過程中，明明知道羅馬教宗在那裡畫了一道界線，還是勇敢地提出「地球是繞著太陽走，而非太陽繞著地球跑」的論述。

當然，此種好奇求知的冒險精神，有時免不了要付出重大代價。人類的弱點就是有時會忘了自己是誰，有意或無意間出現造神運動，給自己和別人帶來禍害。夏娃的問題不是出於她的好奇求知的冒險精神，而是她想和上帝同等。

誠實負責：她對自己闖的禍，誠實說出經過「那蛇誘騙我，所以我吃了」。她不像亞當找托詞，怪到別人身上。誠實的特質對要成為母親的人來說，是非常重要的。特別是身為基督徒的母親，必須先自己在行事為人上誠實負責，才能有效教導兒女以誠實的心敬拜上帝，對待別人。

羞恥心：亞當與夏娃在違逆上帝命令前，夫妻之間「光著身體，然而他們並不害羞」，象徵彼此坦蕩蕩。但事件之後的情形是「他們一吃那果子，眼就開了，發現自己赤身露體；因此，他們編了無花果樹的葉子來遮蓋身體」。用葉子遮蓋身體，應

該不是為夫妻間的關係著想，而是一種不好意思在第三者面前光著身體的羞恥心。從正面來看這件事，犯錯之後有羞恥心，才會知道要改進。若犯錯卻沒有羞恥感，那才是嚴重的問題。適當的羞恥心是維持社會生活秩序所不可少的。

▶ 夏娃故事的其他種種

夏娃是第一個女人，第一個成為妻子及母親的女人，第一個面對兇殺案，而且兇手和死者都是自己兒子的女人。夏娃是一位堅強的女人，才能在沒有可學習的對象、也沒有人從旁協助的情形下，處理這些事情。

其實，這就是母親的原型典範。這情形讓我想起早期台灣到美國的留學生故事。不少原本在台灣受到諸多呵護、不太需要自己處理社會生活事務的女生，到美國留學、結婚、生兒女，在那異鄉，甚麼都要靠自己的情況下，她們都展現了母親的原型典範，把事情一一處理好了！

▶ 對現代人的啟發

世界上許多古文明都流傳著一個類似的故事：最早的人類具有接近神的能力，以至於威脅到神祇們的安全。於是眾神讓人類熟睡，將其分成兩半，變成有男有女，削弱了人類的能力。人類一直期望恢復成以前的樣子，把另一半找回來。〈創世記〉第1章提到人類被造的故事，也有類似之處。

聖經提到人是照上帝的形象被造，然後將那被造的人分成兩部分，成為新造的男人與女人。然後在〈創世記〉第2章提到「因

此，男人要離開自己的父母，跟他的妻子結合，兩個人成為一體」。英文的「Better Half」指的是丈夫、妻子，丈夫和妻子若能互相珍惜，視對方為最好的另一半，就能成為一對佳偶，落實「Better Half」的字面意思。

聖經夏娃的故事告訴我們，人類的男女兩性同時被造、形成，沒有誰先誰後，更沒有傳統男尊女卑的看法。更重要的是，不論身為男性或女性，都要操練自己兼具男女兩性的特質，成為更接近神的人。

FILE.21

——●——

馬大與馬利亞

教會服事上的兩種典型

　　馬大（瑪爾大）與馬利亞這對姊妹花，是新約聖經人物中最常被提到的女性之一。〈路加福音〉曾這樣描述這對姊妹：「耶穌和門徒繼續他們的旅程，來到一個村莊。那裡有一個名叫馬大的女人，接待耶穌到她家裡。馬大有一個妹妹叫馬利亞。馬利亞來坐在主的腳前，聽他講道。

　　「可是馬大因為要做的事情多，心裡忙亂，就上前說：『主啊，我妹妹讓我一個人做這許多事，你不介意嗎？請叫她來幫幫我吧！』主回答：『馬大！馬大！你為許多事操心忙亂，但是不可缺少的只有一件。馬利亞已經選擇了那最好的；沒有人能從她手中奪走。』」（路加福音10:38-42）

▶馬大與馬利亞的身世

　　傳說她們出身於加利利（加里肋亞）的富裕家庭，與希律

王（黑落德王）家族有交情，在伯大尼（伯達尼）及抹大拉（瑪格達拉）都有房產。抹大拉是位於加利利湖邊的避暑勝地，臨近希律王建造的希臘化城市提比里亞。馬利亞與希律王宮廷婦女熟悉，她欣賞希臘美學與哲學，追求象徵智慧的美與愛。

馬利亞的希臘化社交生活與男女關係，被正統猶太人視為「壞女人」（因為正統猶太人視加利利人為「外邦人」）。她可能從施洗約翰（洗者若翰）那裡聽到拉比耶穌的消息，加上她對希臘文化也有些失望，心想何妨去找耶穌，聽聽他說些甚麼。

馬利亞將耶穌的教導聽進去了，也逐漸脫離過去的生活方式。有一天她聽說耶穌在法利賽人西門（西滿）家，於是帶著一瓶珍貴香油前往。就在那一天，她完全改變了。耶穌死後，馬大、馬利亞及拉撒路（拉匝祿）這三姊弟便舉家離開故鄉，到今天的法國普羅旺斯地區。

▶ 耶穌並沒有看輕馬大的服事

耶穌重視人們的屬靈生命，同時他也關心人在世上生活的需要。讓我們來看一下耶穌教導人如何向天父禱告的經文，即所謂的〈主禱文〉（天主經）：「因此，你們要這樣禱告：我們在天上的父親：願人都尊崇你的聖名；願你在世上掌權；願你的旨意實現在地上，如同實現在天上。賜給我們今天所需的飲食。饒恕我們對你的虧負，正如我們饒恕了虧負我們的人。不要讓我們遭受承擔不起的考驗；要救我們脫離那邪惡者的手。」（馬太／瑪竇福音6:9-13）

在〈主禱文〉裡，談到上帝的尊榮與主權之後，緊接著就提到賜給我們每天需要的飲食。四本福音書也都提到的「五餅二

魚」故事，說明耶穌沒有忽略人們日常生活的需求。

　　馬大與馬利亞的故事乃是在訴說基督徒生活中，「聽道」與「行道」的一體兩面。聆聽與行動是互補，不是對立。在故事中，耶穌提醒馬大不要因處理日常生活事物，導致心裡忙亂，影響靈命成長。事實上，若沒有一群「馬大」隨隊服務，耶穌的福音隊恐怕沒有辦法上路。

▶ 跟從耶穌的婦女們

　　耶穌從加利利出發，到各地去傳天國的福音，其過程需要有後勤支援。〈路加福音〉8章1-3節記載，有一群婦女一直跟耶穌的福音隊同行，並用她們自己的財物供應耶穌和他的門徒。這群婦女包括抹大拉的馬利亞（瑪利亞瑪達肋納）、希律王宮官員的妻子等。〈路加福音〉10章38-42節則記載，馬大的家是耶穌的福音隊最重要的中繼站。可能在他們傳福音的旅程中，只要經過伯大尼附近，就會在馬大的家休息。

　　抹大拉的馬利亞似乎是這群婦女的領袖，因為每次提到這群婦女時，抹大拉的馬利亞的名字都是排在第一個。聖經介紹抹大拉的馬利亞時，用了很特殊的形容詞說「耶穌曾從她身上趕出七個鬼」，從精神醫學的觀點來看，一個可能的解釋是抹大拉的馬利亞曾患過「多重人格障礙症」。

▶ 一個馬利亞或好幾個馬利亞

　　新約聖經中提到好幾個馬利亞，包括伯大尼的馬利亞、抹大拉的馬利亞、耶穌的母親馬利亞，還有其他的馬利亞。舊約聖經

中希伯來文的人名「美莉安」（摩西的姊姊）也相當於新約聖經希臘文的人名「馬利亞」。

長期以來，教會一直對耶穌受膏是一次或是多次有爭論。福音書有四個地方記載耶穌受膏，分別是：

- 有一個女人帶來一只玉瓶，裡面盛滿了珍貴的香油膏。耶穌在吃飯的時候，那女人把香油膏倒在耶穌頭上。（馬太／瑪竇福音26:7）

- 耶穌在伯大尼那患痲瘋病的西門家裡。正在吃飯的時候，有一個女人帶來一只玉瓶，裡面盛滿了珍貴的純哪噠香油膏。她打破玉瓶，把香油膏倒在耶穌頭上。（馬可／馬爾谷福音14:3）

- 有一個法利賽人請耶穌吃飯，耶穌就到他家裡赴席。當地有一個女人，一向過著罪惡的生活。她聽說耶穌在那法利賽人家裡吃飯，就帶了一只盛滿著香油膏的玉瓶來。她在耶穌背後，挨著他的腳哭。她的眼淚滴濕了耶穌的腳，就用自己的頭髮擦乾，並用嘴親吻，然後把香油膏抹上。（路加福音7:36-38）

- 有人在那裡為耶穌預備了晚飯；馬大幫忙招待，拉撒路和其他的客人跟耶穌一起用飯。這時候，馬利亞拿來一瓶珍貴的純哪噠香油膏，倒在耶穌腳上，然後用自己的頭髮去擦；屋子裡充滿了香氣。（約翰／若望福音12:2-3）

若四本福音書記載的耶穌受膏是同一件事，那〈約翰福音〉所說的伯大尼的馬利亞，與另三本福音書上所記載的那位沒名字、以珍貴香油膏耶穌的女子應該是同一個人。〈路加福音〉第7章還特別記載在法利賽人西門眼中，那女子是有罪的人（不正

經的女人）。〈馬太福音〉與〈馬可福音〉都記載耶穌說：「我實在告訴你們，普天之下，福音無論傳到甚麼地方，人人都要訴說她所做的事，來紀念她。」

而新約聖經四福音書的記載及初代基督教會的傳說中，除了耶穌的母親馬利亞外，最受紀念的馬利亞，就是那位一路跟隨耶穌的福音隊，在耶穌受難、埋葬、守墳墓都沒缺席，第一個知道耶穌復活的抹大拉馬利亞。那麼，伯大尼的馬利亞與抹大拉馬利亞是否為同一個人，就引起揣測。

羅馬大公教會（即天主教）曾經一度認為伯大尼馬利亞、抹大拉馬利亞與那壞女人是同一個人，但東正教（即希臘正教）及改革宗認為是三個人。公元591年教宗葛利果一世（Gregorius I）在聖克來孟天主教堂（Basilica San Clemente）證道時，宣稱抹大拉的馬利亞是個妓女。此後羅馬大公教會傳統認定，福音書提到的那個用淚水和香膏塗抹耶穌的腳，並用自己頭髮拭乾的有罪女人，就是曾被邪靈所附、病痛纏身，且有七個鬼從她身上被趕出的抹大拉的馬利亞。

1969年梵蒂岡在修訂聖人曆時，對此作出修正，說她們不是同一人。1988年教宗若望保祿二世（Pope John Paul II）稱她為「帶領使徒的使徒」(Apostle to Apostles)。2016年教宗方濟各（Pope Francis）正式公布，將7月22日列為羅馬禮儀年曆中的慶日，以此紀念抹大拉的馬利亞，稱她為「使徒中的使徒」（Apostle of the Apostles）」

▶ 馬大的服事

〈路加福音〉10章38節這樣記載：「耶穌和門徒繼續他們的

旅程，來到一個村莊。那裡有一個名叫馬大的女人，接待耶穌到她家裡。」馬大應該是一位積極主動、做事有效率、要求完美的人。一聽到耶穌到了她們的村莊就主動邀請，接待耶穌到她家裡。可惜一下子來了那麼多人，使她耗盡力氣，「心裡忙亂」到身心要垮下來的程度。

此種情形在我們今天的教會生活也一再重現。許多團契認真負責的幹部忙得團團轉，到後來搞到身心俱疲，卸下會長、幹部的工作後，不敢再踏進團契。好在馬大雖然心裡難過、沮喪，還記得去找耶穌。如果她撒手不管、一走了之，那不但她自己受苦，耶穌和他的門徒也會受影響。我相信馬大聽了耶穌的話，她的心靈有被點醒。

我們若翻閱聖經中有關拉撒路的死及復活的記載，就會發現馬大那段了不起的信仰告白：「主啊，是的！我信你就是那要到世上來的基督，是上帝的兒子。」（約翰福音11:27）她的信仰已經更上一層樓，而且這個信仰告白是在她的弟弟拉撒路剛死、還沒復活時講的，比起彼得回答耶穌的問題說「你是基督，永生上帝的兒子」（馬太福音16:16、馬可福音8:29、路加福音9:20）更值得讚許。

▶馬利亞的選擇

〈路加福音〉10章39節記載：「馬利亞來坐在主的腳前，聽他講道。」以現實生活的常理來看，當時姊姊馬大忙得不可開交，馬利亞卻無動於衷。此種信仰態度實在很難叫人接受，因為它沒有將上帝是愛的教導實踐在日常生活中。

那麼〈路加福音〉這段有名的故事可以給我們甚麼啟發呢？

其實我們每一位愛主的基督徒，在內心深處都經歷過「馬大」與「馬利亞」兩種心理的拉扯。一方面想空出時間與主親近，一方面又放不下許多責任。要兩者兼顧實在不容易，只有少數人能做到。當我讀這段經文時，耶穌似乎是在對我說，當服事的工作快把我拖垮時，就是我應該學馬利亞的選擇的時刻了。

▶ 從精神健康角度看馬大與馬利亞

　　教會傳統談到馬大與馬利亞這對姊妹時，刻板的印象是馬大是外向、性急的人，馬利亞是內向、安靜的女孩；馬大注重俗世事物，馬利亞看重屬靈生命。但真的是這樣嗎？現在就讓我們一起來探索她們的心靈世界。

　　馬大確實是一個外向、性急的人。她積極主動，做事有效率，要求完美。她是心無詭詐、有話直說的人，也是好客又非常能幹的女主人，也就是所謂的A型人格（Type A personality），所以希臘正教視馬大為事業的守護聖人。

　　馬利亞是活潑、好奇、求知慾強的女性。她具有豐富的感情流露，以戲劇性的行動表達她的內心世界，也就是「做作型人格」（Histrionic personality）。以當時的文化背景來看，馬利亞敢於表現自己，不是內向、乖巧的女性，才敢在男人談話圈中坐在耶穌腳前，而不去幫忙馬大做家事。

　　馬大與馬利亞的故事也可以比擬為女主人的一體兩面。傳統的女主人，從客人一進門就忙進忙出招待（物質面），少有時間坐下來聆聽客人說話（心理面）。馬大象徵招待的部分，當付出沒有獲得預期的欣賞、肯定時，免不了會難過、抱怨、委屈。馬利亞象徵聆聽的部分，不只聆聽別人，也要聆聽自己內心的聲

音。不論是身為男主人或女主人，都要學習如何將招待與聆聽拿捏得恰到好處。

耶穌基督的榜樣

耶穌在世上傳道的三年，要傳福音、醫病、探視心靈痛苦的人，工作非常忙碌，有時連吃飯的時間也沒有（參馬可福音6:31）。耶穌沒有因而心煩意亂，也沒有因而失去力量。他經常在忙碌過後，到曠野禱告，與上帝親近，從上主那裡重新得力，然後繼續傳福音（參馬可福音1:35-39、路加福音5:15-16）。

我們的肉體都會有疲倦的時候，需要休息以恢復體力。同樣地，我們的心靈也都會有衰弱的時候，需要到主面前，從主那裡支取力量，重新得力。這是耶穌基督留給我們的榜樣。

活在現代的人，大部分都有手機或用過手機。手機的電快耗盡時，效能會變差，必須去充電，等充好電，才能繼續發揮各種功能。充電是為了發揮功能，不是為充電而充電。我們把手機插上插座，靜待電力充滿手機，這情形可類比為基督徒的信仰生活。我們處於「馬大」（服事）的時刻，就如手機發揮功能的時段。當服事工作使我們喘不過氣時，就如同手機快沒電了，必須立刻充電。我們的電源是主耶穌。我們要趕快調整心態，成為馬利亞，靜靜坐在主的腳前，聽主講道，使我們的心靈充電，重新得力，繼續服事。

我們都知道不可等手機的電完全耗盡才充電，應及早充電，以免手機壽命受損。同樣的道理，我們也要避免服事到心煩意亂時還不曉得要停下來，安靜到主面前聆聽主的道，重新得力後再繼續上路。若不如此，就會像手機一樣，提早喪失靈命。

▶ 對現代人的啟發

　　舊約聖經〈傳道書〉（訓道篇）說「天下事都有定期」。我們不能一輩子當「馬大」，但也不能一輩子當「馬利亞」。「馬大」象徵將愛的信仰落實在我們生活的世界，「馬利亞」象徵聆聽主的話，從主領受力量。領受力量是為了去造福別人，不是為個人的享受。

　　基督徒蒙召，一方面要在這世上擔任馬大的任務，服事家庭、教會、社會、本國及外邦；另一方面要擔任馬利亞的角色，注重靈性生活，傳揚耶穌基督的福音。早期將基督教傳入台灣的宣教師，在這方面留下了許多好榜樣。

　　馬雅各醫師於1865年開始在台南行醫，奠定西方醫學在台灣發展的基礎。馬偕牧師於1872年開始在台灣北部（以淡水為基地）傳福音、設學校，並為當時台灣居民拔牙，他也是馬偕醫院的創立者。巴克禮牧師在1875年開始在台南宣教，1885年創刊《台灣府城教會報》，成為台灣最早的報紙。甘為霖牧師於1891年10月於台南創立全台第一所盲人學校，為台灣盲人教育的開創者。蘭大衛醫師在彰化創設彰化基督教醫院，其兒子蘭大弼醫師後來也到彰化行醫，父子兩代在彰化行醫總共六十八年。戴仁壽醫師在1934年於八里設立痲瘋醫院，是台灣救治痲瘋病患的開創者，他也是第一位在台灣出版護理教科書（以羅馬拼音書寫）的醫學教育者。

　　這些宣教師之所以能奉獻他們的一生服務台灣，乃是他們學習耶穌的榜樣，維持與上帝的連結。他們在服務的過程，面對許許多多的不友善與敵視，甚至生命遭受威脅，難免會疲乏、沮喪。但就如〈你鼓舞了我〉（You raise me up）那首歌所描述的，

當他們得到上帝的鼓舞，站在上帝的肩膀上時，就能堅強走過驚
濤駭浪，完成超過他們能力所及的偉大事物。

FILE.22

—●—

馬利亞

鼓勵重於管教的耶穌之母

　　新約聖經有關耶穌的母親馬利亞（瑪利亞）的事蹟，零星記載在四福音書中，主要出現在記述耶穌出生的部分，其餘的記載，馬利亞的名字都只是以配角的方式出現。除了〈路加福音〉提到馬利亞和施洗者約翰（洗者若翰）的母親伊利莎白（依撒伯爾）有親戚關係外，我們不知道她的家世。馬太（瑪竇）及路加兩本福音書都提到馬利亞和大衛（達味）家族的約瑟（若瑟）已訂婚，且在成婚前就從聖靈懷孕，所懷的胎兒就是耶穌。

▶ 天主教的觀點

　　天主教會有關馬利亞的事蹟及神學研究非常多。他們的觀點包括：馬利亞被尊崇為聖母（Mother of God）；馬利亞無罪懷孕（Immaculate Conception）；馬利亞只生下耶穌一人，一直沒有與約瑟同房，永遠保持處女（Perpetual Virginity）；馬利亞被

接昇天（Assumption）；馬利亞可為我們代求（聖母頌的歌詞），馬利亞顯聖（Marian Apparitions）；馬利亞成為航海人的保護神等等。

天主教的神學家將馬利亞懷胎與舊約的約櫃相提並論。約櫃代表上帝臨在人間，裡面存放天降神糧嗎哪、上帝的話十誡，以及象徵上帝領導權威的亞倫杖，而且這三樣同時具體呈現在馬利亞所懷胎兒耶穌身上臨到人間。

天主教認為罪因夏娃進入世界，而拯救因馬利亞懷第二亞當而來，是新夏娃。亞當稱夏娃為「女人」，第二個亞當——耶穌——也稱呼馬利亞「女人」，迦拿（加納）婚禮中，馬利亞去找耶穌談缺酒的事，耶穌對馬利亞說：「母親（希臘原文是說女人），請別勉強我做甚麼，我的時刻還沒有到呢。」

傳說耶穌的外祖母名字叫安（Ann），現在旅遊團到耶路撒冷時，都會帶去參觀她的紀念教堂。教堂旁邊有一個新約聖經中有名的水池叫畢士大池（貝特匝達池），相傳當天使攪動池水時，首先下水的人，病就會得醫治。耶穌就在那裡醫治了一位躺在那裡三十八年、一直等著下水的病人。耶穌的外祖母安事先已心裡有數，所以把女兒調教得非常好，預備馬利亞將來有一天要懷孕、教養耶穌。

➡ 穆斯林的觀點

穆斯林對馬利亞也非常尊崇。馬利亞在《可蘭經》中，比在新約聖經中提到的還要多。在《可蘭經》中，有一整個章節都以馬利亞（在阿拉伯語中稱為「麥爾彥」）的名字命名，這是《可蘭經》中唯一以女性形象命名的章節。事實上，在整部《可蘭經》

中，馬利亞是唯一被提及的女人，其他女性形象只能通過與其他男性的關係來確定，比如亞當的妻子、摩西（梅瑟）的母親，或者通過他們的頭銜，比如示巴女王。

穆斯林不接受耶穌是上帝的兒子，但尊稱耶穌是先知。穆斯林認為，耶穌（阿拉伯語稱為「爾撒」）是上帝的先知，生於一個處女之身（馬利亞），並將在審判日之前返回人間，以恢復正義，並打敗al-Masih ad-Dajjal（假彌賽亞，也被稱為敵基督者）。

▶ 馬利亞的尊主頌

聖經首次提到馬利亞，是施洗者約翰的母親伊利莎白懷胎約翰的第六個月，聖經這樣記載：「在伊利莎白懷孕的第六個月，上帝差遣天使加百列到加利利一個叫拿撒勒的城去，要傳話給一個童女，名叫馬利亞；這童女已經跟大衛家族一個名叫約瑟的男子訂了婚。天使到她面前，說：『願你平安！你是蒙大恩的女子，主與你同在！』

「馬利亞因為天使這話，十分驚惶不安，反覆思想這問安的含意。天使對她說：『馬利亞，不要害怕，因為上帝施恩給你。你要懷孕生一個兒子，要給他取名叫耶穌。他將成為偉大的人物，他要被稱為至高上帝的兒子。主—上帝要立他繼承他祖先大衛的王位。他要永遠作雅各家的王，他的王權無窮無盡！』

「馬利亞對天使說：『我還沒有出嫁，這樣的事怎麼能發生呢？』天使回答：『聖靈要降臨到你身上；至高上帝的權能要庇蔭你。因此，那將誕生的聖嬰要被稱為上帝的兒子。看你的親戚伊利莎白，她雖然年老，人家說她不能生育，可是她現在已經有了六個月的身孕。因為在上帝沒有一件事是做不到的。』

馬利亞說：『我是主的婢女；願你的話成就在我身上。』於是天使離開了她。」（路加福音 1:26-38）

當天使向馬利亞報喜（Annunciation）時，馬利亞的直覺反應是害怕、不敢相信。依照以色列人的法律與習俗，馬利亞和大衛家族的約瑟已訂婚，但在成婚前就從聖靈懷孕，馬利亞自己都不敢相信，不用說，其他的外人更不可能相信。在此情況下，馬利亞若接受上帝的安排，她就必須冒著被人以犯姦淫罪為由、用石頭打死的危險。可是經過天使的說明，馬利亞沒有與天使爭論就接受了。

接著，馬利亞走訪他的親戚——施洗者約翰的母親伊利莎白，並和她住了三個月才回家。在她和伊利莎白作伴時，她吟頌那首被人稱為〈馬利亞尊主頌〉的詩：「我心尊主為大；我靈以上帝—我救主為樂；因為他顧念他卑微的婢女。從今以後，萬民將稱我有福，因為大能的上帝為我成全了大事。

「他的名神聖；他向敬畏他的人廣施仁慈，代代無窮。他伸出權能的手臂，驅除狂傲者心中一切的計謀。他把強大的君王從寶座上推下去；他又抬舉卑微的人。他使飢餓的人飽餐美食，叫富足的人空手回去。他向我們的祖先信守諾言，扶助他的僕人以色列。他顧念亞伯拉罕，向他大施仁慈，並且及於他的後裔，直到永遠！」（路加福音 1:46-55）

這充分表達她對上帝的順服、感恩與尊崇。天主教喜歡將馬利亞與夏娃做對比，並以這件事來突顯馬利亞的順服與夏娃的叛逆。

➡ 馬利亞的生產

馬利亞雖誠心接受上帝的安排，可是這並不表示會事事順

利。其實,她反而遭遇了比一般人更多的苦難。先是因為羅馬皇帝要進行戶口普查,時間正好落在馬利亞的產期快到的時候,馬利亞不得不出遠門,從拿撒勒(納匝肋)走向伯利恆(白冷)。等馬利亞和約瑟到達那裡時,旅館已客滿,他們只好擠在供牲畜休息的地方,馬利亞就在那裡生下耶穌。

接著有牧羊人、東方來的星象家來拜訪。耶穌出生後第八天,馬利亞和約瑟抱著耶穌去聖殿為嬰兒耶穌行割禮時,遇見先知西面(西默盎)說:「這孩子被上帝揀選,是要使以色列中許多人滅亡,許多人得救。他要成為許多人毀謗的對象,並因此揭露了這些人心底的意念。憂傷要像利劍刺透你的心。」(路加福音2:34-35)然後,為了逃避希律王(黑落德王)屠殺嬰兒,他們又逃亡到埃及。

這整個過程對馬利亞來說,並不容易理解,她也沒辦法了解為甚麼西面會預言憂傷要像利劍刺透她的心,她只是默默地把這一切記在心裡。馬利亞的經歷對基督徒的啟發與教導,乃是跟隨上帝走天路,是需要有吃苦的心理準備的。

▶ 在耶穌一生中經歷的七種痛苦

果真,馬利亞在往後的日子裡,經歷了「憂傷像利劍刺透她的心」的許多事件。

耶穌十二歲與父母上耶路撒冷守逾越節時,馬利亞在回程找不到耶穌而極度不安。聖經這樣描述當時的情形:「耶穌的父母每年都上耶路撒冷守逾越節。耶穌十二歲的時候,他們照例前往守節。節期完了,他們動身回家,孩童耶穌卻逗留在耶路撒冷;他的父母不知道這事,以為他在同行的人群中,走了一天

的路程才開始在親友當中尋找他。他們找不到他，就回耶路撒冷去找。三天後，他們才在聖殿裡找到他。

「他正坐在猶太教師們中間，邊聽邊問；所有聽見他的人都驚奇他的聰明和對答。他的父母看見他，覺得很驚異。他的母親對他說：『孩子，為甚麼你這樣待我們？你父親和我非常焦急，到處找你呢！』耶穌回答：『為甚麼找我？難道你們不知道我必須在我父親的家裡嗎？』可是他們都不明白他這話的意思。」（路加福音 2:41-50）

耶穌因投入工作而廢寢忘食，被人誤傳他發瘋了。當馬利亞前去關心兒子，人家告訴耶穌他的母親來探望他時，馬利亞聽到的卻是耶穌這樣的回答：「『誰是我的母親？誰是我的兄弟？』於是他指著他的門徒說：『你們看，這些人就是我的母親，我的兄弟！凡實行我天父旨意的，就是我的兄弟、姊妹、和母親。』」（馬太福音 12:48-50）

最後，耶穌在受難週經歷了種種苦難，馬利亞一直是在旁邊親眼目睹的人。相信耶穌的感受就是馬利亞的感受，真的是利劍穿心啊！

天主教將馬利亞一生經歷的痛苦分為七大項，即所謂「聖母七苦」，其項目分別為：西面的預言之苦（參路加福音 2:34-35）、流亡埃及之苦（參馬太福音 2:13-14）、與耶穌在耶路撒冷失散三日之苦（參路加福音 2:43-45）、聖母在苦路中遇到了耶穌之苦（參路加福音 23:27）、聖母站在耶穌十字架旁之苦（參約翰福音 19:25）、聖母懷抱耶穌屍體之苦（參馬可福音 15:46）、埋葬耶穌聖屍之苦（參約翰福音 19:42）。

➡ 馬利亞的人格特質

　　從前面所探討的種種，充分顯示馬利亞的溫柔順服個性。此外，馬利亞對自己兒子具有十足的信心——在迦拿的婚禮中，她對婚禮主人的僕人所說的話就是明證，聖經說：「第三天，在加利利的迦拿城有人舉行婚禮。耶穌的母親在那裡；耶穌和他的門徒也受邀請參加婚宴。酒喝光了，耶穌的母親告訴他：『他們沒有酒了。』耶穌說：『母親，請別勉強我做甚麼，我的時刻還沒有到呢。』

　　「耶穌的母親卻吩咐僕人：『他要你們做甚麼，就照他的話做。』在那裡有六口石缸，是猶太人行潔淨禮的時候用的，每一口石缸可以盛水約一百公升。耶穌對僕人說：『把水缸都裝滿水。』他們就倒水入缸，直到缸口。耶穌又說：『現在可以舀些出來，送給管筵席的。』他們就送了去。

　　「管筵席的嘗了那已經變成酒的水，不知道這酒是從哪裡來的（舀水的僕人卻知道），於是叫新郎來，對他說：『別人都是先上好酒，等客人喝夠了才上普通的，你倒把最好的酒留到現在！』這是耶穌所行的第一個神蹟，是在加利利的迦拿城行的。這事顯示了他的榮耀；他的門徒都信了他。這事以後，耶穌跟他的母親、弟弟，和門徒到迦百農去，在那裡住了幾天。」（約翰福音2:1-12）

　　馬利亞一路跟隨耶穌走，就是在耶穌被捕、門徒全部跑掉時，馬利亞仍緊跟不離。她站在耶穌的十架下，參與收屍體、埋葬、復活的整個過程。耶穌昇天後，門徒要選接替猶大位置人選前的聚會，她也在場：「於是，使徒從橄欖山回耶路撒冷城去；橄欖山離城約有一公里。他們一進城，上了他們住宿的樓房；

在那裡有彼得、約翰、雅各和安得烈、腓力和多馬、巴多羅買和馬太、亞勒腓的兒子雅各、激進黨的西門，和雅各的兒子猶大。他們常在一起同心禱告；當中也有幾個婦女和耶穌的母親馬利亞，以及他的兄弟們。」（使徒行傳／宗徒大事錄1:12-14）我們可以這樣說，馬利亞不只是耶穌的母親，她更是耶穌最忠實的門徒！

▶ 對現代人的啟發

　　當天使向馬利亞報喜說她會從聖靈感孕時，她做了一個劃時代、衝撞當時文化習俗的重大而勇敢的決定——她選擇接受未婚先孕。馬利亞以她的自由意志，勇敢承擔被約瑟休婚、被群眾公開羞辱，甚至被亂石打死的風險。二千年前中東是父權社會及女性受制於男性的世界，馬利亞的此種抉擇可說是極先進且具創意的行為。她比現代人提前二千年，以實際行動將性別平權付諸行動，真是讓人景仰、勇敢有擔當的女性。

　　更讓人敬佩的是，馬利亞一聽天使說她的不孕親戚伊利莎白竟然老年懷孕，就不顧自身安危，動身前往探視。這兩位生養歷史偉人的女性，在這次造訪的互動中，彼此鼓勵打氣，她們向世人見證說：「在上帝沒有一件事是做不到的。」（路加福音1:37）

　　馬利亞陪伴伊利莎白，一起住了三個月，這期間從馬利亞口中說出非常有先知性的〈尊主頌〉。她宣告：「我心尊主為大；我靈以上帝——我救主為樂；因為他顧念他卑微的婢女……他伸出權能的手臂，驅除狂傲者心中一切的計謀。他把強大的君王從寶座上推下去；他又抬舉卑微的人。他使飢餓的人飽餐美食，叫富足的人空手回去。」（路加福音1:46-53）這段話讓我們

看出馬利亞是帶給弱勢者希望的先知，她要建立一個公義平等的世界；她是關心女性苦難及女性自覺的先知，她要拆除男性中心的圍牆，建立性別平權的社會。而這些洞見不也是二十一世紀現代人所努力要建造的社會嗎？

前面已提到，從四本福音書中所描述馬利亞與耶穌的互動，我們感受到的馬利亞，其作為耶穌門徒的形象，遠超過其身為耶穌母親的形象。母親與子女的互動方式，隨著子女的成長，需要與時俱進做調整。從嬰孩時期完全倚賴母親，隨著年齡增加，小孩學習走路、上廁所，進幼兒園、小學、中學、大學，這過程需要母親配合逐步放手，子女才能順利學習。可是有些母親就是子女已成年，仍然不敢或不肯放手，其後果是發生衝突或阻礙子女的成長。馬利亞留給世人的典範是支持、鼓勵重於管教。

綜觀馬利亞的一生，她不但用心聆聽上帝的話，更重要的是去實踐。改革宗基督徒雖然不見得能了解天主教徒所給予馬利亞的尊崇，但以馬利亞作為基督門徒的典範，她實在是當之無愧。

FILE.23

—•—

參孫

最不稱職的「渣男」士師

　　有關參孫（三松）的故事，其資料來源主要是舊約聖經〈士師記〉（民長紀）第13至16章的記載。〈士師記〉記載以色列人進入迦南後，到建立王國這一段紛擾時期的歷史。這一段歷史以十二個民族英雄（士師）為中心人物，其中最有名的士師是參孫，他是這十二位中的最後一位，擔任以色列的士師二十年。

　　有不少藝術家以參孫為題材，創作繪畫、戲劇、電影等。不論是否屬於信仰團體，參孫的評價可說是毀多於譽。

▶ 參孫的家世及成長背景

　　雙親：參孫的父親名叫瑪挪亞（瑪諾亞），是屬於但（丹）支族。聖經這樣記載參孫出生的故事：「那時，有一個但支族的人，名叫瑪挪亞，住在瑣拉城。他的妻子不能生育，沒有孩子。上主的天使向他妻子顯現，說：『你不能生育，沒有孩

子，但是不久你要懷孕，生一個兒子。你要小心，淡酒和烈酒都不可喝，也不可吃禮儀上定為不潔淨的東西，因為你要生一個兒子。孩子出生後，不可剃他的頭髮，因為他一出生就要獻給上帝作離俗人。他要開始解救以色列脫離非利士人的工作。』」（士師記13:2-5）

　　參孫的母親原本不能生育，經由上帝的應許而生下參孫。聖經中類似的故事還有莎拉（撒辣）生下以撒（依撒格）、麗百加（黎貝加）生下以掃（厄撒烏）與雅各（雅各伯）、哈娜（亞納）生下撒母耳（撒慕爾）及施洗約翰（若翰）的母親等。

　　天使吩咐參孫的母親說「淡酒和烈酒都不可喝」，這句話在新約聖經中也有出現，天使對施洗約翰的父親撒加利亞（匝加利亞）有同樣的吩咐。只是前者是吩咐參孫的母親在懷孕過程中不可喝，後者是吩咐不可讓施洗約翰本人喝。對參孫做負面評價的人，甚至拿〈士師記〉這段經文做扭曲解釋，說參孫的家世不好，他的母親有飲酒的問題，天使才需要在她即將懷孕時，提出此警告。

　　離俗人（拿細耳人）：參孫的父母照天使的吩咐，自他生下來便由父母獻給上帝，終生作離俗人。舊約聖經中有關離俗人的記載如下：「無論男女，要是許下作離俗人的願，把自己獻給上主，就必須禁戒淡酒或烈酒。他也不可喝葡萄釀製的任何飲料，不可吃葡萄或葡萄乾。在作離俗人的期間，不可吃葡萄樹上的任何東西，甚至葡萄核和皮都不可吃。

　　「在他許願作離俗人的期間，他不可以剃頭；他被所許的願限制，在他獻給上主的整個期間要讓頭髮長長。他的頭髮是奉獻自己給上帝的記號。他不可走近屍體，使自己玷污，即使是父母、兄弟，或姊妹，也不可挨近。在他作離俗人期間，他

是聖化歸上主的。」（民數記／戶籍紀6:2-8）

從上面這段經文我們可以知道，許願作離俗人可分為一輩子或只在人生的某個階段過此種分別為聖的生活。此種情形很像泰國佛教徒，他們也可以一輩子或只在某階段出家當和尚。

參孫被父母獻給上帝一輩子當離俗人，他也蒙上帝祝福，具有非常特殊的超人力氣。他能赤手空拳撕裂一頭獅子（參士師記14:5-6）、拆下城門並扛著城門走（參士師記16:3）、輕易掙斷綑綁他的繩子（參士師記16:6-12）。參孫蠻有文學頭腦，在他的婚宴上出謎語給賓客猜（參士師記14:12-14）。他也很有軍事頭腦，抓了三百隻狐狸，將狐狸尾巴一對對綁起來，然後插上一支火把，讓狐狸衝進以色列仇敵非利士人（培肋舍特人）的農田，燒盡非利士人的農作物（參士師記15:4-5）。

耽溺女色：參孫本應該好好過一個離俗人的生活，可是當他長大成人之後，他的生活卻比他當代的以色列人更屬世——也就是說，他根本沒有過離俗人的生活。參孫吃、喝、玩、樂樣樣來，而且他可能性慾強，喜歡找女人。不論是妓女或一般女子，參孫找的對象都是非利士人，最後他是毀在非利士女子黛利拉（德里拉）手上。

聖經記載，參孫在梭烈谷（勺勒克）愛上了非利士女子黛利拉。傳說黛利拉是當紅的妓女，非利士有五個王出高價收買黛利拉，請她設法探知參孫有那麼大力氣的秘密。黛利拉直接問參孫有甚麼方法能綑綁住他，開頭三次參孫沒有講實情，所以黛利拉沒有成功將參孫綁起來。經過黛利拉天天糾纏後，參孫吐露實情，只要將他的頭髮剃掉，他的力氣就會喪失。於是黛利拉哄參孫睡在她腿上，然後叫人剃掉參孫的頭髮，使參孫喪失超人力氣（參士師記16:19-22）。

▶ 參孫之死

　　參孫被捕後，兩隻眼睛被挖出來，被戴上銅鍊子，並叫他在監獄裡推磨。這期間參孫的頭髮慢慢又長出來，力氣也逐漸恢復。後來，在非利士的首領們聚在一起慶祝他們神明大袞（達貢）的獻祭慶典上，非利士人把參孫提出監獄，在慶典上戲弄羞辱他，現場有非利士的五個首領及大約三千個觀眾（參士師記16:23-27）。

　　就在此時，參孫找到與非利士人同歸於盡的機會，聖經這樣記載事件的經過：「參孫禱告說：『至高的上主啊，求你紀念我！上帝啊，懇求你再一次賜給我力量，給我一次機會報非利士人挖我雙眼的仇。』參孫抱住支撐著廟宇那正中的兩根柱子，一手抱住一根，喊著：『讓我跟非利士人同歸於盡吧！』於是他用盡所有的力氣向前推，廟宇倒塌了，壓在五個首領和所有的人身上。參孫死時所殺的人比活著的時候所殺的還要多。」（士師記16:28-30）

▶ 最不稱職的士師

　　〈士師記〉這卷書提到的士師，除了參孫外，其他士師的所作所為，都是為了改善、解救以色列人民的問題與痛苦。唯獨參孫只顧個人的喜好，沒有任何舉動是為了領導以色列人民。其實他的行為可說是爽了他個人，卻害了以色列人。參孫只有在最後臨死之前，在他的禱告詞中有一點悔意（但仍然充滿個人報復意味！）。也只有最後拉倒大袞神殿支柱的舉動，符合他作為以色列人士師的身分。

▶ 從精神醫學看參孫的人格障礙症

　　參孫的出生始於他父母將他獻給上帝當離俗人。等到他成年以後，一直到他死亡為止，他過的是荒唐人生。他的故事以及畫家、戲劇家筆下所描繪的參孫，讓人聯想到希臘、羅馬神話中的海力克士（Herakles/Hercule），也讓人聯想到希臘神話中爭強好鬥的戰神阿雷斯（Ares）。參孫除了耽溺女色外，另外給人的印象是做事魯莽衝動、不顧後果，爭強好鬥，只顧個人的利益，不考慮別人的感受。

　　「只要我喜歡」似乎是參孫行事為人的指導原則。他想要的，他可以不顧後果，不考慮社會規範，立刻要獲得滿足。參孫到亭拿看到一個他喜歡的異族非利士女子，他不顧父母及社會的觀感（不娶異族女子），立刻要他的父母一起去提親。

　　在婚宴上，參孫就出謎語給三十位非利士賓客猜謎，打賭若七天內被猜出謎底，參孫就給每個人一件上等麻紗衣和一套禮服，猜不出則每個人給參孫相同的衣物。後來由於參孫的妻子洩露謎底，參孫必須付出三十套衣物，他居然去另一城市殺死三十個人，剝光死人衣物給猜出謎底的人。一個離俗人這樣殺人，還違反離俗人不可碰觸屍體的規定，剝拿死人的衣服去還打賭欠的債！參孫我行我素、忽視社會規範的個性，一再呈現於他與他人的互動中。

　　參孫曾因為婚姻爭執，憤而抓了三百隻狐狸，在狐狸尾巴插上火把，讓狐狸衝進仇敵非利士人的農田，燒盡非利士人的農作物。雖然可說他具有軍事頭腦，但從其行為動機來看，此舉只是在洩他個人心頭之恨。從精神醫學的觀點，此舉乃顯示他的衝動、好鬥個性。從他之後繼續大肆屠殺非利士人來看，他一直抱

持著此種好鬥、報復的個性，甚至在他用撿來的驢腮骨殺了一千個非利士人後，還很得意地作詩說：「我用一根驢腮骨殺了一千人；我用一根驢腮骨使屍首堆疊。」（士師記15:16）

　　參孫與黛利拉交往時，他明明知道如果他的頭髮被剃掉，他的超人力氣就會喪失，可是他卻毫不在乎地將此秘密告訴黛利拉，導致他被捕、受盡差辱。他的行為可說是只為立刻解決眼前的問題、不考慮後果的魯莽個性表現。

　　依照現行的國際精神疾病診斷準則，只要符合以下項目的其中三項，就可下「反社會人格障礙症」之診斷：

　　1.無法遵守社會規範，經常遊走於法律邊緣。

　　2.為自己利益或樂趣而欺詐，呈現一再說謊、使用化名、哄騙他人。

　　3.衝動，無法做長遠打算。

　　4.易怒且具攻擊性，不時與人格鬥。

　　5.魯莽不在意自己及他人的安危。

　　6.一貫的不負責任，無法維持工作或亂開空頭支票。

　　7.不知懊悔，呈現出對傷害、虐待他人或竊取別人財物覺得無所謂或將其合理化。

　　綜觀參孫一生的行徑，他習慣性地不守社會規範、衝動魯莽、無情不關心別人的感受、低挫折忍受力、缺少罪惡感、容易被激怒等，他的行徑幾乎是上述七項都符合，從精神醫學的觀點，他是典型的反社會型人格障礙症者。

▶對現代人的啟發

　　參孫具有超人的能力，卻未將其能力用在造福眾人的事上，

糟蹋了上帝給他的恩賜。參孫原本是非常具有潛力與前途的年輕人，但因偏行己路而導致身敗名裂。而在他最不堪的時候，上帝沒有遺棄他。人只要願意悔改，上帝永遠張開雙手等候浪子回頭。

從參孫的故事裡，我們看到在他身上有兩股力量在拉扯。一個是他的離俗人身分，另一個是他想滿足一己之私的力量。參孫的一生幾乎被滿足私人慾望的驅策力所挾制，只有當他死時，「離俗人」才有機會出現。這也許可象徵性地來看基督徒追求生命之道的過程。唯有在基督裡將自己埋葬了，才能活出基督徒的馨香之氣。也就是說，將舊我與基督同釘十字架而死，使新我與基督一起復活。

古今中外有權力的政治領袖，當他們謙卑地與上帝同行、活出上帝美善的形象時，就成為上帝派來的天使。一旦失去上帝美善的形象，就會因權力使人腐敗而墮落成踐踏人民的惡魔，甚至帶來毀滅性的災難。當年德國的希特勒、現今朝鮮的金正恩，就是活生生的例子。要走向天使或魔鬼，端視個人的選擇。

FILE.24

——●——

雅各

狡猾騙子的改邪歸正之路

　　〈創世記〉第1至11章所記載的人物，比較缺少可供參考的歷史資料，可歸類為史前史的人物。從第12章到最後的第50章所記載的人物，比較有歷史資料可查。後面這部分，主要是談到亞伯拉罕（亞巴郎）、雅各（雅各伯）與約瑟（若瑟）的故事。

　　雅各是〈創世記〉人物中，最具爭議性的人。「雅各」這個名字有「欺騙」的意思。雅各在被上帝改變之前，是一個十足的騙子。後來雅各被上帝觸摸了，成為他人生的轉變關鍵點，並由上帝給他取一個新的名字「以色列」，此名字的意思是「與上帝角力」。這個名字也成為由雅各傳下來的民族的名稱，也是早期及現今這個民族所建國家的名字。

▶ 雅各的家族背景

　　雅各的祖父亞伯拉罕是猶太民族最有名的男性族長。亞伯拉

罕最主要的兩個兒子是以撒（依撒格）與以實瑪利（依市瑪耳），
雅各是以撒的第二個兒子。

以實瑪利的後代就是現今近東地區信奉伊斯蘭教的民族，所
以伊斯蘭民族也尊崇亞伯拉罕為他們最重要、最偉大的祖先。以
撒與以實瑪利的兄弟之爭，雖然是數千年前的故事，卻一直延續
到今日，而且似乎越演越烈。

雅各的父親以撒是一個老實人，他雖然結婚二十年還沒有小
孩，卻不像他的父親亞伯拉罕或他的兒子雅各，找到藉口和另外
的女人生小孩。聖經記載以撒有了一對雙胞胎的兒子後，偏愛大
兒子以掃（厄撒烏），而以撒的妻子麗百加（黎貝加）偏愛老二
雅各（參創世記25:27-28）。父母對兩兄弟各有偏愛，但顯然麗
百加是一個強勢主導者，許多事情以撒還是要聽麗百加的。

雅各與以掃應該是異卵雙胞胎，所以兩個人外表與個性完全
不同。以掃是一個健壯、粗獷、喜歡戶外活動的男人。這是以撒
缺欠的個性，以掃剛好可以彌補以撒無法實現的願望，這也可能
是以撒喜歡以掃的原因。至於雅各，依聖經的記載，雅各在出生
過程中曾積極抓住哥哥以掃的腳跟，想搶先出來，但他出生後卻
變成比較文靜、黏著媽媽的宅男，深得母親麗百加的歡心。

▶雅各的人格發展

雅各是一個有心機、城府很深的人，加上麗百加的長期袒
護，使雅各發展出自私自利的人格。對雅各來說，「只要我喜
歡」，沒有甚麼不可以做的事。雅各趁人之危，騙取以掃的長子
名分（參創世記25:29-34）；當父親以撒吩咐以掃去打獵，好煮
以撒喜歡的野味時，雅各利用父親眼瞎，與母親麗百加聯手，端

他母親所煮的佳餚給以撒，騙得以撒對長子的祝福（參創世記
27:1-29）。

　　當雅各端母親宰的自家羊所煮的佳餚到以撒面前時，以撒問
他為甚麼那麼快就打到獵物，雅各居然說：「是上主──你的上帝
給我好機會呀！」（創世記27:20）雅各在謀取以撒祝福的那一
刻，甚至連上帝的名也敢拿來利用，可以說心中只有利益，沒有
把以撒當父親，也沒有將上帝當上帝。在那一刻，他將肉體的父
親及靈性的父親都擱置一旁。

　　以現代的觀點來看，雅各是一個人格障礙症的人。為人父母
者，有時難免多少會比較喜歡某一個孩子，而比較不喜歡另一個
孩子。但若長時間太過明顯偏心，可能會造成家庭悲劇。就像雅
各與麗百加聯手設計欺騙得逞後，雅各為躲避哥哥以掃的憤怒，
不得不流浪在外，遠離他鄉，免得這個家庭如麗百加所說的「我
何必在一天內失掉兩個兒子呢？」（創世記27:45）其實，從心
理層面來看，以撒和麗百加這對老夫妻已經在一天之內失掉兩個
兒子了！

　　雅各是一個聰明、狡猾、精於計算利益的人。他是一個騙
子，也是一個成功的投機者。他的一生充分展現世人對猶太人精
明、愛錢的印象。難怪這個民族流亡數千年後重新建國時，他們
選擇「以色列」──也就是上帝給雅各的新名字──作為新國家
的名字。

　　雅各年輕時雖然佔到不少便宜，但他也為此付出慘痛代價。
雅各的一生，多半的時日都是離鄉背井、流浪在外，像一個無
根、無父的人。這段期間，他棋逢對手，與他的舅舅（岳父）勾
心鬥角；之後被自己的兒子背叛與欺騙，最後客死他鄉埃及。

逃亡往舅舅家的路上

以掃因雅各詐取父親要給他的祝福，計畫要殺害雅各。為了躲避以掃，母親麗百加安排雅各前往北方的哈蘭，到舅舅拉班的家避風頭。在逃亡路上，有一天日落時，他搬了一塊石頭當枕頭，準備睡覺。睡著後，他夢見一個梯子從地上通到天上，梯子上有上帝的天使上下往來。他又看見上帝站在他旁邊對他說，會一路保護他，並許諾會賜福給他。

睡醒後，他將那塊石頭立為紀念碑，把那地方稱為伯特利（貝特耳）。他許願說：「如果你與我同在，在旅途中保護我，賜給我吃的穿的，讓我平安回到故鄉，你就是我的上帝。我立為紀念碑的這塊石頭要成為敬拜你的聖所；我要把你所賜給我的一切獻上十分之一。」（創世記28;18-22）這個夢象徵雅各的第一個轉折點。

雅各一直以來都只顧鑽營地上的權勢利益，很少想到心靈方面（天上）的需要。雅各只會在地上爬，看不到更高、更遠的靈性面。夢境提醒雅各該是反省的時候了。過去雅各以為靠自己就能解決一切，而此刻，他孤單一個人在荒郊野外，他需要從上天來的力量扶持他，才能面對逃亡的淒涼日子。他需要擺脫他的舊人，與天上聯結，成為新造的人。這一刻，他多麼渴望以前被他擱置一邊的父親及上帝能在他身邊！

離開母親麗百加，是雅各與他的舊人說再見的第一步。雅各若不離開父母的家，他就無法脫離母親的影響，無法成長。但是這還不夠，他需要上天拉他一把，有一個梯子讓他學著像天使那樣去見上帝。雅各的逃亡是他往成熟方向改變的契機。他還需要經過許多磨練，才有資格成為符合有「長子名分」的人（依舊約

聖經，頭胎的人、動物及初熟的任何農作物收成，乃是要獻給上帝的）。然而，從雅各睡醒立紀念碑時所許的願可以看出，雅各此時的信仰層次，仍然屬於「有利可圖」的信仰。他開出條件，跟上帝討價還價，顯出他舊人的性格習性。

▶ 在舅舅家的日子

雅各到了哈蘭的拉班家，第一個遇到的親人是拉班的二女兒蕾潔（辣黑耳）。他一見鍾情，非娶到蕾潔不可。為了娶蕾潔，拉班開出的條件是為他工作七年，聖經記載：「為了娶蕾潔，雅各做了七年工，可是他覺得似乎是幾天而已，因為他很愛蕾潔。」（創世記29:20）雅各這個精於心計的人，萬萬沒想到他的舅舅拉班和他一樣工於心計。這對甥舅棋逢對手，在哈蘭演出一齣勾心鬥角的戲碼。

拉班設計雅各，在新婚夜以大女兒麗亞（肋阿）替代蕾潔為新娘與雅各同房，而雅各卻到第二天早上才發現新娘不是蕾潔。拉班以「大女兒必須先於小女兒出嫁」的風俗習慣當擋箭牌，逼使雅各再工作七年，以此換取將妹妹蕾潔也娶入門。

雅各成家立業後，想離開哈蘭回故鄉，拉班希望留下雅各這位得力幫手，於是與雅各談判給工資，兩人再度進行另一場耍詐比賽，這次是雅各大獲全勝，但也種下雙方嚴重心結。後來雅各趁拉班參加剪羊毛的節慶，偷偷帶領家眷及財產逃離拉班。

▶ 回到故鄉

雅各匆匆逃離拉班時，不但帶走屬於他的人及財物，他的妻

子蕾潔還偷藏她父親的一些家族神像，一起帶走。拉班率人追上雅各，想搜出失蹤的神像，但蕾潔用計騙過她父親的搜查。拉班心有不甘，卻也不得不放行。

從〈創世記〉35章2節雅各下令所有人扔掉外族神像的事情看來，或許可佐證雅各的家眷及跟著一起走的人，都有在拜當地的神明，才會偷走神像，希望神像保護他們一路平安。也許這些人耳濡目染雅各與拉班之間的爾虞我詐，對偷竊與說謊都已習以為常，但連神像都敢偷，其信仰也實在叫人不敢恭維。

雅各的返鄉之路，最讓他擔心、頭痛的，不是岳父拉班的不諒解，而是他要如何面對他的哥哥以掃。他當年為逃避以掃而離家時，是孑然一身，只顧逃命，甚麼都沒有。現在他子女、財富都有了，但他無法以衣錦還鄉的心情回去，因為他害怕他的哥哥以掃會跟他翻舊帳。

為此他一番盤算，結論是拿出財富的一部分去賄賂他哥哥以掃。於是，他先派使者到以掃那裡探風聲，以極為卑恭的態度面對以掃，希望獲得以掃的寬恕（後來兄弟兩人真正見面時，〈創世記〉33章3節記載他「走近哥哥的時候，接連七次俯伏在地上」）。

雅各派出的使者回來通報，以掃率領四百個人，要來跟他相會。雅各一聽，立刻變得又驚慌又焦慮，腦子裡想到的是哥哥興師問罪來了。以他典型猶太人的思考模式，他立刻計畫要如何使損失降到最小的程度，如何收買他的哥哥以掃、消他的氣。於是，他先派三個隊伍，分別帶著要送給以掃的厚重禮物，期待以掃收了三次禮物，會把氣消了（參創世記32:1-21）。等所有隊伍都出發了，雅各自己一個人留在後面，這時，出現一個人要跟雅各摔角。

▶ 從精神健康的角度看雅各

聖經記載：「有一個人來跟雅各摔角，一直搏鬥到天快亮的時候。那個人看自己勝不過他，就在他大腿窩上打了一下，大腿就脫了臼。那人說：『天快亮了，放我走吧！』雅各回答：『你不祝福我，我就不放你走！』那人問：『你叫甚麼名字？』他回答：『雅各。』那人又說：『從此以後，你不再叫雅各。你跟上帝和人搏鬥，你都贏了，因此你的名字要改為以色列。』」（創世記32:24-28）

這個摔角故事是雅各一生中最重要的事件。雅各在摔角事件之前，他一直認為自己很聰明、有辦法，他所關心的也只是這世上的財富、地位、名聲。雖然他經歷一些生活事件，使他開始思考屬天的事情，但他的舊人根深蒂固，不容易去除。這個摔角可以象徵雅各內心中「屬世」與「屬天」的掙扎。

「那個人看自己勝不過他，就在他大腿窩上打了一下，大腿就脫了臼」，這段經文若要照字面了解，那豈不是說上帝的力氣比不上雅各？這是說不過去的。我覺得合理的解讀是，上帝眼看雅各堅持不肯改變，於是上帝輕輕動一下，雅各大腿就脫了臼。人一旦被上帝摸著，再頑固、難改的個性也能奇蹟般地發生轉變。

臨床上，確實有一些毒品藥物成癮的人，靠醫學及自己的努力都無功效，但卻因着信仰，被上帝摸著時，讓人難以置信地奇蹟式脫離毒品。人格改變的困難度不亞於脫離藥癮之難度，所以才會有「江山易改，本性難移」的成語。而我們也常有機會聽到見證，一些被人認為無可救藥的黑道人物，因被耶穌摸著了，奇蹟式地改變成一個新的人。

➡ 對現代人的啟發

雅各雖然得到長子的名分與父親的祝福，但與他的哥哥以掃兩相比較，他在世上的日子沒有比以掃好過。以掃擁有的財富不比雅各少，以掃的生活也比雅各穩定，一生逍遙地住在以東，不像雅各大半生都流浪、做異鄉人。曾經欺騙父親的雅各，自己也經歷了親人的欺騙。例如他最疼愛兒子約瑟，而他其他的兒子拿著沾上羊血的約瑟血衣，騙他說約瑟被野獸吃掉，讓雅各心碎到不肯接受安慰，說：「我就是下到陰間，仍要為我兒悲傷！」（創世記37:35）

長子的名分與父親的祝福，並非指在世上亨通，反而是要經過種種磨練，將自己塑造成符合上帝期待、歸屬於上帝的「長子」。成為基督徒也要有心理準備，會經歷種種磨練，而非如一些成功神學所標榜的「事事順利、成功」。在追求信仰的道路上，我們每一個人都名叫「以色列」，我們與上帝搏鬥、掙扎，最重要的是無論發生甚麼事情、出現甚麼狀況，都要緊緊抓住上帝不放。

雅各的摔角故事也告訴我們，人類長期以來都想和上天爭勝、與上帝搏鬥。藉由科技的發展，人類以為贏了，因此有「人定勝天」的狂傲想法。但是就在二十一世紀高科技的時代，只要上天打個噴嚏，人類就立刻變成瘸腿的，應驗了台灣俚語「千算萬算，毋值天一劃」。雅各大腿脫了臼，只能小心謹慎、慢慢走路。同樣地，經歷了一些大災難後，人類終於領悟到要謙卑一點，要謹言慎行。雅各大腿脫了臼，才知道自己輸了。好在雅各沒有因為輸了就自暴自棄，他緊緊抓住那人不放，終於獲得祝福，獲得新的名字「以色列」。

　　龍在中國文化裡是吉祥動物，皇帝接見眾大臣的朝服會繡上龍的圖樣，所以稱為龍袍；但實際上龍只出現在神話故事，未出現在現實生活中。從外觀來看，龍其實就是長了翅膀的蛇，有些保守的基督徒因聖經記載蛇引誘夏娃吃禁果，便將蛇視為魔鬼的象徵，所以連蛇帶龍一起排斥。曾經有一位基督徒將他從先人繼承的珍貴家具丟棄，理由是那些家具刻有龍的圖樣。

　　龍與蛇最大的不同就是翅膀。龍因為有翅膀，所以能騰空飛翔，能看到遠處；而蛇因少了翅膀，只能在地面爬行，無法看到遠方。以心靈的層面來思考，蛇象徵一個人短視，只汲汲營營計較眼前的利益，鑽營世上的權勢財物。蛇唯有經上天加持，提升層次，像天使長了翅膀，才能飛高看遠、找尋理想，成為龍。

　　雅各在未被上帝改變前，其生命就像蛇一樣，被視為邪惡者。但上帝仍然眷顧這麼壞的人，使他長翅膀，翱翔於天空。我們也可循著雅各的模式，在人生道路上，無論成功或失敗，緊緊抓住上帝不放。

　　上帝樂意提升每一個尋找祂的人。台灣晨曦會創辦人劉民和牧師就曾陷入毒品成癮漩渦而無法自拔，上帝不但使他戒除毒癮，還讓他看到福音戒毒的願景。台灣晨曦會不但成功救助許多人戒除毒癮，還將事工拓展到海外華人社區。再怎麼邪惡、不受歡迎的「蛇」，只要有意願，上帝都樂意給他長翅膀，成為吉祥物「龍」。

FILE.25

———•———

塔瑪

與不公不義的公公鬥智的勇敢媳婦

　　舊約聖經〈創世記〉第37章到最後的第50章，主要是在敘述約瑟（若瑟）的故事，卻在第38章插入約瑟的哥哥猶大與其媳婦塔瑪（塔瑪爾）的故事。

　　猶大是雅各（雅各伯）十二個兒子中的一個，〈創世記〉第37章描述這些兒子們因為忌妒弟弟約瑟獨獲父親的鍾愛，本想把約瑟殺死，後來猶大出主意，將約瑟以二十塊銀子的價錢賣給以實瑪利（依市瑪耳）商人，然後將約瑟所穿的彩衣沾羊血，騙雅各說約瑟被野獸吃了。此事件造成雅各極大的創傷，不肯接受兒女們的安慰。此事件也顯示猶大的機智與愛錢，連此種場合都還能想到賺錢。雅各與猶大真是一脈相傳的典型猶太人！

▶ 讓人跌破眼鏡的反轉

　　接著在第38章，首先談到猶大離開他的兄弟們，去跟一個

朋友希拉（色拉）住在一起。有一些聖經學者解讀說，猶大的兄弟怪罪他不該出主意把約瑟賣給以實瑪利商人，所以猶大只好離家。後來猶大就與當地的迦南女子結婚，並生下三個兒子珥（厄爾）、俄南（敖難）及示拉（舍拉）。

猶大給大兒子珥取妻子，名叫塔瑪。珥死了，卻沒有兒子，猶大便依照傳統，叫老二俄南去與大嫂同床，盡做小叔的義務，好替哥哥傳後代。俄南知道生下來的孩子不屬於他，每次跟大嫂同床，都故意遺精在地上。後來俄南也死了，猶大心裡恐慌，他認定塔瑪天生剋夫，若再繼續遵守傳統，他的第三個兒子示拉也會沒命。於是猶大心生一計，吩咐塔瑪先回娘家守寡，等示拉長大成人再去娶她。可是示拉已經成人時，猶大並沒有遵守諾言。

後來塔瑪聽說猶大的妻子死了，在守喪時間過後，猶大去參加剪羊毛節，散散心。塔瑪脫下守寡的喪服，用帕子蒙臉，坐在猶大必經之路的伊拿印城門口，誘惑猶大進行性交易。塔瑪要求猶大留下印章、印章帶、拐杖作為抵押，日後再來付帳。塔瑪就這樣懷了猶大的孩子。

三個月後，有人告訴猶大她的媳婦塔瑪當了妓女，而且已經懷孕，猶大非常生氣地說：「把她拉出來，燒死她！」這時，塔瑪託人向猶大出示猶大留下作抵押的印章、印章帶和拐杖，讓猶大不得不說「她有理」。塔瑪就這樣反轉了父權社會體系加在她身上的不義。〈創世記〉作者的此種編排，在大男人主義的以色列人社會，是非常讓人跌破眼鏡的編輯手法。

▶ 塔瑪所受的不義

舊約時期的猶太社會，若寡婦沒有兒子，她就無法保有原來

屬於她丈夫的產業（土地）。此寡婦將成為社會的邊緣人，甚至可能淪落到乞丐的地步。為了保護寡婦，摩西（梅瑟）的法律規定：「如果有兄弟兩人住在一起，其中一個先死了，沒有留下子嗣，他的遺孀不得再跟族外人結婚。死者的兄弟要盡兄弟的義務娶她；他們的長子要作已死兄弟的兒子，替他在以色列中立嗣。

「如果死者的兄弟不肯娶她，她要到城門口見本城的長老，告訴他們：『先夫的兄弟不肯盡兄弟的義務，替他在以色列中立嗣。』長老們就必須召見那人，跟他商議。如果那兄弟仍然堅持不娶她，她要在長老們面前走上去，脫下那兄弟的一隻鞋子，吐口水在他臉上，宣佈說：『不肯替兄弟立嗣的人該受這種侮辱。』在以色列中，他的家要叫做『被脫鞋之家』。」（申命記25:5-10）

後來這個法律做了擴大解釋，死者若沒有兄弟，一些遠房的男性親戚就需要履行此職責。寡婦再嫁後所生的長子就算為亡夫的孩子，繼承他的產業，即所謂「利未拉特婚姻法條」（levirate marriage）。舊約聖經〈路得記〉（盧德傳）所記載波阿斯（波哈次）娶路得為妻，就是根據此法條。「利未拉特」這個字與利未支派毫無關連，其實它是從拉丁文levir而來的，其意為「丈夫的兄弟」。

塔瑪可說是心理連續受創的不幸女人。猶大的頭兩個兒子如何對待塔瑪，聖經雖然沒有描述，但是清楚記載俄南與她同床時，故意遺精在地上。當猶大擔心塔瑪是剋夫精時，塔瑪仍然忍下來，沒有張揚猶大兒子的惡行。當猶大要塔瑪先回娘家守寡時，塔瑪仍逆來順受，回到娘家等待。從這些事來看，塔瑪可以說是一位非常有耐心的人，給她的公公猶大十足的面子。

　　猶大將塔瑪遣送回娘家後，就以為已去除心中大患，把塔瑪遺忘了似的，不聞不問。可是塔瑪雖然住在娘家，卻對夫家的情況瞭若指掌。猶大一方面要塔瑪回娘家守寡，一方面又不履行諾言，讓已成年的第三個兒子示拉去娶塔瑪。此種做法等於斷絕塔瑪的任何後路，在當時的社會，塔瑪既得不到夫家的照顧、不受夫家歡迎，在娘家也不會好過。塔瑪等於生活在「猶大」與「自己父親」的雙重挾制下，若不想辦法自救，幾乎就是等死。

▶塔瑪的自救計畫

　　不論任何人，在適當的場合與時機，都會多多少少將自己擺在第一順位。例如我們拿到一張有自己在裡面的照片時，會很習慣地先看看自己在哪裡、自己拍得好不好看，心理學將此種心理稱為「自戀」（narcissism）。這是源自於希臘神話中的美少年納西斯（Narcissus）的故事，納西斯不愛追求他的美少女，只愛戀水中自己的倒影，最後竟溺斃水中。

　　過度的自戀，會傷害自己，也傷害別人；但是適度的愛自己是必須的，也是健康的。自尊受到傷害時，人會採取行動保護自己，修復被擊碎的自我。塔瑪連續兩個丈夫死了，又被公公猶大遣送回娘家，這是一種嚴重的重複受創，偏偏她所處的社會又沒有適當管道可以讓塔瑪釋出她心裡的憤怒。好在塔瑪是一位個性成熟的女人，對她那位不公不義的公公猶大，採取相當有建設性的報復性行動。

　　對塔瑪來說，此時能擁有自己的兒子，比再婚找到丈夫更重要、更有保障。經過周密的思考，她知道若提出請求，要猶大的第三個兒子示拉來娶她，之前的悲劇可能會重演，對大家都沒有

好處。所以她決定採取最有效的方法，就是找猶大自己出面解決問題。塔瑪設計的方案雖然須以自己的生命為賭注，卻是牽涉層面最少、傷害範圍最小的策略。若失敗了，最多是她一個人被處死刑（反正沒有行動，她也是等死），但若她的策略成功了，不但她個人得到平反，對女性長期受到父系體制不公義的壓迫也有所突破。

塔瑪對猶大的個性與行蹤算是非常了解。她知道猶大守喪的時間剛過，現在去慶祝剪羊毛節的地方，會想招妓解決他的性需求。塔瑪把握住這個時間點，算準猶大會走的路線，也算準猶大不可能帶著性交易要付的錢，而口頭承諾要付的錢到時候也可能不守信或耍詐，因此，若能以認證猶大身分的印章、印章帶、拐杖作為抵押，猶大就無法耍賴。經過這番深思熟慮，她就毫不猶疑，勇敢地將她的計畫付諸行動。

▶ 從精神健康的角度看塔瑪

當人類的老祖宗還在叢林裡過生活的時候，遇有重大狀況或危機發生，人類就需要判斷要如何應付，大腦會啟動所謂「打或跑」（fight or flight）反應（緊急反應），出現生理、情緒、行為認知反應。在現代的現實生活中，人類社會已脫離打或跑反應的環境，但是面對壓力時，大腦啟動打或跑指令所產生的生理、情緒、行為認知反應，仍然和我們的老祖宗沒有兩樣。

緊急反應太強或太過頻繁時，壓力會超過一個人所能負荷，就需要設法減輕壓力。長期處於超負荷的壓力下，掌管內臟的自律神經系統也變得不穩定，對身體會產生各種傷害，心血管障礙、肌肉緊繃、腸胃疾病、抑制免疫系統等是常見的生理反應。

塔瑪所經歷的生活壓力已經超過大多數人所能承受的極限，若不加以適當的處理，塔瑪的身心都會崩潰。

客觀上來看，塔瑪當時的處境，可以說已無路可逃。而整個社會環境看來，她要選擇回擊的機會也是相當渺茫，可以說打也不是，跑也不是。在此種情境，不少人選擇放棄、無作為、等死，這就是所謂憂鬱症的「學來的無助感」（learned helplessness）學說的由來。好在塔瑪沒有選擇不作為，而是以積極態度放手一搏。她跌破眾人眼鏡，打出漂亮的全壘打，名留千古。

▶ 對現代人的啟發

消極的人面對壓力時，只想到壓力會帶來害處，心裡愈想愈煩，愈煩就愈感受到事情的壞處，就這樣惡性循環下去。積極的人面對壓力時，會把它當作學習成長的機會，賦予它正面的意義。愈積極就愈少感受到壞處，反而認為是磨練的機會而坦然接受，形成良性循環。處理得當，壓力就是墊腳石；處理不當，壓力就成絆腳石。聖經告訴我們「萬事互相效力，叫愛主的人得益處」，基督徒應以積極的態度處理所遭遇的壓力。

俗語說「天助自助者」，英語也有類似的一句話：「上帝幫助自助者。」（God helps those who help themselves）上帝的恩惠像永不止息的風一直吹著，但唯有我們願意盡力將帆揚起，帆船才能向前行。

塔瑪在那麼嚴酷不利的環境下，沒有自暴自棄，仍然選擇有所作為，她的果決打破了剋夫的迷思，打破了父系體制主宰一切的性別及性霸凌。塔瑪在無任何社會資源、支持的弱勢情況下，為自己爭取應有的權利。她不受社會體制的壓制，清楚表明自己

的意願，勇敢為自己發聲。連非常勢利眼、大男人主義的猶大，也不得不承認塔瑪這樣做是有理的。

上帝祝福塔瑪，使她從猶大懷孕，生下雙胞胎（象徵生命力與結實纍纍）；也使她成為耶穌基督四位外族女性祖先之一（參馬太／瑪竇福音1:1-17）。塔瑪在數千年前的所作所為，她的機智與勇敢奮鬥的精神，在今日仍然值得男女兩性好好學習。

FILE.26

——•——

路得

成功融入新社會的外籍新娘

　　故事開始於住在伯利恆（白冷）的以色列人以利米勒（厄里默肋客），因當地鬧饑荒，他移民到東南方的摩押地方（摩阿布）。後來，以利米勒客死他鄉，留下寡婦拿娥美（納敖米）和兩個兒子。拿娥美給兩個兒子娶了摩押女子為妻，不幸，十年後兩個兒子也死了，而且沒有留下後嗣，於是三個寡婦決定回到以利米勒的故鄉伯利恆。

　　路上，拿娥美力勸兩個媳婦回娘家改嫁，後來一個媳婦回去了，而另一個叫路得（盧德）的媳婦，堅持跟拿俄美回伯利恆。她們到達伯利恆時，正逢大麥收割的季節。路得去麥田拾穗，正巧是在以利米勒的親戚波阿斯（波哈次）的田裡。波阿斯在麥田善待路得的情形，引發婆婆拿娥美的期待，設計湊合他們兩人的婚姻。

　　透過此結合，波阿斯贖回以利米勒當年離開時拿去抵押的田地，也拯救拿娥美及路得脫離孤寡無依的困境。而且路得後來生

下大衛王（達味王）的祖父俄備得（敖貝得），使她成為耶穌基督的異族女性祖先。

舊約聖經中，有兩本書是以女性的名字為書名，一本是〈以斯帖記〉（艾斯德爾傳），另一本是〈路得記〉（盧德傳）。兩本書都述說女子在陌生的異國發展成名的故事。〈以斯帖記〉是記載以色列女子以斯帖在異國他鄉發展的故事，〈路得記〉則恰恰相反，訴說非以色列女子在以色列國成功發展的經過。

▶ 路得的背景

根據聖經，路得是一位摩押女子。她的家庭背景無資料可考，我們只知道在她跟著婆婆拿娥美去伯利恆時，她其實還有個可投靠的娘家，所以拿娥美才會力勸路得回娘家，或許有改嫁的機會（參路得記1:7-9）。但若參考《米大示》，則說她是摩押國王的後代。從聖經裡我們無從得知路得和娘家關係究竟如何，但可以確定她和婆婆拿娥美的關係非常親密。

聖經這樣描述這對婆媳的對話：「她們又哭了起來。俄珥巴終於吻別她的婆婆，回娘家去了；但是路得還是捨不得離去。拿娥美對她說：『路得，你嫂嫂已經回她本族和她的神那裡去了。你也跟她回去吧！』

「可是路得說：『請不要叫我離開你。讓我跟你一起去吧！你到哪裡，我也到那裡；你住哪裡，我也住那裡；你的民族就是我的民族；你的上帝就是我的上帝。你死在哪裡，我也死在那裡，葬在那裡。除了死，任何事都不能使我們分離！要是我背誓，願上主重重地懲罰我！』」（路得記1:14-17）

▶ 勇於冒險的精神

路得若留在摩押國，最少還有娘家可做社會支持。一旦離開摩押，她不僅會失去這個後盾，還要面對一個陌生的環境以及不確定的未來。選擇走這條路，要有相當的冒險精神。

長久以來，以色列人歧視摩押人，其歷史淵源可追溯到亞伯拉罕（亞巴郎）的時代。亞伯拉罕的姪子羅得（羅特）一家人從所多瑪城逃難後，離開人群，躲到山上去住。後來羅得的兩個女兒灌醉羅得，然後與父親同床，分別生下小孩，其中一個取名摩押，就是後來摩押人的祖先。

之後，以色列人出埃及時，又與摩押人結下恩怨。摩西（梅瑟）的法律就禁止摩押人加入上主的聚會：「亞捫人或摩押人不得加入上主的聚會。他們的子孫，甚至到第十代，也不得加入上主的聚會。因為你們出埃及時，他們不供給你們旅程上所需要的糧食和水，並且從美索不達米亞的比奪城，僱了比珥的兒子巴蘭來咒詛你們。」（申命記23:3-4）

所以路得跟婆婆去以色列人社區伯利恆居住，要有可能會受到排斥的心理準備。路得和她婆婆的身分是「沒有兒子的寡婦」，在當時的以色列社會，她們無疑會成為社會邊緣人。在這樣重重困難的環境下，路得必須是個有冒險精神的人，才敢決定離開摩押去伯利恆。除了冒險精神，路得還需要有積極樂觀的精神，才能在伯利恆開展新的人生。

▶ 積極樂觀的精神

當這對婆媳終於抵達伯利恆時，旅途的勞累加上失掉一切所

有、失敗地回來故鄉，讓拿娥美呈現憂鬱沮喪的狀態。面對興奮出來看她的老朋友，她覺得羞愧、見不得人，因此她對出來歡迎她的人說：「不要叫我拿娥美，叫我瑪拉吧！因為全能的上帝使我命苦。我出去的時候富足，回來的時候上主使我空無一物。上主責罰我，全能者使我受苦。為甚麼還要叫我拿娥美呢？」（路得記 1:20-21）

希伯來文中，拿娥美的意思是「愉快」，瑪拉的意思是「痛苦」。拿娥美身心俱疲，她被一再發生的不幸生活事件擊倒了，所以滿腦子負面思考。雖然她們到達伯利恆時正是秋高氣爽、開始收割大麥的時候，拿娥美卻無法感受周遭眾人所呈現的收割歡樂氣氛。幸好路得積極樂觀的個性可以緩和、彌補婆婆的沮喪情緒。

從下面這段經文，可看出路得是一位非常正面看待事情的女人：「拿娥美有一個親族，名叫波阿斯，既有錢又有地位，是她丈夫以利米勒的親族。有一天，路得對拿娥美說：『讓我到田裡去撿人家掉落的麥穗，我一定會遇到一個肯善待我的人。』拿娥美說：『你去吧，女兒。』於是路得到田裡去，跟在收割工人背後撿掉下的麥穗。正巧路得撿麥穗的這塊田是波阿斯的。」（路得記 2:1-3）

路得不但不擔心會受歧視，還認為「一定會遇到一個肯善待我的人」，也就是說她寧可相信人性的光明面。路得的此種個性使她工作勤奮，同時也使她討人喜歡，很快地與收割工人打成一片。

於是，當波阿斯來視察他的麥田收割情形時，很快就注意到她。聖經這樣記載：「波阿斯問領班：『那是誰家的女孩子？』他回答：『她就是跟拿娥美從摩押回來的那個外國女子。她要

求我讓她跟在工人後頭撿麥穗。她一大早就開始工作。』」（路
得記2:5-7）

▶積極勤奮引起波阿斯的注意及愛憐

波阿斯本來就聽過路得在丈夫死後對婆婆的種種孝行，現在
親眼看到這位摩押女子，一定很有好感，甚至可能是一見鍾情。
聖經記載說：「波阿斯就去對路得說：『聽我說，小姑娘，你不
用到別人田裡去撿麥穗，就留在這裡跟女工一起。看男工到哪
裡收割，你就跟著女工撿取。我已吩咐我的男工不可欺負你。
你渴了，就到水罐那裡喝他們打來的水。』」（路得記2:8-9）

然後，「到了吃飯的時候，波阿斯對路得說：『來，吃一點
麥餅，蘸著醋吃。』路得就跟工人坐在一起。波阿斯遞給她一
些烤好的麥穗，她吃飽了，還有剩下的。在她走開又去撿麥穗
的時候，波阿斯吩咐他的工人：『讓她隨意撿，就算從堆著的
禾捆中去撿也不可為難她；甚至要從紮好的禾捆中抽些出來，
讓她撿，不可責備她。』

「路得就這樣在田裡撿麥穗，直到傍晚。她把撿來的麥穗
打了出來，差不多有一簍。她把打好的麥子帶回城裡給婆婆
看，又把留下來的食物給婆婆吃。拿娥美問她：『你今天從哪
裡撿來這麼多麥穗？你在誰家的田裡工作？願上帝賜福給關愛
你的人！』路得就告訴婆婆，她是在波阿斯的田裡工作。拿娥
美說：『願上帝賜福給波阿斯！上主始終對活著和死了的人信
實仁慈。』拿娥美又解釋說：『那個人是我們的至親，有義務
照顧我們。』」（路得記2:14-20）

➡ 順從與冒險

　　路得就這樣在波阿斯的田裡撿麥穗，一直到大麥小麥都收割完畢。拿娥美猜想波阿斯一定是喜歡路得，於是要路得主動親近波阿斯，把握波阿斯還在禾場簸麥子的機會。

　　通常，辛苦工作一天後，主人與工人會好好享受一頓晚餐，喝點酒，然後休息睡覺。然後有一天，拿娥美對路得說：「女兒我必須替你找個丈夫，好使你有個歸宿。記得波阿斯是我的親族嗎？你曾經跟他的女工一起工作。聽我說，今晚他會在禾場上簸麥子。你去洗澡，擦點香水，穿上最好的衣服，然後到禾場去。但是不要讓他知道你在那裡，要等他吃完，喝夠了。要看準他躺的地方；他睡著了，你就去，掀開被子，躺在他腳邊。他會告訴你該做甚麼。」

　　「路得回答：『你說甚麼，我就做甚麼。』於是，路得到禾場去，照著她婆婆告訴她的做了。波阿斯吃完了，喝夠了，心情愉快，就到麥堆旁躺下睡了。路得悄悄地走了過去，掀開被子，躺在他腳邊。」（路得記3:1-7）

　　路得聽婆婆的話去進行求婚的方式，需要冒極大的風險。因為如果被拒絕，或被第三者發現，不只是極大的醜聞而已，甚至是以生命為賭注。依照摩西的法律，路得是冒著被丟石頭處死的風險去和波阿斯相會。再說，雖然路得是位孝順的媳婦，婆婆說甚麼、她就做甚麼，但在當時男性族長社會制度下，由女性主動提議結婚，而且路得又是以色列人看不起的摩押人，這種顛覆傳統的做法需要很大的勇氣。

　　聖經如此記載這件事的經過：「到了半夜，波阿斯忽然醒了，轉過身來，驚奇地發現有個女人睡在腳邊。就問：『你是

誰？』她說：『先生，我是路得，你的婢女。你是我的至親，有義務照顧我。請你娶我！』波阿斯說：『願上主賜福給你！從前你對婆婆忠誠，現在你對已故丈夫的家族更忠誠。你大可以去找個年輕人，不管他有錢沒錢，你卻沒有這樣做。

「路得，不要擔心！無論你要求甚麼，我都會替你辦到；城裡的人都知道你是一個賢慧的女子。我確是你的至親，對你有義務，但是另有一個人比我更親。今晚你就留在這裡，明早，我們看他願不願意對你盡至親的義務。如果他願意，那很好；如果他不願意，我對著永生的上主發誓：我一定盡這個義務。現在你只管躺下，直到天亮。』

「路得就躺在他腳邊。但天還沒亮，人還辨認不出她的時候，她就起來，因為波阿斯不願意人家知道她來過這裡。波阿斯對她說：『脫下你的披肩，鋪在這裡。』她照著做了。波阿斯倒了差不多二十公斤的大麥在上面，幫她放在肩膀上，她就回城去了。」（路得記3:8-15）

▶路得與波阿斯的婚事

波阿斯果然是重承諾的人，當天就立刻依照摩西法律規定，把所有事情辦妥。波阿斯的做法兼顧了法律與人情，他算準那位比他更有資格的至親，重視財產過於遵守娶無後寡婦的婚姻法規（那個人一聽到要買回拿娥美那塊土地，也必須娶寡婦路得，立刻放棄他的優先權），波阿斯就名正言順地娶了路得為妻。

聖經對這件事情有如下的記述：「拿娥美對她說：『路得，你不要急，等著看這件事的發展。波阿斯今天不辦妥這事是不會休息的。』波阿斯到了城門口公眾集合的地方，坐在那裡。

不久，波阿斯所說的那位以利米勒的至親從那裡經過，波阿斯就喊他的名字說：『請過來這裡坐！』他就過來坐下。大家都坐定了，他對那個至親說：『拿娥美從摩押回來了，他要賣我們親族以利米勒的那塊地，我想你應該知道這件事。如果你要買回，當著在座的長老們面前買；如果不要，請說清楚，因為你有優先權，然後才輪到我。』

「那個人說：『我要買回。』波阿斯說：『好吧，如果你向拿娥美買那塊地，你也應該娶那位摩押的寡婦路得，這樣，那塊地才會保留在已故的人名下。』那個人回答：『這樣的話，我放棄買回這塊土地的權力；就是我買了，我自己的孩子也不能繼承。你買吧，我不買了。』」（路得記 3:18-4:6）

▶ 路得蒙受祝福

路得與波阿斯的婚姻，有該城的十位長老及其他一起在城門口的人做證與祝福。聖經上記載說：「『願上主藉這年輕的女子給你後代，使你的家像猶大跟塔瑪生的兒子——法勒斯的家一樣昌盛。』於是，波阿斯娶了路得。上主賜福給她，她就懷孕，生了一個兒子。」（路得記 4:12-13）

猶大跟媳婦塔瑪（塔爾瑪）同房生了法勒斯（培勒茲），波阿斯娶非猶太女子路得，這兩件事都不符合以色列的法律與傳統。聖經作者在這裡特別提到「使你的家像猶大跟塔瑪生的兒子——法勒斯的家一樣昌盛」是藉此突顯上帝的祝福不受限於法律與傳統。另外，在說明鄰居婦女來祝賀時，用了比較罕見的敘述：「拿娥美接過這孩子，緊抱著他，撫養他。鄰居的婦女給這孩子取名俄備得。她們爭相告訴每一個人，說：『拿娥美得

了一個兒子啦！』」（路得4:16-17）經文中的俄備得就是大衛王
的祖父。

▶ 對現代人的挑戰

〈路得記〉是很美的愛情故事，訴說路得與拿娥美婆媳間的
愛，以及波阿斯救贖路得與拿娥美、脫離社會邊緣人的愛。有些
人誤解了路得所說的「你到哪裡，我也到那裡；你住哪裡，我
也住那裡」，認為愛就是雙方形影不離，沒有對方就活不了。其
實這不是「愛」，而是「寄生」。人與人之間的愛仍需有界線的
考量。

路得跟著婆婆到伯利恆，她的成功顯示一個外來的陌生人，
不但克服了新環境帶來的壓力，更積極的意義是這位異族女子給
那個社會注入又新又豐富的活力。這股生命活力將帶來盼望與拯
救。生活在快速變遷社會的現代人，我們就像路得一樣，必須不
斷離開原本已熟悉的「摩押國」，進入新的環境「伯利恆」。我
們是否能成功調適，並給別人帶來祝福呢？

〈路得記〉在信仰上的啟示，至少有兩個思考方向。首先，
路得是由異教摩押女子歸信上帝，其過程包括：長途跋涉，婆婆
拿娥美的協助介紹，辛苦地每天到田裡拾穗，遇見麥田主人波阿
斯，獲得主人的關愛並引介加入收割團體，一起享用麥餅蘸醋，
主人波阿斯贖回故人以利米勒抵押掉的田地，以及與主人結婚成
為一體。

這個過程就像非信徒（路得）經由教會（拿娥美）的引介，
成為慕道者參與團契生活（麥田收割團隊），後來認識耶穌基
督（波阿斯）及其救贖恩典（買回田地），公開宣認與主結合（結

婚並有證人），參與主的聖餐，過基督徒的生活（加入收割團體，一起享用麥餅蘸醋）。

其次，對每位基督徒而言，我們在這世上的日子，算是出外旅行，最後總是要回家。聖經說：「你們在世上是寄居的，是旅客。」（彼得／伯多祿前書2:11）「承認他們在世上不過是異鄉人和旅客。」（希伯來書11:13）基督徒雖然渴慕天堂的家，卻不忽視在世上的生活。就像使徒保羅（保祿）說的：「我很願意離開這世界，去跟基督在一起，那是再好沒有了。可是為了你們的緣故，我更該活下去。」（腓立比／斐理伯書1:21-24）

就像路得帶給她寄居的國家活力與希望，基督徒也要在這世上努力生活，堅持自己的基督徒身分，活出基督的馨香，造福這個世界。

FILE.27

—●—

摩西

王子、逃犯、領袖的三重人生

摩西（梅瑟）是少數幾個聖經有完整記載其生平的人物。〈出埃及記〉（出谷紀）詳細描述摩西出生於以色列人家庭，卻以埃及王子身分成長於埃及王宮的過程。有關摩西身世背景的詳情，請參閱本書第17章美莉安（米黎盎）的故事。

▶ 摩西一生的三階段

摩西出生時，以色列人住在埃及已四百年，並成為埃及的奴工。聖經這樣記載：「後來有一個完全不認識約瑟的新王開始統治埃及。這王用詭計剝削我們的同胞，虐待我們的祖先，強迫他們丟棄嬰兒，不讓他們活下去。就在這時候摩西出生了；他長得非常可愛，在家裡被撫養了三個月，到了他被丟棄時，埃及王的女兒收養了他，把他當作自己的兒子帶大。他接受了埃及文化的薰陶，很有說話和辦事的能力。」（使徒行傳／宗徒

大事錄7:18-22）

摩西在埃及王宮的成長過程中，必定接受過符合其王子身分的良好教育。在物質生活方面，摩西在埃及王宮過著相當優渥的生活，可是在光鮮亮麗的外表下，有一個問題困擾著摩西——他知道自己身上流的是以色列人的血統，而不是埃及人。要繼續若無其事地過埃及王子的生活，或是出去認識在當地當奴工、受虐待的以色列同胞，形成兩股互相拉扯的力量。於是他常常走進以色列同胞的生活圈，了解自己同胞的困境。

終於在他四十歲的時候，他目睹一個埃及人虐殺以色列人，他在忍無可忍的情況下，殺了那個埃及人。聖經記載說：「摩西四十歲的時候，決心要了解以色列同胞的情況。有一次，他看見一個同胞受埃及人的欺負，就上前保護他，為他伸冤，把那埃及人殺了。」（使徒行傳7:23-24）在出事後，摩西不得不逃離王宮，躲到人地生疏的異鄉米甸（米德揚）。

摩西在米甸替當地祭司葉特羅（耶特洛）牧羊，並娶葉特羅的女兒希坡拉（漆頗辣）為妻（參出埃及記2:11-22）。希坡拉為摩西生了兩個兒子，分別叫革舜（革爾熊）和以利以謝（厄里厄則爾）。

在這段寄人籬下的日子裡，摩西的心境可用他為大兒子取的名字來了解，聖經記載摩西說：「我是寄居異鄉的陌生人，就給這孩子取名革舜吧！」（出埃及記2:22）「革舜」跟希伯來語「寄居」發音相近。摩西似乎只能無奈地過牧羊人生活，直到有一天，他在野外與上帝相遇，開啟了他最後一段生涯——帶領以色列人出埃及，走向迦南地。

〈出埃及記〉第3章中，對摩西與上帝的這段奇遇有詳細的記載。新約聖經〈使徒行傳〉也提到這件事：「過了四十年，

在西奈山附近的曠野，有一位天使從荊棘的火焰中向摩西顯現。摩西看見了這景象非常驚駭，走上前去，要看個究竟。這時候，他聽見主的聲音說：『我是你祖先的上帝，就是亞伯拉罕、以撒、雅各的上帝。』

「摩西恐懼戰慄，不敢注視。主又對他說：『脫掉你的鞋子！因為你所站的地方是聖地。我的子民在埃及所受的苦難我都清楚地看見了；我也聽見他們的呻吟，我下來要解救他們。你來！我要差遣你到埃及去。』」（使徒行傳7:30-34）

摩西曾想盡一切藉口要推掉上帝的呼召，但最後他還是順服，接受差遣，帶領以色列人出埃及，走向上帝所應許的迦南地。這是一個吃力不討好的任務。為執行此任務，摩西受盡以色列民眾的埋怨與辱罵。他忍辱負重將群眾帶到進入迦南地的邊界，並交代清楚由約書亞（若蘇厄）接棒後才辭世。

對此，聖經這樣記載：「於是，上主的僕人摩西死在摩押地，正如上主所說的。上主把他埋在伯・比珥城對面的摩押山谷；直到今天，沒有人知道他埋葬的地方。摩西死的時候一百二十歲，仍然強健，視力很好。以色列人民在摩押平原為他舉哀三十天。

「嫩的兒子約書亞充滿智慧，因為摩西按手委派他作繼承人。以色列人民聽從約書亞，遵行上主藉著摩西頒給他們的誡命。以色列中從沒有像摩西那樣的先知；上主曾經面對面和他說話。從沒有先知能夠行上主差派摩西對付埃及王、他的臣僕，和埃及全國時所行的神蹟奇事；也從沒有先知能夠行摩西在全以色列人民面前所行偉大驚人的事。」（申命記34:5-12）

根據上面的資料，摩西的一生可以約略分成三個階段。第一個階段是住在埃及王宮當王子；第二個階段是逃亡到米甸當牧羊

人;第三個階段是帶領以色列人出埃及,當以色列的領袖。每個階段剛好是四十年。在第三階段,摩西為以色列人奠定信仰與生活上的法律典章制度。他被以色列人尊崇為最偉大的先知。

▶ 摩西的人格特質

有愛心、滿腔熱誠、見義勇為:摩西本來可以在埃及王宮舒舒服服過他的王子生活,可是當他知道自己是希伯來人後,就以行動去關心他的希伯來同胞。

聖經這樣記載:「摩西長大了,常常出去探望希伯來同胞;他看見他們被迫服苦役。有一次,他看見一個埃及人殺了一個希伯來同胞。摩西左右觀看,以為沒有人注意。就下手殺了那埃及人,把屍首埋在沙裡。第二天,摩西又到那去,看見兩個希伯來人在打架,就對那個理虧的說:『你為甚麼欺負自己的同胞呢?』國王聽到了這事,要殺摩西,摩西就逃到米甸去,住在那裡。」(出埃及記2:11-16)

從上面的經文,可看出摩西對自己同胞的愛與滿腔熱誠。他痛心自己的同胞被埃及人奴役,更為自己的同胞不懂得彼此相愛而傷心難過。當他見義勇為、出手殺那位殺死他同胞的埃及人時,就等於放棄法老女兒之子的身分地位。〈希伯來書〉說:「摩西長大後,拒絕被稱為埃及公主的兒子。他寧願跟上帝的子民一同受苦,不願在罪惡中享受片刻的歡樂。」(希伯來書11:24-25)

不恥下問:他殷勤替百姓辦事,但效果不理想。他的祭司岳父觀察之後給他建議,他立刻就接受了。「葉特羅帶著摩西的妻子和他兩個兒子來到聖山,就是摩西在曠野紮營的地方……第

二天，摩西在人民中處理紛爭，從早到晚十分忙碌。葉特羅看見了這情形，對摩西說：『你到底在為人民做些甚麼呢？為甚麼讓這許多人從早到晚站在這裡等著你的指示，由你一個人處理呢？』

「摩西回答：『我必須這樣做，凡有兩人發生爭執，就來找我解決；我得替他們判斷誰是誰非，並把上帝的律例和指示告訴他們。』葉特羅說：『你的做法不好，你和你的同胞都會累壞了。你不能一個人做這許多事。我現在給你一些建議……要指派一些能幹的人作以色列人的領袖：每一千人要有一個領袖，然後每一百人、五十人、十人都應該有領袖。他們必須是敬畏上帝、可靠、不接受賄絡的人。』……摩西接受了葉特羅的建議。」（出埃及記18:5-24）

不計個人安危順服上帝：上帝要摩西回到埃及，還要進入王宮與國王爭論。在那裡他曾面臨死亡的威脅，而這死亡威脅一直是現在進行式，且有增無減。這對摩西而言，是何等大的壓力。他四十歲時逃亡到米甸，在那裡過了四十年的牧人生活，而現在上帝對摩西的呼召，不但會打亂他已習慣的生活方式，還硬要他回到已刻意閃躲四十年、對他生命具強烈威脅的場所。難怪摩西會一再找理由推拖。

但摩西終究是一個有信仰的人，最後他還是順服上帝的呼召去見埃及國王，執行上帝指示的任務，帶領以色列人出埃及。從人的角度來看，出埃及是不可能的任務。〈出埃及記〉從第5至12章，共用了八章的篇幅來記載摩西與埃及國王之間的鬥法對抗，其中最有名的故事包括血災、蛙災、蝨災、蠅災、瘟災、瘡災、雹災、蝗災、黑暗之災，以及埃及人所有頭胎都死亡等所謂「十災」。

這期間，摩西一方面要承受從埃及王室來的強大壓力，另一方面還得安撫以色列人的不滿。從埃及國王勉強放行、讓以色列人離境，一直到以色列人進入迦南地之前，摩西不只要面對百姓無數的不滿、抱怨、威脅、叛變，也得承受自己家人的不滿與指責。摩西卻能不計個人安危得失，順服上帝的呼召，終能完成不可能的任務。

具有衝動性格：摩西上了西奈山，後來進入雲裡停留四十晝夜，領受上帝要頒布給以色列百姓遵守的法律「十誡」。山腳下的百姓等得不耐煩，以為他們的領袖摩西不會回來了，就做了一尊金牛取代摩西。摩西下山看到百姓此種犯罪情景，竟然生氣到摔碎刻有十誡的兩塊石板。此行為可說是一種遷怒無辜的衝動行為。

摩西的衝動個性其實早已有跡可尋。他為他的同胞打抱不平，出手殺死那埃及人，後來他逃到米甸，在井邊看到葉特羅的女兒取水時被一些牧羊人霸凌，便奮力趕走那些牧羊人，並為她們取水。這兩件事可以說是見義勇為，但也顯示出摩西的衝動性格傾向。

另外，〈民數記〉第20章記載美莉安一死，該地就沒有水，人民聚在摩西及其兄長亞倫（亞郎）那裡抱怨。於是上帝吩咐摩西拿著他的杖對磐石說話，水就會從磐石湧流出來。可是摩西一看到群眾就激動起來，再度做出衝動行為。

經文記載說：「他和亞倫集合全體會眾到磐石前面。摩西說：『你們這些叛徒聽著！我們該叫磐石流出水來給你們喝嗎？』於是，摩西舉起杖，擊打磐石兩下，很大的一股水湧了出來；會眾和牲畜都喝了。但是，上主責備摩西和亞倫，說：『因為你們在以色列人面前沒有足夠的信心承認我神聖的大

能，你們不能領他們進入我應許賜給他們的土地。』」（民數記
／戶籍紀20:10-12）

▶ 從精神健康角度看摩西

　　摩西第一次替同胞出氣殺死埃及人，卻被反咬一口而不得不
亡命躲到米甸。此經驗使原本意氣風發的摩西，變成畏首畏尾的
人。當上帝找到他去見埃及王時，他用盡各種推拖之詞，聖經這
樣記載：「上主說：『我已經看見我的子民在埃及受虐待；我
已經聽見他們渴望掙脫奴役的哀號。我知道他們的痛苦，所以
下來要從埃及人手中把他們拯救出來，領他們到肥沃寬廣、流
奶與蜜的地方……現在我差你到埃及王那裡去；你去把我的子
民從埃及領出來。』

　　「可是摩西對上帝說：『我算甚麼？我怎能到埃及王那裡
去，把以色列人領出來呢？』上帝回答：『我要與你同在。你領
以色列人出埃及後，要在這山上敬拜我。這就是我差遣你的憑
證。』摩西說：『當我去告訴以色列人：〔你們祖宗的上帝差
我到這裡來〕，他們會問：〔他的名字是甚麼？〕那時我該怎樣
回答呢？』上帝說：『我是創始成終的主宰。你去告訴他們：
〔那位叫創始成終的主宰差我到你們這裡。〕我是耶和華，是
他們祖宗的上帝，是亞伯罕、以撒、雅各的上帝。我差你到他
們那裡……』」（出埃及記3:7-15）

　　雖然上帝一再保證會協助摩西，他仍然害怕不敢去，繼續找
理由逃避上帝的呼召，聖經記載說：「但是摩西說：『上主啊，
不，請不要差我。我一向沒有口才；你和我講話以後也沒改
變。我就是這麼一個笨口笨舌的人。』……因此，上主對摩西

動怒說：『你不是有一個哥哥利未人亞倫嗎？我知道他很有口才。他正出來迎接你；他一定很高興看見你。你告訴他該說甚麼；我會賜你和他口才；我會教導你該做甚麼。他要做你的代言人，替你向民眾說話，而你就像上帝一般，指示他說甚麼。你帶著這根杖，因為你將用它來行神蹟。』」（出埃及記4:10-17）

從上述經文內容，可看出摩西仍未從創傷事件中走出來。台灣有一句諺語「好心被雷親」，正好可用在摩西身上——好心沒好報，而且還有如被雷劈，差一點連命都沒了。雖然已經過了四十年，一提到埃及王，當年埃及王要殺他的恐怖陰影立刻在摩西腦中重現。

創傷後壓力症者會避開或努力逃避足以引發其難過記憶、思緒或感覺的外在提醒物（如人、地、物、交談、活動或情境）。對摩西來說，單單提到埃及王或埃及王宮就足以勾起強烈的痛苦回憶，更何況要他親自進入埃及王宮見埃及王。難怪摩西會想盡一切推託藉口，不願意去見埃及王。

但從現代精神醫學治療創傷後壓力症的觀點，上帝呼召摩西，要他去和埃及王面對面交涉，才是根本的解決之道。創傷後壓力症者靠他自己是無法面對那創傷場景的，但在強有力的外力支持陪同下，雖然仍會害怕，卻比較能撐得住。只要撐過一次，恐怖害怕的敏感度就會降低，會越來越不害怕。這就是「去敏感行為」治療方法。

上帝答應會和摩西同行，又安排摩西的親哥哥亞倫陪同一起去見埃及王，這就是給摩西安排了最佳的行為治療。上帝所安排的這一招，既可以治療摩西的創傷後壓力症，又啟動了拯救以色列人脫離在埃及為奴的出埃及大行動，真是「一箭雙鵰」的絕妙

好招。

　　另外，從上面的經文記載，也可看到摩西一絲不苟、鉅細靡遺的個性。他對去見埃及國王可能遭遇的各種問題都一一仔細考慮，並請問上帝。後來摩西向以色列人頒布的法律雖然是由上帝所啟示，但摩西這種一絲不苟的個性，很適合擔任制定法律條文的法律人。

▶對現代人的啟發

　　摩西的一生大起大落，諸多轉折。從一個瀕臨被殺的嬰兒，搖身一變成為埃及公主的養子。四十歲時再從養尊處優、生活在埃及王宮的王子，一夕之間變成埃及國王要追殺的逃犯。然後逃亡四十年後，在八十高齡時被上帝呼召成為以色列人的政教領袖，負起帶領以色列人出埃及、走向迦南地的艱鉅任務。整個過程可以用一句話「爭自由」做總結。

　　從表面上來看，摩西住在埃及王宮的日子，地位、名聲及財富一樣不缺，但這是以隱藏其以色列民族血統換來的。摩西知道自己是以色列人，卻不能自由地表明其身分。當他以行動表白其以色列人身分，也就是爭取身分認同的自由時，強大的埃及政權霸凌立刻鋪天蓋地而來。

　　接下來的四十年逃亡生活，以及帶領以色列人出埃及的四十年，摩西承受極大的身心靈壓力。他付出這麼大的代價，為的是要使自己當自由人，更重要的是要爭取以色列民族的自由，使以色列成為獨立的新國家。摩西是以生命作賭注，套用法國大革命時的名言，就是「不自由毋寧死」。

　　爭取自由的行動在人類歷史上從未間斷，二十世紀以後此聲

浪更成為普世價值。〈台灣基督長老教會信仰告白〉一文當中，有一段告白呼應此普世價值：「所以，人當依靠耶穌基督的救恩。祂要使人從罪惡中得釋放，使受壓迫的人得自由、平等，在基督裡成為新創造的人，使世界成為祂的國度，充滿公義、喜樂與平安。」

摩西是距今約三千三百年前的人，他不但是以色列民族最偉大的先知，也是人類爭取自由與平等的偉大先知。他追求自由與身分認同的勇氣，以及對上帝的順服，都值得我們深思與效法。

FILE.28

———● ———

撒母耳

因公忘私，疏忽孩子教養的末代士師

　　撒母耳（撒慕爾）可算是以色列的末代士師。自他為以色列人民膏立掃羅（撒烏耳）為國王開始，以色列民族從此由國王統治，士師時代就算結束。舊約聖經有兩卷書是以他的名字為書名，我們所知有關撒母耳的資料，主要是根據這兩卷書。

▶ 撒母耳的身世及成長背景

　　撒母耳的父親名叫以利加拿（厄耳卡納），是屬於以色列民族中的以法蓮（厄弗辣因）支族。以利加拿有兩個妻子，其中叫哈娜（亞納）的沒有生育，另一個叫比尼娜（培尼納）的有兒女。

　　比尼娜常常以哈娜不能生育這件事羞辱、折磨她，特別是每年他們上示羅（史羅）獻祭時，比尼娜常常使哈娜難過得掉眼淚、不吃東西。有一年他們在示羅獻祭後，哈娜因為難過，一邊禱告一邊哭泣，祭司以利（厄里）看到還以為她是喝醉酒而加以

責備。經她說明實情後，以利給她安慰，並求上帝祝福她（參撒母耳記上第1章）。

回去後，哈娜果然懷孕了。她給孩子取名撒母耳，這個名字的意思是「上帝的名」。等撒母耳斷奶後，哈娜帶他去示羅獻祭，並按照她許的願，讓撒母耳留在上帝的殿，與祭司以利一起生活，學習敬拜上帝。

因撒母耳從小就住在上帝的殿中，用心學習，所以撒母耳可說是以色列歷代士師中最虔誠、最有學問的一位。他在成長過程中，目睹祭司以利的兩個兒子為非作歹，卻能不受影響，不被污染。聖經說「小撒母耳日漸長大，深得上主和人的喜悅」（撒母耳記上2:26），這句話跟新約聖經〈路加福音〉2章40節描述耶穌長大的經文「孩子漸漸長大，健壯而有智慧；上帝的恩寵與他同在」有異曲同工之處。

▶ 上帝四次顯現

在那個時代，以色列人與上帝疏遠，因此很少有人從上帝得異象，可是上帝卻向撒母耳顯現。有一個晚上，天還沒亮，撒母耳連續三次聽到有人喊他的名字，他以為是祭司以利叫他，趕快跑去見以利。等到第三次，以利告訴撒母耳那應該是上帝在叫他。當天晚上，上帝第四次找撒母耳，並告知將會有懲罰臨到以利和他的兩個兒子。

撒母耳漸漸長大，他對上帝的忠誠服事使他的名字傳遍以色列，成為全以色列最受尊敬的先知。後來以利的兩個兒子在與非利士人（培肋舍特人）打仗時陣亡，以利在聽到此消息時，從座椅跌下，摔斷脖子而死。

▶ 兒子行為引發民眾不滿

　　聖經記載，撒母耳一生作士師領導以色列人，他一再提醒以色列人要專心歸向上帝，要棄絕所有外族的神明。撒母耳有生之年，上帝沒有讓非利士人再侵犯以色列領土（參撒母耳記上第7章）。當撒母耳年老的時候，他設立兩個兒子為士師，但兩個兒子都沒有學父親的好榜樣，只顧賺錢、收受賄賂，不按公道判案。撒母耳這兩個兒子的行為引起民眾不滿和不安。

　　根據聖經，民眾對此的反應是：「於是，以色列所有的長老都聚集到拉瑪去見撒母耳，對他說：『你看，你老了，你的兒子又不學你的榜樣。所以，請替我們立一位王，治理我們，像其他國家一樣。』撒母耳很不高興他們要求立王的事，所以他求告上主。

　　「上主說：『你順著人民的意思吧！他們並不是厭棄你，而是厭棄我，不要我作他們的王。自從我領他們出埃及以來，他們就離棄我，去拜別的神明。現在他們對你所做的，正是他們一向對我所做的。你就順著他們吧！但你要嚴嚴地警告他們，並向他們說明，將來他們的王會怎樣對待他們。』」（撒母耳記上8:4-9）

　　聽到民眾的要求，雖然撒母耳一肚子不高興，也警告人民將來可能會從他們的王手上吃更大的苦頭，但人民仍堅持要設立一個王，撒母耳只好去為人民找到掃羅作他們的王。

▶ 為以色列人設立國王

　　完成設立國王的任務後，撒母耳向人民辭別。他的臨別贈言

除了再次表達不滿，認為民眾的行為是對上帝和撒母耳本人的忘恩負義，但他也不忘再次提醒眾人要敬畏上帝，遵守祂的誡命。後來撒母耳在上帝的催促下，不得不再度出馬，前往伯利恆（白冷）去看耶西（葉瑟）的兒子們，從他們當中膏立新人。

▶ 撒母耳的性格特質

忠誠：撒母耳從小就離開家，與上帝的祭司住在一起，學習如何服事上帝與服務以色列人民。他一生忠誠於上帝，擔任士師治理以色列民族。一如他的名字，他一生努力活出「上帝的名」的人生。他不只自己遵行上帝的旨意，也一再提醒以色列人民不可偏離信仰。

順服：當以色列人第一次提出要設立國王時，撒母耳心裡一定很受傷。設立國王的要求，其實就是要撒母耳從擔任以色列民族統治者「士師」的職位下台。此種要求也可解讀為人民對撒母耳及上帝投下不信任票。撒母耳雖然心裡不願意，但是他仍然撇下個人意願，服從上帝的旨意去膏立掃羅。後來當掃羅背離上帝、遭上帝遺棄時，上帝要撒母耳另膏立大衛（達味），這件事也不是撒母耳樂意做的，但他仍然順服了。

念舊：雖然掃羅犯錯、被上帝遺棄，撒母耳也不想再和掃羅見面，可是他仍然關心掃羅，為掃羅悲傷。聖經如此記載：「後來，撒母耳回拉瑪去；掃羅王也回基比亞家去。從那時一直到死，撒母耳沒有再看過掃羅，但是他為掃羅悲傷。上主後悔立掃羅作以色列的王。上主對撒母耳說：『你還要為掃羅悲傷多久呢？我已經棄絕他，不要他作以色列的王。你帶些橄欖油到伯利恆去，到一個名叫耶西的人那裡，因為我已經選了他的一

個兒子作王。』」（撒母耳記上15:34-16:1）

雖然有人以此批評撒母耳沒有明辨是非，但我認為此點正好說明他是性情中人。撒母耳這樣處理掃羅的事件，我覺得於公於私都值得讚許。

▶ 撒母耳的弱點

撒母耳為人民盡心盡力、做了那麼多事情，卻因他兩個兒子的惡行，導致人民堅持設立一位國王來取代他的士師統治。當時撒母耳很不高興他們要求立王的事，上帝為他緩頰說：「他們並不是厭棄你，而是厭棄我，不要我作他們的王。」（撒母耳記上8:7）其實撒母耳為以色列人設立國王後，他作為祭司與先知的身分並沒有改變，只是他不再是以色列人的政治領袖，可是他認為民眾此種行為是對上帝和他本人的忘恩負義。他此種憤恨不平的反應似乎是人之常情，但多少也讓人嗅出一點過分標榜自己功勞及戀棧政治地位的味道。

國王掃羅因違逆命令而被上帝唾棄，上帝要撒母耳去伯利恆一個名叫耶西的人那裡，膏立耶西的一個兒子作王。撒母耳回答上帝說：「我怎麼能去呢？如果掃羅知道了，一定要殺我！」（撒母耳記上16:2）以掃羅的個性，真的有可能會因而殺撒母耳，所以撒母耳的害怕、擔心是情有可原。但以撒母耳那麼資深的祭司與先知身分，他的此種反應是顯得對上帝信心不足。

撒母耳從耶西眾兒子當中選出可能當國王的人選時，仍脫離不了一般人的思維，聖經如此記載這件事：「他們到的時候，撒母耳看見耶西的兒子以利押，心裡想：『站在上主面前的這個人一定是他所選立的。』可是上主對撒母耳說：『不要看他的

外表和高大的身材。我沒有選他,因為我看人不像世人;人看外表,我看內心。』」(撒母耳記上16:6-7)

最後,耶西派人去把在外面放羊的大衛找來,撒母耳就在大衛的哥哥們面前膏立了大衛。此事提醒我們,雖然我們已很用心、努力追求信仰,願意聽從上帝的旨意去做事,但不可忘記我們是有缺點的人。就連撒母耳對上帝這麼忠心的人,仍然會被表象所誤導而迷失方向。

▶ 對現代人的啟發

在聖經人物中,撒母耳具有特別吸引人的身分——集祭司、士師及先知的身分於一身。他小時候就經歷上帝顯現,與他對話。他膏立掃羅為以色列第一任國王,後來又膏立大衛,成為以色列歷史中最有名的國王。撒母耳也是聖經人物中,唯一死後被巫婆將其魂招上來的人(參撒母耳記上28:3-19)。

撒母耳的一生,就他忠誠於上帝與國家的層面來看,他是成功的。他與朋友之間的人際關係也是值得嘉許的。撒母耳死時,全國民眾為他舉哀(參撒母耳記上25:1),摩西死時全國民眾為他舉哀三十天(參申命記34:8),可見在以色列人民眼中,撒母耳和摩西一樣受尊敬。撒母耳是以色列人眼中的偉大人物,但他還是免不了有人性弱點。除了上面提到的缺失外,他一生最大的敗筆是縱容他的兩個兒子為非作歹。

撒母耳小時候與祭司以利一起生活的成長過程中,親身目睹以利疏於教養兒子,以致兩個兒子走上歪路、被上帝懲罰的悲劇。可惜這個經驗沒有成為撒母耳的殷鑑,撒母耳的兩個兒子重演了以利兩個兒子的故事。究其原因,可能是撒母耳經常出巡以

色列各地，忙於處理國家事物，因而疏於關心、管教自己的兒子；也可能是因他沒有足夠時間經營親子關係，便補償性地放縱他的兒子，以至於兒子們走上偏路。

歷史上，確實有不少事業成功的人，因忙於事業而疏忽子女的教養，導致親子關係不良，或子女走上偏路。如何拿捏公私之間的時間分配，實在是不容易的功課。撒母耳的例子對忙於領導信仰團體的教會領袖來說，是很重要、很具體的提醒與警惕。

FILE.29

———●———

麗百加

最強勢女族長，甚麼事她說了算！

　　舊約聖經有關麗百加（黎貝加）的資料，最主要是在〈創世記〉第24章，另外，第25至27章也提到一些與她有關的記事。「麗百加」這個名字在希伯來原文的意思是「綁住」、「捕捉住」，也可指具生育力的「年輕母牛」。現代歐美女性有不少人取這個名字，可說是很常見的女性名字。

▶ 麗百加的家世

　　麗百加的父親彼土利（貝突耳）是拿鶴（納曷爾）的兒子，而拿鶴是亞伯拉罕（亞巴郎）的弟弟，所以麗百加與他的結婚對象以撒（依撒格）是叔姪關係（參創世記第11、24章）。亞伯拉罕聽從上帝的指示離開故鄉哈蘭，來到迦南（客納罕），可是拿鶴繼續住在哈蘭。哈蘭位在現今的土耳其南部、靠近敘利亞的邊界地方，與迦南地亞伯拉罕所住地方相隔將近八、九百

公里。

　　〈創世記〉所記載麗百加的故事，大約可分為三個段落。第一部分是麗百加的訂婚及結婚，記載在〈創世記〉第24章；第二部分是麗百加的懷孕與生產，記載於第25章；第三部分是第27章記載她與兒子雅各（雅各伯）聯手欺騙她那老衰眼瞎的丈夫以撒。

▶訂婚及結婚

　　亞伯拉罕年老時，把他最信任的老僕人以利以謝（厄里厄則爾）叫來，要他發誓不可讓以撒娶迦南女子為妻，一定要回到亞伯拉罕的故鄉哈蘭替他找媳婦。於是以利以謝從他主人的駱駝中選了十頭，帶上他主人的各樣財寶，前往美索不達米亞北部、拿鶴居住的城市。

　　以利以謝到達那地方時，正好是黃昏婦女出來打水的時間。聖經記載以利以謝如此禱告說：「上主—我主人亞伯拉罕的上帝啊！求你今天讓我有好機會；求你持守你對我主人的諾言。我現在站在井邊，城裡的少女都會來這裡打水。我要向她們當中的一位說：『請你放下水罐，給我水喝。』如果她說：『請喝！我也打水給你的駱駝喝！』我希望這少女就是你為你僕人以撒所選擇的妻子。這樣，我就知道你持守你對我主人的諾言。」（創世記24:12-14）

　　麗百加就在這時候出現，而且麗百加所做的，完全符合以利以謝所禱告的。當以利以謝贈送首飾給她，並問是否能讓他到家裡過夜時，麗百加也大方地答應，帶他到自己家裡。以利以謝見機不可失，很快就向麗百加的父親和哥哥提出訂婚的請求，並獲

得首肯。以利以謝受招待住了一夜後，第二天便急著帶麗百加回家、報告好消息，麗百加的母親和哥哥拉班卻希望麗百加至少能再住個十天。最後是由麗百加自己作決定，當天就啟程了。

▶ 男性化的個性

聖經說麗百加是一個美麗的女孩子。除了漂亮的外表，麗百加和一般聖經所描寫的傳統女子有相當不一樣的地方。她必定是有很強壯的體力，而不是一個纖弱的閨秀，不然無法很快打足夠的水給以利以謝那十頭駱駝喝。據估計，要讓經過長途跋涉的十頭駱駝喝個足夠，可能需要數百加侖的水。

麗百加是主動為駱駝打水，而不是經以利以謝請求後才為駱駝準備水。從這件事上，我們看出麗百加是一個外向、活潑，又能敏銳體貼別人需要的女孩。她不只大方地與以利以謝這個陌生人交談，還主動提供必要的協助，願意讓旅行到外地的異鄉人到自己家裡過夜。

麗百加應該是相當有主見的人，而她的家人也相當尊重她的意見。所以在當時那種男性中心思維的希伯來社會，當亞伯拉罕的僕人催促上路時，麗百加的母親和哥哥沒有像一般的希伯來家庭那樣，逕自作主決定，反而是請麗百加出來自己作選擇。此外，麗百加可說是一位相當獨立、具冒險精神的女子。她根本不知道以撒是個甚麼樣的人，竟然願意隨著以利以謝騎著駱駝，走將近八、九百公里的路程，去跟以撒結婚。

綜合上述資料，麗百加雖然有漂亮的女性面孔，但她的個性和體力，以當時的社會文化背景來看，確實是相當男性化。研究舊約聖經的學者指出，〈創世記〉第24章裡有五次用「Na'ar」

指麗百加，而「Na'ar」的意思是「年輕男子」（young man）。一連五次這樣用，似乎不可能是筆誤，比較合理的解釋是作者有意指出麗百加是一個「男人婆」。

▶ 和以撒是絕配

以撒是〈創世記〉所記載男性族長中，最沒有聲音的人。以撒小時候差一點被他父親亞伯拉罕當祭品宰殺，這是非常重大的生活事件，一般而言，應該會留下「創傷後壓力症」。事後，一直到母親莎拉（撒辣）去世為止，以撒一直非常依賴母親。因此，母親莎拉的過世，對以撒是非常重大的打擊。

對一位內向、懦弱、無主見的男性來說，他的結婚對象最好是能補足他的個性缺點的人。麗百加正好是能夠彌補以撒缺陷的女子，是以撒最需要的最佳新娘人選。他們結為夫妻，可以說是絕配。

▶ 麗百加的懷孕與生產

婚後多年，麗百加不孕。於是以撒替妻子向上帝祈求，上帝答應他的祈求，麗百加就懷了雙胞胎。懷孕期間，胎兒動得非常厲害，讓麗百加頗為吃苦。麗百加的解讀是兩個胎兒在腹中相爭，她向上帝訴說，詢問為甚麼她這麼命苦，上帝的回答竟然是「這只是個開頭」，兩個人的相爭會是一輩子的事，而且後代子孫還要持續下去。

結果，先生出來的是以掃（厄撒烏），身體帶紅色，渾身是毛。第二個出來的叫雅各。長大後，以掃成為粗獷的獵人，這正

是以撒自己缺欠且羨慕想要的形象，因此以掃頗得以撒的歡心；雅各則喜歡留在室內，符合麗百加想要的個性。聖經說「以撒偏愛以掃」，而「麗百加卻偏愛雅各」。一個家分成兩派，而這個家最強勢的人麗百加卻未能居中協調，反而自己也捲入其中，紛爭也就無法避免了（參創世記第25章）。

▶ 與兒子雅各聯手欺騙

雅各先前已經趁他哥哥以掃打獵回來、餓得發慌時，以一些食物詐換長子的名分。而當麗百加聽到以撒要以掃去打獵，並將打回來的獵物煮成他喜愛的口味給他吃，好在吃完後按手祝福以掃時，麗百加的控制慾與偏祖心立刻作祟。她主導整齣戲的演出：她先宰殺家中的肥嫩小羊，拿去烹煮；再拿以掃的衣服給雅各穿，且用羊毛裹住雅各的雙手，做出毛髮旺盛的假象。麗百加此舉差一點讓她「一天內失掉兩個兒子」（參創世記第27章）。

▶ 以色列最強勢的女族長

〈創世記〉第24章很詳細地敘述麗百加與亞伯拉罕的老僕人初次見面的過程。其中幾段經文這樣描述說：「那僕人跑上去見她，對她說：『請給我一點水喝！』她說：『先生，請喝吧！』她趕快放下肩上的水罐，托在手上給那僕人喝。那僕人一喝完，麗百加就說：『我也為你的駱駝打水，讓牠們喝足。』她趕快把罐裡的水倒進水槽，再跑到井邊打水；這樣她讓所有的駱駝都喝足了⋯⋯那少女跑回家裡，把所發生的事告訴母親和家裡的人。」（創世記24:17-28）

　　從上面經文中，我們看到用來形容麗百加的動作時的用詞是「趕快」、「跑」等，讓人感受到麗百加是一個精力充沛、停不下來的女性。她除了精力充沛，加上之前提到的外向、活潑個性，使她一生在許多事情上成為強勢的主導者。

　　麗百加第一次出現在亞伯拉罕的老僕人面前時，聖經形容她是一個美麗的女孩子：「還是處女，沒有人親近過她。」（創世記24:16）這段話的希伯來原文是「還未為男人認識」，英文將其譯為「a virgin whom no man had known」。傳統上猶太拉比對這句話的解釋和一般基督教的說法一樣，指麗百加是一個大家閨秀，沒有接觸過外面的任何男人。但後期的猶太拉比在《米大示》則有不同的釋義。

　　後期的猶太拉比認為「whom no man had known」的意思，是指老僕人並不知道他們見面時，麗百加一知道老僕人此行是來替亞伯拉罕的兒子以撒找新娘子，她就刻意主動採取一些配合動作以促成此婚事。表面上來看，好像麗百加順利通過老僕人禱告中所設定的測試，使老僕人很幸運、順利地為主人找到媳婦，其實背後是麗百加強勢主導的結果。

　　亞伯拉罕七十五歲時，聽從上帝的吩咐，離開哈蘭去到迦南地；相隔六十五年後，麗百加也和亞伯拉罕一樣，離開哈蘭去到迦南地和以撒結婚，只不過麗百加的這趟行程是她自己想去的。亞伯拉罕出發前，上帝祝福他會在迦南地多子多孫；麗百加出發前，則有家人祝福她在迦南地成為千萬人的母親（參創世記24:60）。麗百加是女性族長中唯一獲得這樣祝福的人。〈創世記〉作者對這兩個人迦南行的比擬敘事，似乎有意提升麗百加在亞伯拉罕家族中的重要性。

　　〈創世記〉這樣描述以撒和麗百加成婚、入洞房：「以撒就

帶麗百加進她母親莎拉住過的帳篷，跟她成婚。以撒很愛麗百
加；自從他母親死後，這時候才得到安慰。」（創世記24:67）
「以撒很愛麗百加」這句話是希伯來原文聖經中，第一次出現對
婚姻中夫妻之愛的宣稱。

以撒對麗百加的愛，一方面當然是麗百加的個人魅力，另外
也可能含有以撒思念母親莎拉的移情成分。他的父親亞伯拉罕及
他的兒子雅各都有妻妾多人，唯獨以撒終其一生只和麗百加在一
起。我們可以說以撒與麗百加彼此相愛、以撒用情專一，但在那
個時代，可能需要有像麗百加那樣強勢又專情的女性，才能做到
這一點。

我們可以將莎拉和麗百加作個比較。莎拉和麗百加兩人都遭
遇婚後多年不孕的問題，這對四千年前的猶太婦女而言是極大
的社會壓力。莎拉抵擋不了此壓力，要亞伯拉罕和她的女奴夏
甲（哈加爾）同房替她生小孩；而麗百加卻不向社會壓力低頭，
依然做她自己。

莎拉曾兩度遷徙到他鄉，為遷就丈夫亞伯拉罕的私心，隱匿
夫妻名分，假裝是妹妹而被當地國王看上、帶進王宮。根據猶太
拉比的看法，莎拉進埃及王宮應該有和埃及王同房。麗百加與以
撒也曾移居他鄉，以撒也步其父親後塵，對當地人說麗百加是他
妹妹。但以麗百加的強勢作風，以撒應該不敢要求麗百加對別人
宣稱是他妹妹，只能在當地人問起他妻子時，說麗百加是妹妹。

最能顯示麗百加強勢作風的事件，是〈創世記〉第27章記
載以撒祝福雅各這件事：「現在以撒已經老了，眼睛也瞎了。
他召長子以掃來，對他說：『我兒啊！』以掃回答：『我在這
裡！』以撒說：『你看，我已經老邁，離死不遠了。你帶弓箭
到野外打獵，照我喜愛的口味燒好，拿來給我吃，好讓我在死

以前祝福你。』」（創世記27:1-4）對以撒來說，按照猶太習俗於死前祝福長子以掃，乃是天經地義的事。可是麗百加一知道此消息，就教唆兒子雅各與她聯手欺騙眼瞎的以撒。

不少解經者認為麗百加此舉不是欺騙，而是完成上帝的預定計畫。因為麗百加懷以掃和雅各這對雙胞胎吃盡苦頭而向上帝訴苦時，上帝就已回答說：「兩個國家在你肚子裡；你要生出兩個彼此敵對的民族。一個要比另一個強；大的要服事小的。」（創世記25:23）可是從麗百加懷孕到以撒要給長子以掃祝福，中間已有幾十年時間，麗百加從未對以撒解釋關於「大的要服事小的」這件事，連事到臨頭她也不想對以撒解釋，而是採取欺騙的手段。這不禁讓人覺得麗百加根本不把以撒看在眼裡，似乎這個家庭大小事都是麗百加說了算。

欺騙事件後，麗百加獲悉以掃計畫等爸爸死後要殺弟弟雅各，便安排雅各去住在哈蘭的舅舅家避難。甚至到了這時，麗百加仍然沒有讓以撒知道雅各是怕他哥哥殺他而躲去哈蘭。聖經記載麗百加用的理由是：「我討厭以掃那兩個赫人妻子。如果雅各也娶了赫人的女子，我死了倒好！」（創世記27:46）以撒不但沒有懷疑，還認為麗百加說的很有道理。麗百加的強勢操控手法，叫人不得不佩服。

麗百加的強勢行事風格，使得猶太男性中心文化傳統下的舊約聖經作者，也不得不用很大的篇幅敘述麗百加的故事。〈創世記〉中有關以撒和麗百加這對夫妻的故事，麗百加完全蓋過以撒，成為中心人物。就連雅各逃往哈蘭，路上遇到他舅舅拉班的女兒蕾潔（辣黑耳）時，雅各自我介紹時也不是說他是以撒的兒子，而是說「我是你爸爸的外甥，是麗百加的兒子」（創世記29:12）。

傳統上，談到猶太人族長時期的祖先時，常用的順序是亞伯拉罕、以撒及雅各。但有些拉比認為，比較精確的說法應該是亞伯拉罕、麗百加及雅各。因為如果沒有麗百加，雅各就不會列名其中。如果以麗百加取代以撒，那猶太人禱告時就要說「亞伯拉罕、麗百加、雅各的上帝」，而不是「亞伯拉罕、以撒、雅各的上帝」。

▶ 對現代人的啟發

麗百加是以色列女性族長中，最強悍、有能力的一位。她與以色列男性族長中最沒有聲音的以撒結為夫妻，讓她有充分揮灑的空間。可是由於她過於自以為是，給她帶來長期家庭破碎的痛苦。雖然她和雅各聯手欺騙以撒得逞，卻也是災難的開始。

對此，聖經記載說：「以掃懷恨雅各，因為他父親祝福雅各。他心裡想：『爸爸快死了，喪事過後，我要殺雅各。』有人把以掃的計畫告訴麗百加，她就叫雅各到跟前來，說：『你聽我說！你哥哥以掃要找你算帳，殺害你。我兒啊，你要照我的話做。立刻往哈蘭去，投奔我哥哥拉班，跟他住些時候，等你哥哥以掃的氣消了，忘記你對他所做的事，我就派人接你回來。我何必在一天內失掉兩個兒子呢？』」（創世記27:41-45）

從心靈的層面來看，麗百加確確實實已在一天內失掉兩個兒子。經此事件後，麗百加和她的大兒子以掃之間已形同陌路。

聖經沒有記載麗百加的死訊，讀者只能從雅各在埃及臨終時吩咐他的兒子們要將他送回迦南地埋葬的經文裡，知道麗百加是葬在亞伯拉罕的家族墓麥比拉洞（瑪革培拉）。聖經記載說：「雅各吩咐他兒子們：『我快死了，要到列祖那裡去。你們要

把我跟我祖先葬在一起，在赫人以弗崙田間的一個洞裡。這個洞在迦南，在幔利東邊的麥比拉，是亞伯拉罕向赫人以弗崙買下來作墳地的。亞伯拉罕和他的妻子莎拉葬在那裡；以撒和他的妻子麗百加也葬在那裡；我也把麗亞葬在那裡。這塊土地和洞穴是從赫人買過來的；你們要把我葬在那裡。』」（創世記 49:29-32）

〈創世記〉作者為何會記載麗百加的奶媽底波拉（德波辣）的死訊，卻不提麗百加的死訊呢？猶太教拉比有這樣的一種解釋：當麗百加過世時，她的丈夫以撒身體狀況已經壞到無法處理喪事，跟她關係親密的兒子雅各又遠在天邊，而她與大兒子以掃的關係又壞到不好請他出面辦理，因此麗百加死時沒有人扶棺木，只能靜悄悄地埋葬，不提其死訊。

我們常以為自家人就可忽略禮節，不在意對方的心情與感受，有時甚至到了放肆的程度。麗百加的例子可以引以為戒。

國家圖書館出版品預行編目資料

在診療室遇見摩西：精神科醫師帶你探索隱藏在聖經裡的心靈祕密 /
林信男著. -- 初版. -- 臺北市：啟示出版：英屬蓋曼群島商家庭傳媒
股份有限公司城邦分公司發行, 2022.08
面； 公分. -- (智慧書系列；24)

ISBN 978-626-96311-0-0 (平裝)

1.CST: 聖經人物　2.CST: 聖經研究

241.099　　　　　　　　　　　　　　111010110

智慧書系列24

在診療室遇見摩西：精神科醫師帶你探索隱藏在聖經裡的心靈祕密

作　　　者／林信男
企畫選書人／彭之琬、周品淳
總　編　輯／彭之琬
責 任 編 輯／周品淳

版　　　權／吳亭儀、江欣瑜
行 銷 業 務／周佑潔、黃崇華、周佳葳、賴正祐
總　經　理／彭之琬
事業群總經理／黃淑貞
發　行　人／何飛鵬
法 律 顧 問／元禾法律事務所 王子文律師
出　　　版／啟示出版
　　　　　　115台北市南港區昆陽街16號4樓
　　　　　　電話：(02) 25007008　傳真：(02)25007759
　　　　　　E-mail:bwp.service@cite.com.tw
發　　　行／英屬蓋曼群島商家庭傳媒股份有限公司城邦分公司
　　　　　　115台北市南港區昆陽街16號8樓
　　　　　　書虫客服服務專線：02-25007718；25007719
　　　　　　服務時間：週一至週五上午09:30-12:00；下午13:30-17:00
　　　　　　24小時傳真專線：02-25001990；25001991
　　　　　　劃撥帳號：19863813；戶名：書虫股份有限公司
　　　　　　讀者服務信箱：service@readingclub.com.tw
　　　　　　城邦讀書花園：www.cite.com.tw
香港發行所／城邦（香港）出版集團
　　　　　　香港九龍土瓜灣土瓜灣道86號順聯工業大廈6樓A室　E-mail: hkcite@biznetvigator.com
　　　　　　電話：(852) 25086231　傳真：(852) 25789337
馬新發行所／城邦（馬新）出版集團【Cite (M) Sdn Bhd】
　　　　　　41, Jalan Radin Anum, Bandar Baru Sri Petaling, 57000 Kuala Lumpur, Malaysia.
　　　　　　電話：(603) 90563833　傳真：(603) 90576622
　　　　　　Email: services@cite.my

封 面 設 計／李東記
排　　　版／邵麗如
印　　　刷／韋懋實業有限公司

■2022年8月30日初版　　　　　　　　　　　　　　Printed in Taiwan
■2024年5月28日初版2.5刷

定價400元

城邦讀書花園
www.cite.com.tw

廣　告　回　函
北區郵政管理登記證
北臺字第000791號
郵資已付，免貼郵票

115　台北市南港區昆陽街 16 號 8 樓

英屬蓋曼群島商家庭傳媒股份有限公司城邦分公司　收

請沿虛線對摺，謝謝！

書號：1MD024　　書名：在診療室遇見摩西

讀者回函卡

啟示出版線上回函卡

感謝您購買我們出版的書籍！請費心填寫此回函卡，我們將不定期寄上城邦集團最新的出版訊息。

姓名：_____ 性別：□男 □女

生日：西元_____年_____月_____日

地址：_____

聯絡電話：_____ 傳真：_____

E-mail：

學歷：□ 1. 小學 □ 2. 國中 □ 3. 高中 □ 4. 大學 □ 5. 研究所以上

職業：□ 1. 學生 □ 2. 軍公教 □ 3. 服務 □ 4. 金融 □ 5. 製造 □ 6. 資訊

□ 7. 傳播 □ 8. 自由業 □ 9. 農漁牧 □ 10. 家管 □ 11. 退休

□ 12. 其他_____

您從何種方式得知本書消息？

□ 1. 書店 □ 2. 網路 □ 3. 報紙 □ 4. 雜誌 □ 5. 廣播 □ 6. 電視

□ 7. 親友推薦 □ 8. 其他_____

您通常以何種方式購書？

□ 1. 書店 □ 2. 網路 □ 3. 傳真訂購 □ 4. 郵局劃撥 □ 5. 其他_____

您喜歡閱讀那些類別的書籍？

□ 1. 財經商業 □ 2. 自然科學 □ 3. 歷史 □ 4. 法律 □ 5. 文學

□ 6. 休閒旅遊 □ 7. 小說 □ 8. 人物傳記 □ 9. 生活、勵志 □ 10. 其他

對我們的建議：_____

_____

_____